反电信网络诈骗法
条文注释与实务指南

雷 达 编著

中国法制出版社
CHINA LEGAL PUBLISHING HOUSE

图书在版编目（CIP）数据

反电信网络诈骗法条文注释与实务指南：图解版／雷达编著.—北京：中国法制出版社，2023.1
ISBN 978-7-5216-3215-6

Ⅰ.①反… Ⅱ.①雷… Ⅲ.①电信-诈骗-预防犯罪-法规-法律解释-中国②互联网络-诈骗-预防犯罪-法规-法律解释-中国 Ⅳ.①D924.335

中国版本图书馆CIP数据核字（2022）第251249号

策划编辑/责任编辑　黄丹丹　　　　　　　　　　封面设计　周黎明

反电信网络诈骗法条文注释与实务指南：图解版
FANDIANXIN WANGLUO ZHAPIANFA TIAOWEN ZHUSHI YU SHIWU ZHINAN：TUJIEBAN
编著/雷达
经销/新华书店
印刷/三河市国英印务有限公司
开本/880毫米×1230毫米　32开　　　　　印张/ 12.25　字数/ 298千
版次/2023年1月第1版　　　　　　　　　 2023年1月第1次印刷

中国法制出版社出版
书号 ISBN 978-7-5216-3215-6　　　　　　　　　定价：45.00元
北京市西城区西便门西里甲16号西便门办公区
邮政编码：100053　　　　　　　　　　　　传真：010-63141600
网址：http：//www.zgfzs.com　　　　　　编辑部电话：010-63141812
市场营销部电话：010-63141612　　　　　　印务部电话：010-63141606

（如有印装质量问题，请与本社印务部联系。）

法条评注：法律学人的一项基本功

——《反电信网络诈骗法条文注释与实务指南：图解版》序

刘仁文[*]

三十年前，我刚到中国社会科学院法学研究所刑法研究室工作，那时刑法学研究的一个重要方法就是以法条为基础所进行的刑法解释。早在20世纪80年代初，当时我国1979年颁布的新中国第一部刑法刚刚生效，司法实务部门的很多工作人员都还没有适用刑法的经验，社科院法学所的老一辈刑法学家欧阳涛等先生就编著了《中华人民共和国刑法注释》一书，这部适用性极强的法律工具书，司法实务部门几乎人手一册，该书后来还被译成日文在日本出版。1997年新刑法颁布后，我又协助欧阳涛先生主编出版过《中华人民共和国新刑法注释与适用》，此时国内的刑法学研究已是各路大军齐头并进。后来，随着刑法理论水平的提高和研究风格的转向，法条解释逐渐退出了学界的视野。世事轮回，近几年来，各种版本的刑法注释又如雨后春笋般地冒出来，说明刑法注释应当回归为刑法学研究的方法之一。当然，事物的发展是一种螺旋式的上升，现在对刑法注释的要求肯定是更高了。

---

[*] 中国社会科学院法学研究所研究员、刑法研究室主任、博士生导师，中国刑法学研究会副会长，中国犯罪学学会副会长，最高人民法院特邀咨询员，最高人民检察院专家咨询委员，中国警察协会学术委员。

众所周知，电信网络诈骗已成为当前侵害人民群众利益的一个重灾区，也是近年来社会治理着力甚多的一个领域。2016年最高人民法院、最高人民检察院、公安部等部门联合发布了《关于防范和打击电信网络诈骗犯罪的通告》，"两高一部"又陆续出台《关于办理电信网络诈骗等刑事案件适用法律若干问题的意见》《关于办理电信网络诈骗等刑事案件适用法律若干问题的意见（二）》，2022年中共中央办公厅、国务院办公厅印发《关于加强打击治理电信网络诈骗违法犯罪工作的意见》。2022年9月《反电信网络诈骗法》公布，并于12月1日起施行。该法公布后，我先后数次接到过有关机构的讲课邀请和有关作者的作序邀请，虽然大多因时间冲突而不得不婉谢，却也感受到此法在社会上所产生的影响及其给理论研究带来的新课题。

《反电信网络诈骗法》是专门为打击治理电信网络诈骗活动制定的一部"小切口"法律，它立法进程快，体现急用先行，是"小快灵"立法的重要实践。这部法律坚持以问题为导向，针对重点领域和关键措施作出明确规定，如全面落实用户真实身份信息登记制度，加强源头治理；完善风险评估和监测预警机制，提早防范电信网络诈骗；健全风险信息共享机制，实现跨行业、跨地域的协同配合、快速联动；设立紧急止付、快速冻结制度，及时追赃挽损、保障公民财产安全；畅通处罚措施的申诉渠道，依法维护公民的合法权利；提高跨境、跨国电信网络诈骗的打击力度，增加出境管理规定，加强国际执法司法合作等。该法具有以下三个特点：一是坚持综合治理电信网络诈骗，构建跨部门、跨行业、跨地域的协同治理格局，形成预防与惩治相结合的全方位打击机制；二是充分落实电信网络诈骗行为的法律责任，贯通刑事责任、行政责任和民事责任，建立起较严密的法律制裁体系；三是有效衔接相关法律规范，践行立体化法治思维方式，形成各部门法协同联动的打击合力。

《反电信网络诈骗法》的颁行标志着电信网络诈骗的治理工作迈向了新阶段。当务之急是既要加强反电诈的普法宣传教育，提高人民群众的防骗意识，又要努力做好本法的解释与适用工作，写好"后半篇文章"。由于电信网络诈骗行为的复杂性，《反电信网络诈骗法》在适用中还将面临一些疑难问题。例如，关于电信网络诈骗的关联行为，《反电信网络诈骗法》虽然已对客观行为方式进行了列举，但仍有必要进一步明确行为人的主观方面及其认定规则；再如，针对电信网络诈骗帮助犯的刑事责任，《反电信网络诈骗法》虽已规定"构成犯罪的，依法追究刑事责任"，但如何区分行政责任与刑事责任，以及当行为构成犯罪时如何确定纳入刑法的具体路径，还有待明晰；又如，关于电信网络诈骗涉案资金的处置，因实践中还存在"重定罪量刑、轻涉案财物处置"的现象，《反电信网络诈骗法》虽对此已有所改善，但如何结合电信网络诈骗的特殊性，有效推动相关措施的落地，也还需要认真加以研究和解决。

本书共分为条文注释、案例评析、法律适用三个部分，并在不同部分展示出自己的写作特色。首先，本书的条文注释部分强调基础性、理论性。作者对本法五十个条文逐一归纳提炼形成条文主旨，并结合法教义学知识对各条文所涉及的基础理念、基本概念进行注释式解读，能较好地发挥普法宣传作用。其次，本书的案例评析部分强调典型性、体系性。作者所选取的案例为经法院审判的与电信网络诈骗相关的典型案件，并结合理论和实践关注的热点问题，从电信网络诈骗的组织形式、行为方式、从重处罚情节、跨境电信网络诈骗、帮助犯的主观认定、共同犯罪、对象特征、罪数等不同侧面进行整理分类，可以发挥典型案例的释法功能。最后，本书的法律适用部分强调针对性、实用性。作者从多个法律规范中摘取选择关联性最强的部分，以《反电信网络诈骗法》各章为依据，划分为综合部分、电信治理部分、金融治理部分和互联网治理部分，以方便读者翻阅查找。虽然本书不一定彻底解决前述法律适用中的疑难问题，但与同类著作相比，仍然不失为一本特色鲜明，简明扼要，集释义、案例和法条于一体的便利法律工具书，相信会对普及宣传和贯彻落实《反电信网络诈骗法》起到应有的积极作用。

是为序。

目 录

条文注释

第一章 总则 ... 3
- 第一条 【立法目的】 ... 3
- 第二条 【基本含义】 ... 6
- 第三条 【适用范围】 ... 9
- 第四条 【基本原则】 ... 12
- 第五条 【保密义务】 ... 15
- 第六条 【反电信网络诈骗工作机制】 ... 17
- 第七条 【部门协同配合】 ... 21
- 第八条 【宣传教育】 ... 23

第二章 电信治理 ... 26
- 第九条 【真实身份信息登记制度】 ... 26
- 第十条 【办理电话卡数量限制】 ... 30
- 第十一条 【电话卡实名核验】 ... 33
- 第十二条 【物联网卡用户风险评估】 ... 34
- 第十三条 【主叫号码传送和电信线路出租】 ... 38
- 第十四条 【禁止非法制造、买卖、提供或者使用非法设备、软件】 ... 41

第三章　金融治理 ……………………………………………… 44

　　第 十 五 条　【银行业金融机构、非银行支付机构
　　　　　　　　的风险管理措施】……………………………… 44

　　第 十 六 条　【银行账户、支付账户数量限制】…………… 46

　　第 十 七 条　【企业账户异常情形的风险防控机制】……… 50

　　第 十 八 条　【对支付工具、支付服务加强异常监测】…… 53

　　第 十 九 条　【保证交易信息真实、完整】………………… 57

　　第 二 十 条　【电信网络诈骗涉案资金即时措施】………… 59

第四章　互联网治理 …………………………………………… 63

　　第二十一条　【电信、互联网用户依法提供真实身
　　　　　　　　份信息】………………………………………… 63

　　第二十二条　【涉诈异常账号的处置措施】………………… 66

　　第二十三条　【互联网应用程序的设立】…………………… 68

　　第二十四条　【域名注册、解析信息、网址链接转换】…… 71

　　第二十五条　【禁止为他人实施电信网络诈骗提供
　　　　　　　　支持或者帮助】………………………………… 73

　　第二十六条　【互联网服务提供者协助调查证据义务】…… 77

第五章　综合措施 ……………………………………………… 80

　　第二十七条　【公安机关打击治理电信网络诈骗工
　　　　　　　　作机制】………………………………………… 80

　　第二十八条　【对落实本法规定的监督检查】……………… 84

　　第二十九条　【个人信息被用于电信网络诈骗的防
　　　　　　　　范机制】………………………………………… 86

　　第 三 十 条　【反电信网络诈骗宣传】……………………… 89

　　第三十一条　【禁止非法买卖、出租、出借电话卡等】…… 93

　　第三十二条　【电信网络诈骗技术反制措施的研究
　　　　　　　　开发】…………………………………………… 97

第三十三条　【网络身份认证公共服务建设】……100

第三十四条　【组织建立预警劝阻系统】……101

第三十五条　【特定地区的风险防范措施】……104

第三十六条　【重大涉诈嫌疑人员的出境限制】……106

第三十七条　【跨境电信网络诈骗犯罪打击治理】……107

第六章　法律责任……110

第三十八条　【组织、策划、实施、参与电信网络诈骗活动或者为电信网络诈骗活动提供帮助的法律责任】……110

第三十九条　【电信业务经营者的法律责任】……114

第四十条　【银行业金融机构、非银行支付机构的法律责任】……121

第四十一条　【电信业务经营者、互联网服务提供者的法律责任】……124

第四十二条　【非法制造、销售、提供或者使用专门或者主要用于电信网络诈骗的设备、软件的法律责任】……128

第四十三条　【未履行合理注意义务的法律责任】……131

第四十四条　【非法买卖、出租、出借电话卡等的法律责任】……133

第四十五条　【反电信网络诈骗工作部门的法律责任】……135

第四十六条　【民事侵权责任】……137

第四十七条　【公益诉讼】……140

第四十八条　【行政复议或行政诉讼】……142

第七章　附　　则……146

第四十九条　【适用规定】……146

第五十条　【施行日期】 149

案例评析

张某某等 52 人电信网络诈骗案（检例第 67 号） 153
朱某等人诈骗案 156
陈某某等 7 人诈骗、侵犯公民个人信息案 160
被告人罗某、郑某某等 21 人诈骗案 163
邵某某诈骗案 166
被告人隆某某帮助信息网络犯罪活动案 168
被告人薛某某帮助信息网络犯罪活动案 172
吴某等 3 人电信网络诈骗案 174
上官某某、上官某某 1 等诈骗案 176
河北省兴隆县谢某某、谢某某 1 等人推销假冒保健
　产品诈骗案 179
被告人琚某中利用"在校大学生、毕业生"帮助信
　息网络犯罪活动案 182
冯某某诈骗未成年人案 185
福建省晋江市吴某某等人发送医保卡出现异常虚假
　语音信息诈骗案 187
被告人黄某等 3 人诈骗案 190
朱某某、郑某某等假借代办信用卡名义实施诈骗案 192
张某某等 14 人诈骗案 195
被告人邓某某等 6 人诈骗、侵犯公民个人信息案 197
被告人连某昇等 4 人"黄金交易"掩饰、隐瞒犯罪
　所得案 200

法律适用

一、综 合

中华人民共和国反电信网络诈骗法 ………… 207
　　（2022 年 9 月 2 日）
中华人民共和国个人信息保护法（节录） ………… 221
　　（2021 年 8 月 20 日）
中华人民共和国数据安全法（节录） ………… 235
　　（2021 年 6 月 10 日）
中华人民共和国刑法（节录） ………… 241
　　（2020 年 12 月 26 日）
中华人民共和国民法典（节录） ………… 248
　　（2020 年 5 月 28 日）
中华人民共和国网络安全法（节录） ………… 250
　　（2016 年 11 月 7 日）
中华人民共和国反洗钱法（节录） ………… 262
　　（2006 年 10 月 31 日）
最高人民法院、最高人民检察院关于办理非法利用
　　信息网络、帮助信息网络犯罪活动等刑事案件适
　　用法律若干问题的解释 ………… 267
　　（2019 年 10 月 21 日）
最高人民法院、最高人民检察院关于办理侵犯公民
　　个人信息刑事案件适用法律若干问题的解释 ………… 273
　　（2017 年 5 月 8 日）

5

最高人民法院、最高人民检察院关于办理危害计算机信息系统安全刑事案件应用法律若干问题的解释 …… 276
  （2011年8月1日）
最高人民法院、最高人民检察院关于办理诈骗刑事案件具体应用法律若干问题的解释 …… 282
  （2011年3月1日）
最高人民法院、最高人民检察院、公安部关于办理信息网络犯罪案件适用刑事诉讼程序若干问题的意见 …… 285
  （2022年8月26日）
最高人民法院、最高人民检察院、公安部关于办理电信网络诈骗等刑事案件适用法律若干问题的意见（二） …… 291
  （2021年6月17日）
最高人民法院、最高人民检察院、公安部关于办理电信网络诈骗等刑事案件适用法律若干问题的意见 …… 297
  （2016年12月19日）
最高人民法院、最高人民检察院、公安部、工业和信息化部、中国人民银行、中国银行业监督管理委员会《关于防范和打击电信网络诈骗犯罪的通告》 …… 306
  （2016年9月23日）

二、电信治理

中华人民共和国电信条例（节录） …… 310
  （2016年2月6日）
电信和互联网用户个人信息保护规定（节录） …… 314
  （2013年7月16日）

电话用户真实身份信息登记规定 ………… 319
  （2013年7月16日）
工业和信息化部关于进一步防范和打击通讯信息诈
  骗工作的实施意见 ………………………… 323
  （2016年11月7日）

三、金融治理

个人存款账户实名制规定 …………………… 334
  （2000年3月20日）
中国人民银行关于加强支付结算管理防范电信网络
  新型违法犯罪有关事项的通知 …………… 336
  （2016年9月30日）
中国人民银行、工业和信息化部、公安部、国家工
  商行政管理总局关于建立电信网络新型违法犯罪
  涉案账户紧急止付和快速冻结机制的通知 …… 347
  （2016年3月18日）
中国银行业监督管理委员会关于银行业打击治理电
  信网络新型违法犯罪有关工作事项的通知（节录） …… 351
  （2015年11月13日）
银行业金融机构协助人民检察院公安机关国家安全
  机关查询冻结工作规定 …………………… 354
  （2014年12月29日）

四、互联网治理

全国人民代表大会常务委员会关于加强网络信息保
  护的决定 …………………………………… 364
  （2012年12月28日）

7

全国人民代表大会常务委员会关于维护互联网安全
　　的决定 ·· 366
　　（2000年12月28日）
互联网信息服务管理办法 ································ 369
　　（2011年1月8日）
电信网络新型违法犯罪案件冻结资金返还若干规定 ········ 374
　　（2016年8月4日）

条文注释

第一章 总 则

条文

第一条 【立法目的】① 为了预防、遏制和惩治电信网络诈骗活动，加强反电信网络诈骗工作，保护公民和组织的合法权益，维护社会稳定和国家安全，根据宪法，制定本法。

主旨

本条是关于《反电信网络诈骗法》立法目的和根据的规定。

立法目的

我国制定《反电信网络诈骗法》的目的体现在四个方面：一是预防、遏制和惩治电信网络诈骗活动；二是加强反电信网络诈骗工作；三是保护公民和组织的合法权益；四是维护社会稳定和国家安全。

1. 预防、遏制和惩治电信网络诈骗活动

近年来，电信网络诈骗案件处于高发态势，数量持续增长，已超过盗窃类犯罪，成为当前刑事犯罪中发案率最高的案件类型。中国司法大数据研究院正式对外发布的《涉信息网络犯罪特点和趋势（2017.1—2021.12）司法大数据专题报告》显示，涉信息网络犯罪案件数量呈逐年上升趋势，其中，近四成涉信息网络犯罪案件涉及诈骗罪，近五年网络诈骗共涉及 22 万余名被告人，平均每件网络诈骗案件涉及被告人数为 2.2 人。② 该数据说明电信网络诈骗活动仍然十分活跃，并呈现团伙、集团作案的方式特征。为有

---

① 本书条文主旨是为方便读者检索使用而增加，仅供参考，下同。
② 载最高人民法院网，https://baijiahao.baidu.com/s?id=1739978784475074795-&wfr=spider&for=pc，最后访问时间：2022 年 11 月 16 日。

效打击治理电信网络新型违法犯罪，依法清理整治涉诈电话卡、物联网卡以及关联互联网账号的行动，2020年10月，国务院打击治理电信网络新型违法犯罪工作部际联席会议决定在全国范围内开展"断卡"行动；2021年6月，工信部、公安部发布《关于依法清理整治涉诈电话卡、物联网卡以及关联互联网账号的通告》，明确要求停止实施非法办理、出租、出售、购买和囤积电话卡、物联网卡以及关联互联网账号行为。预防电信网络诈骗活动应是当前治理此类活动的首要目的，单纯依靠事后惩治电信网络诈骗无法实现良好的社会效果，因犯罪所得很可能在行为人被抓获前被挥霍，此时被害人的财产利益难以得到最大限度的保障。

2. 加强反电信网络诈骗工作

惩治电信网络诈骗活动需要公安机关、金融、电信、网信、市场监管等有关主管部门的联合协作，形成多平台的综合治理、源头治理和全链条治理模式。但目前实际情况说明，联合协作机制仍然存在薄弱环节，需要继续深化合作联动。本法作为一部反电信网络诈骗活动的专门法律，为司法、金融、网络、电信等相关部门打击电信网络诈骗提供了充足的法律保障和法律支撑，对推动规制行为、管控风险、分享数据等发挥着积极的促进作用，并赋予监管部门必要的权利和监管手段，进而推进反电信网络诈骗工作的法治化、机制化。本次立法强调系统观念、法治思维，注重源头治理、综合治理，融合了电信治理、金融治理、互联网治理、综合治理等多种措施，注重发挥反电信网络诈骗的合力，以法律的方式明确不同部门的责任和义务，实现政府、公安机关、各行业主管部门等在反电信网络诈骗工作中齐抓共管的协同联动工作机制。

3. 保护公民和组织的合法权益

电信网络诈骗的实施离不开对被害人个人信息的非法利用，非法获取公民个人信息往往是电信网络诈骗的开端，而窃取或者以其他方法非法获取公民个人信息的行为，直接造成对公民人身权利的侵犯。本法对此作出规定，任何单位和个人不得以出售、提供个人信息的方式为他人实施电信网络诈骗提供支持或者帮助，通过严格规范个人信息处理活动，降低侵害公民个人信息犯罪等上游犯罪发生的可能性，从而切断电信网络诈骗犯罪的实施条件。除对公民人身权利的侵犯外，电信网络诈骗也对公民和组织的财产安全造成严重威胁。据统计，行为人在实施电信网络诈骗活动时，多以办理贷款、冒充他人身份、发布虚假招聘、征婚交友信息、诱导参加赌博、捏造网购问题、投放虚假广告等方式或话术来欺骗受害人，其中贷款类信息网络诈骗方式居于首位。贷款类电信网络诈骗方式往往涉及被害人人数较多，并以公民和组织的财产为欺骗对象，严重威胁公民和组织的公私财产安全。

4. 维护社会稳定和国家安全

电信网络诈骗活动频繁发生，已经成为当前社会治理中的重要难题，不仅对公民人身、财产安全造成威胁，更严重危害社会稳定与国家安全。[1] 尽管国家实施了一系列反电信网络诈骗措施，公民的反诈意识也在逐渐形成，但是电信网络诈骗发案量始终处在高位，危及社会稳定和国家安全。2022年4月中共中央办公厅、国务院办公厅印发《关于加强打击治理电信网络诈骗违法犯罪工作的意见》，要求依法严厉打击电信网络诈骗违法犯罪，进一步强化法律支撑，为实现全链条打击、一体化治理提供法治保障。目前，电信网络诈骗活动全面升级，引发一系列上下游关联犯罪，如侵犯公民个人信息罪、帮助信息网络犯罪活动罪等，传统诈骗的法律治理模式难以对电信网络诈骗起到良好效果，亟须制定一部专门性的法律规范进行制度规制。公民人身安全和公私财产安全是社会稳定、国家安全的重要组成部分，本法制定与施行是贯彻落实党中央决策部署，推进国家治理体系和治理能力现代化的重要举措，更是惩治打击电信网络诈骗的迫切需要。

---

[1] 参见刘仁文、邹玉祥："完善立法惩治电信网络诈骗"，载《检察日报》2021年11月19日第003版。

立法根据

我国制定《反电信网络诈骗法》的根据是宪法。宪法是所有法律的立法依据，在法律体系中具有最高的法律地位。[1] 我国《宪法》第十三条第一款规定："公民的合法的私有财产不受侵犯"；第二十八条规定："国家维护社会秩序，镇压叛国和其他危害国家安全的犯罪活动，制裁危害社会治安、破坏社会主义经济和其他犯罪的活动，惩办和改造犯罪分子"；第三十七条第一款规定："中华人民共和国公民的人身自由不受侵犯"；等等。《宪法》中关于保护公共财产、公民私人所有财产的规定，关于保护人身权利的规定，关于维护社会秩序、保障国家安全的规定均是制定《反电信网络诈骗法》的根据。

条文

第二条　【基本含义】本法所称电信网络诈骗，是指以非法占有为目的，利用电信网络技术手段，通过远程、非接触等方式，诈骗公私财物的行为。

主旨

本条是关于电信网络诈骗概念和特征的规定。

电信网络诈骗是传统诈骗与信息网络技术相结合而产生的新型违法犯罪类型，既具有传统诈骗的一般性特点，也呈现出新的行为特征。具体有以下四个方面：

---

[1] 参见张霄："'根据宪法，制定本法'的规范蕴涵与立法表达"，载《政治与法律》2022年第3期，第112~114页。

条文注释

以非法占有为目的

非法占有目的是电信网络诈骗活动的主观要素。我国学界的通说观点认为，非法占有目的是指"排除权利人，将他人的财物作为自己的所有物进行支配，并遵行财物的用途进行利用、处分的意思"[①]，即非法占有目的是由排除意思与利用意思两部分组成，前者是指行为人将诈骗活动所得财物视为自己所有；后者是指行为人将诈骗所得财物进行利用、处分。在司法实践中，认定是否具有非法占有目的，应当坚持主客观相一致的原则，既要避免以客观的诈骗方法替代主观目的的认定，又要避免单纯依靠财产损失的"唯结果论"，而是应当根据案件事实综合判断、具体分析。最高人民法院《关于审理非法集资刑事案件具体应用法律若干问题的解释》第七条第二款规定了"以非法占有为目的"的具体情形：（1）集资后不用于生产经营活动或者用于生产经营活动与筹集资金规模明显不成比例，致使集资款不能返还的；（2）肆意挥霍集资款，致使集资款不能返还的；（3）携带集资款逃匿的；（4）将集资款用于违法犯罪活动的；（5）抽逃、转移资金、隐匿财产，逃避返还资金的；（6）隐匿、销毁账目，或者搞假破产、假倒闭，逃避返还资金的；（7）拒不交代资金去向，逃避返还资金的；（8）其他可以认定非法占有目的的情形。电信网络诈骗的主观目的可以参照上述情形，结合案件事实情况进行综合判定。

利用电信网络技术手段

利用电信网络技术手段是电信网络诈骗活动的手段因素。电信网络技术手段的运用使诈骗活动更加隐蔽、精准，涉及范围广泛却难以被侦破。随着电信网络技术手段的迭代更新，诈骗活动的手段也在不断翻新升级，电信网络技术手段帮助诈骗行为人获取大量个人信息数据，并通过整理和智能化分析数据，以锁定被害人，利用所获取的信息资料对被害人进行画像，提高诈骗成功概率。目前，比较常见的电信网络技术手段包括：利用虚假链接或网页、交易显示不成功诱多次汇钱的网购诈骗；利用"钓鱼网站"

[①] 参见张明楷："论财产罪的非法占有目的"，载《法商研究》2005年第5期，第76页。

利用电信网络技术手段	链接、"木马"程序链接进行银行卡诈骗；利用社交软件虚构身份并骗取他人信任，诱导被害人充值方式连续骗取被害人财物；等等。因电信网络技术手段的出现，电信网络诈骗呈现"以点对面""以一对多"的局面，并形成组织化、链条化的活动方式，利用信息、网络黑灰产业交易等实施诈骗，社会危险性较传统诈骗行为更加严重。
通过远程、非接触方式	通过远程、非接触方式是电信网络诈骗活动的形式因素。远程、非接触方式是指电信网络诈骗活动的行为人利用电信通讯和网络技术对被害人进行诈骗，行为人与被害人自始至终都未有过直接接触，被害人对行为人的身份以及真实所在地均不掌握，呈现远程操控性、身份匿名性等特征。电信网络诈骗活动的全部或者主要环节均表现为远程、非接触方式，从公民个人信息的非法收集、获取，到依靠个人信息数据锁定被害人，从诈骗行为的开始实施到逐步取得被害人信任，从被害人基于错误认识转账交款到行为人收取、转移赃款，电信网络诈骗活动均以远程、非接触的方式完成。远程、非接触方式需要以电信网络技术为媒介，通常使用发短信、打电话、微信、QQ等通讯方式与被害人建立联系，经过多次沟通以取得对方信任。远程、非接触方式使电信诈骗活动不受时间、空间外在条件的限制，更无须与被害人在现实社会接触，因此为了提高犯罪所得、躲避公安侦查，电信网络诈骗行为人常常跨地区、跨省份作案，甚至跨国、跨境作案，将电信网络诈骗的不同分工程序分布在不同地区和国家，不断延展犯罪链条。
诈骗公私财物	诈骗公私财物是电信网络诈骗的结果要素。按照学界的主流观点，诈骗行为的一般结构表现为：行为人实施隐瞒事实、虚构真相的欺骗行为→被害人陷入错误认识→被害人基于错误认识处分财产→行为人或第三人取得财产→被害人遭受财产损失。被害人遭受财产损失即诈骗行为的犯罪结果，表现为诈骗公私财物的相

诈骗公私财物

应数额。在电信网络诈骗中，涉案数额的认定是对行为人进行归责的重要依据。2016年"两高一部"发布的《关于办理电信网络诈骗等刑事案件适用法律若干问题的意见》第二条规定，利用电信网络技术手段实施诈骗，诈骗公私财物价值3000元以上、3万元以上、50万元以上的，应当分别认定为《刑法》第266条规定的"数额较大""数额巨大""数额特别巨大"。但是，因为电信网络诈骗犯罪涉及的被害人人数众多、涉案财物较大，不能仅依据已经查实的被害人人数及相应的数额进行简单认定，需要结合案件的书证、电子证据以及被害人陈述、被告人供述等多重证据综合认定。

条文　　第三条　【适用范围】打击治理在中华人民共和国境内实施的电信网络诈骗活动或者中华人民共和国公民在境外实施的电信网络诈骗活动，适用本法。

境外的组织、个人针对中华人民共和国境内实施电信网络诈骗活动的，或者为他人针对境内实施电信网络诈骗活动提供产品、服务等帮助的，依照本法有关规定处理和追究责任。

主旨　　本条是关于《反电信网络诈骗法》适用范围的规定。

9

本
法
适
用
范
围

　　法律效力是法学中的一项基本范畴，《中国大百科全书·法学卷》将法律效力定义为法律规范的生效范围，是指法律规范在什么时间、什么空间和对什么人发生效力，即时间效力、空间效力和对人效力三类。[1]

　　本条分为两款。第一款规定本法既适用于在我国境内实施的电信网络诈骗活动，也适用于我国公民在境外实施的电信网络诈骗活动。

　　本款前半部分是对本法空间效力的规定，即通常所说的地域管辖原则。地域管辖原则的理论基础之一就是要求犯罪的行为地或者结果地之一应处于某一管辖区域内，即与某一物理空间具有稳定的联系。[2] 地域管辖原则是一项基本的管辖原则，各国法律一般都规定了地域管辖原则作为不同法律最主要的、基本的管辖原则。这里所说的"中华人民共和国境内"，是指除中华人民共和国拥有主权的香港特别行政区、澳门特别行政区以及中国台湾地区之外的中华人民共和国领土。《出境入境管理法》第八十九条规定："本法下列用词的含义：出境，是指由中国内地前往其他国家或者地区，由中国内地前往香港特别行政区、澳门特别行政区，由中国大陆前往中国台湾地区。入境，是指由其他国家或者地区进入中国内地，由香港特别行政区、澳门特别行政区进入中国内地，由中国台湾地区进入中国大陆。外国人，是指不具有中国国籍的人。"注意区分"中华人民共和国境内"和"中华人民共和国领域内"是两个不同概念，"中华人民共和国领域内"是指我国境以内的全部领域，具体包括领陆、领水和领空三部分，后者范围大于前者。本部分以特定行为的发生地为标准，确定是否能够适用本法。无论实施电信网络诈骗活动的行为人是否在境内，也无论行为人是否为我国公民，只要实施的电信网络诈骗活动发生在中华人民共和国境内，就适用本法。

　　① 参见《中国大百科全书·法学卷》，中国大百科全书出版社1984年版，第85页。
　　② 参见陈结淼："关于我国网络犯罪刑事管辖权立法的思考"，载《现代法学》2008年第3期，第93页。

本款后半部分是对人效力的规定，即通常所说的属人管辖原则。属人管辖原则体现了公民与国家的关系，以及公民遵守本国法律的义务。属人管辖原则的行使是以"行为人国籍"为连接点。① 这里所说的"中华人民共和国公民"，是指具有中华人民共和国国籍的人，包括定居在国外而没有外国国籍的华侨和临时出国的人员，以及已经取得我国国籍的外国血统的人。根据《国籍法》第四条至第六条的规定，因出生而获得中国国籍包括三种情况：(1) 父母双方或一方为中国公民，本人出生在中国，具有中国国籍；(2) 父母双方或一方为中国公民，本人出生在外国，具有中国国籍；(3) 父母无国籍或国籍不明，定居在中国，本人出生在中国，具有中国国籍。除上述因出生而获得中国公民资格的情况外，《国籍法》第七条还规定，外国人或无国籍人，愿意遵守中国宪法和法律，并具有下列条件之一的，可以经申请批准加入中国国籍：(1) 中国人的近亲属；(2) 定居在中国的；(3) 有其他正当理由。根据《国籍法》第九条的规定，定居外国的中国公民，自愿加入或取得外国国籍的，即自动丧失中国国籍。本部分以实施电信网络诈骗活动行为人的国籍为标准，只要具备中国国籍即为中华人民共和国公民，即使在境外实施的电信网络诈骗活动，也适用本法。

本条第二款是关于境外的组织、个人针对中华人民共和国境内实施电信网络诈骗活动的，或者为他人针对境内实施电信网络诈骗活动提供产品、服务等帮助的，依照本法有关规定处理和追究责任的规定。

这里所指的"对境内"实施电信网络诈骗活动，既包括对我国境内的自然人也包括对我国境内的法人组织；我国境内的自然人，不限于我国公民，也包括在我国境内居住的外国人和无国籍人。这里所指的"为他人针对境内实施电信网络诈骗活动提供产

---

① 参见颜宏辉、曹贤信：〈刑法中属人原则的立法与司法反思及重构〉，载《北京人民警察学院学报》2007年第6期，第15页。

本法适用范围

品、服务等帮助",是指为实施电信网络诈骗活动出售各种产品或提供相应的服务的行为,至于所提供的商品或者服务是否存在对价,在所不问。具体的帮助行为方式可以参照最高人民法院、最高人民检察院、公安部《关于办理电信网络诈骗等刑事案件适用法律若干问题的意见》第四条第三款规定,包括:(1)提供信用卡、资金支付结算账户、手机卡、通讯工具的;(2)非法获取、出售、提供公民个人信息的;(3)制作、销售、提供"木马"程序和"钓鱼软件"等恶意程序的;(4)提供"伪基站"设备或相关服务的;(5)提供互联网接入、服务器托管、网络存储、通讯传输等技术支持,或者提供支付结算等帮助的;(6)在提供改号软件、通话线路等技术服务时,发现主叫号码被修改为国内党政机关、司法机关、公共服务部门号码,或者境外用户改为境内号码,仍提供服务的;(7)提供资金、场所、交通、生活保障等帮助的;(8)帮助转移诈骗犯罪所得及其产生的收益,套现、取现的。上述所列举的行为都可以认定为为实施电信网络诈骗活动提供产品、服务等帮助行为,但为了充分保护我国境内的自然人、法人权益,这里应当对"产品、服务等帮助"进行广义的解释。遵循体系解释方法,本款所称的"依照本法有关规定处理和追究责任",主要是指依照本法第三十八条、第四十六条的规定,对电信网络诈骗活动的行为人和帮助者依法追究刑事责任、行政责任和民事责任。

条文　　第四条　【基本原则】反电信网络诈骗工作坚持以人民为中心,统筹发展和安全;坚持系统观念、法治思维,注重源头治理、综合治理;坚持齐抓共管、群防群治,全面落实打防管控各项措施,加强社会宣传教育防范;坚持精准防治,保障正常生产经营活动和群众生活便利。

条文注释

主旨 本条是关于反电信网络诈骗工作指导方针的规定。

坚持以人民为中心，统筹发展和安全	电信网络诈骗最直接的损害后果是对公民财产和人身权利的侵害，间接造成社会秩序的混乱，甚至危害国家安全。因此，反电信网络诈骗工作的展开必须以人民为中心，坚持以维护和保障公民的人身和财产安全为核心。值得注意的是，在信息网络快速发展的背景下，电信网络诈骗已成为当前发展最快、严重影响人民群众安全感的刑事犯罪，呈现出诈骗犯罪手段不断变化、智能化程度不断提高等特点。[①] 以人民为中心开展反电信网络诈骗工作即要求：在电信网络诈骗活动发生前，做宣传教育、提醒警示、监测预警措施，对涉诈信息、活动及早发现、尽早打击；在电信网络诈骗活动发生后，尽快追赃挽损，为受害人最大程度挽回经济损失，恢复人民群众的财产与人身法益。
坚持系统观念、法治思维，注重源头治理、综合治理	电信网络诈骗活动诱发的原因多元化，又涉及金融、电信、网信、市场监管等多种行业，与传统诈骗罪相比，社会危害性更加严重、侦破案件的难度更大，因此应当采取与传统犯罪不同的治理路径和思路。首先，坚持系统治理。需要明确的是，电信网络诈骗不是诈骗与网络、电信等新业态的简单相加，而是在电信网络诈骗活动内部的升级与整合，因此应当树立系统治理的观念，注重提升反电信网络诈骗工作的整体性和系统性。其次，坚持法治思维。无论是保障受害人的财产权利还是限制或剥夺电信网络诈骗行为人的人身、财产自由，都应当依法依规进行，遵守相应的法定程序和流程，不应当给当事人造成非法的权利侵害；再次，注重源头治理。例如，公民个人信息是电信网络诈骗活动的重要

[①] 参见"坚决遏制电信网络诈骗犯罪多发高发态势"，载《中国防伪报道》2021年第5期，第19页。

坚持系统观念、法治思维，注重源头治理、综合治理	原料，为提高电信网络诈骗活动的打击力度和效力，必须从源头上切断公民个人信息对诈骗犯罪的供应。最后，注重综合治理。综合治理即要求跨行业、跨地区形成打击治理电信网络诈骗活动的合力，由公安机关牵头，电信、金融、网信、市场监管等有关部门和单位协同配合，融合刑事、行政、民事等多种治理手段的一体化格局。
坚持齐抓共管、群防群治，全面落实打防管控各项措施，加强社会宣传教育防范	社会宣传和教育是提高人民群众反诈意识和识骗能力的必然路径，通过反诈宣传和教育，人民群众可知悉和了解当前主要的电信网络诈骗行为方式以及防范手段，不仅为自身防范电信网络诈骗活动培养意识，同时也为发现诈骗行为、主动向公安机关等部门举报奠定基础。为鼓励人民群众举报与电信网络诈骗有关的活动线索和信息，本法第三十条第三款还明确，对提供有效信息的举报人依照规定给予奖励和保护。因此，反诈宣传教育活动不仅为人民群众的生产生活起到提示、警醒作用，也是群防群治的必要举措。但在宣传教育过程中，要注意范围的全面性，尽量对社会面全覆盖，包括学校、企业、社区、农村和家庭等不同地区和单位，坚持齐抓共管，全面落实打防管控各项措施。
坚持精准防治，保障正常生产经营活动和群众生活便利	坚持精准防治需要配备完善的沟通协调机制。各地应当推动建设以反电信网络诈骗为核心的专项活动，并借此形成专项打击工作机制和部门，如由公安机关牵头，各地的金融、电信、网信、市场监管等有关部门紧密配合，建立打击电信网络诈骗活动的工作信息互通机制和沟通协调机制；各方主体要及时互通电信网络诈骗活动的办案数据、办理进度以及情况等信息，提高电信网络诈骗防治的精准度和准确度，避免出现行为认定和性质判断上的偏差，给人民群众正常的生产生活秩序造成影响。

条文　第五条　【保密义务】反电信网络诈骗工作应当依法进行，维护公民和组织的合法权益。

有关部门和单位、个人应当对在反电信网络诈骗工作过程中知悉的国家秘密、商业秘密和个人隐私、个人信息予以保密。

主旨　本条是关于反电信网络诈骗工作中的依法原则和保密义务的规定。

反电信网络诈骗工作中的依法原则

本条第一款是对反电信网络诈骗工作坚持依法原则的规定。依法是我国反电信网络诈骗工作中所应遵循的基本原则之一，其目的在于维护公民和组织的合法权益。所谓依法原则，是指反电信网络诈骗工作应当严格遵守有关法律法规的规定，不得非法进行，需要建立在合法性的基础上，各个环节应当符合有关的法律规范要求，保障公民和组织的合法权益。这里所指的"法"应当作广义理解，既包括实体法也包括程序法，包括与反电信网络诈骗工作有关的法律、行政法规、部门规章、地方性法规、规范性文件、司法解释以及具有约束力的行为规范等。如在搜集相关证据时，应当严格依照《刑事诉讼法》第五十二条的规定，即"审判人员、检察人员、侦查人员必须依照法定程序，收集能够证实犯罪嫌疑人、被告人有罪或者无罪、犯罪情节轻重的各种证据。严禁刑讯逼供和以威胁、引诱、欺骗以及其他非法方法收集证据，不得强迫任何人证实自己有罪。必须保证一切与案件有关或者了解案情的公民，有客观地充分地提供证据的条件，除特殊情况外，可以吸收他们协助调查。"在进行反电信网络诈骗工作时，应当坚持依法原则，不得对公民和组织的合法权益造成不当侵害。

15

本条第二款是对反电信网络诈骗工作保密义务的规定。反电信网络诈骗有关部门和单位、个人在执法过程中，很可能知悉国家秘密、商业秘密和个人隐私、个人信息，对所涉及的以上内容予以保密是有关部门和单位、个人从事反电信网络诈骗工作的基本要求和义务。

《保守国家秘密法》第二条规定："国家秘密是关系国家安全和利益，依照法定程序确定，在一定时间内只限一定范围的人员知悉的事项。"第三条规定："国家秘密受法律保护。一切国家机关、武装力量、政党、社会团体、企业事业单位和公民都有保守国家秘密的义务。任何危害国家秘密安全的行为，都必须受到法律追究。"《反不正当竞争法》第九条第四款规定："本法所称的商业秘密，是指不为公众所知悉、具有商业价值并经权利人采取相应保密措施的技术信息、经营信息等商业信息。"第三十条规定："监督检查部门的工作人员滥用职权、玩忽职守、徇私舞弊或者泄露调查过程中知悉的商业秘密的，依法给予处分"。《民法典》第一千零三十二条规定："自然人享有隐私权。任何组织或者个人不得以刺探、侵扰、泄露、公开等方式侵害他人的隐私权。隐私是自然人的私人生活安宁和不愿为他人知晓的私密空间、私密活动、私密信息。"《个人信息保护法》第四条第一款规定："个人信息是以电子或者其他方式记录的与已识别或者可识别的自然人有关的各种信息，不包括匿名化处理后的信息。"第十条规定："任何组织、个人不得非法收集、使用、加工、传输他人个人信息，不得非法买卖、提供或者公开他人个人信息；不得从事危害国家安全、公共利益的个人信息处理活动。"

在反电信网络诈骗工作中，有关部门和单位、个人很容易接触到国家秘密、商业秘密和个人隐私、个人信息，其应当严格遵守法律规定、坚持职业操守，对执法工作中知悉和获取的上述信息予以保密，否则将依照本法第六章"法律责任"和相关法律的规定追究法律责任。

条文注释

条文

第六条 【反电信网络诈骗工作机制】国务院建立反电信网络诈骗工作机制，统筹协调打击治理工作。

地方各级人民政府组织领导本行政区域内反电信网络诈骗工作，确定反电信网络诈骗目标任务和工作机制，开展综合治理。

公安机关牵头负责反电信网络诈骗工作，金融、电信、网信、市场监管等有关部门依照职责履行监管主体责任，负责本行业领域反电信网络诈骗工作。

人民法院、人民检察院发挥审判、检察职能作用，依法防范、惩治电信网络诈骗活动。

电信业务经营者、银行业金融机构、非银行支付机构、互联网服务提供者承担风险防控责任，建立反电信网络诈骗内部控制机制和安全责任制度，加强新业务涉诈风险安全评估。

主旨

本条是关于反电信网络诈骗工作部门地位及其职能的规定。

国务院在反电信网络诈骗工作中的职能和地位

第一款是关于国务院在反电信网络诈骗工作中的职能和地位的规定。本款规定了国家层面反电信网络诈骗工作的部门，确立了由国务院统筹协调反电信网络诈骗工作的地位和职能。《宪法》第八十五条规定："中华人民共和国国务院，即中央人民政府，是最高国家权力机关的执行机关，是最高国家行政机关。"2022年4月8日中共中央办公厅、国务院办公厅印发的《关于加强打击治理电信网络诈骗违法犯罪工作的意见》对加强打击治理电信网络诈骗违法犯罪工作作出安排部署。该意见中强调，各级党委和政府要加强对打击治理电信网络诈骗违法犯罪工作的组织领导，统

17

国务院在反电信网络诈骗工作中的职能和地位

筹力量资源，建立职责清晰、协同联动、衔接紧密、运转高效的打击治理体系。金融、电信、互联网等行业主管部门要全面落实行业监管主体责任，各地要强化落实属地责任，全面提升打击治理电信网络诈骗违法犯罪的能力水平。国务院是最高国家行政机关，行使行政权，领导全国的行政机关，[1] 在反电信网络诈骗活动中，应充分发挥宏观指导、统筹协调的作用。

地方各级人民政府在反电信网络诈骗工作中的职能和地位

第二款是关于地方各级人民政府在反电信网络诈骗工作中的职能和地位的规定。本款规定了地方各级人民政府在本行政区域内的反电信网络诈骗工作中应发挥组织领导作用。《宪法》第一百零五条第一款规定："地方各级人民政府是地方各级国家权力机关的执行机关，是地方各级国家行政机关。"《宪法》赋予地方各级人民政府管理本行政区域内社会事务的权力。在开展反电信网络诈骗工作时，地方各级人民政府应当充分结合本行政区域内的电信网络诈骗活动的具体情况，确定工作目标、任务和工作机制。本款所指的"综合治理"，是指地方各级人民政府组织应当综合运用法律、政治、经济、行政、教育、文化等各种手段打击电信网络诈骗活动，寻找和确立多元化的解决路径。"综合治理是我国社会治理的重要方式和成功经验，也是中国特色社会主义制度显著优势的具体体现。在打击电信网络诈骗的过程中，坚持和完善综合治理，能够更好地实现标本兼治的社会治理目标。"[2]

---

[1] 参见王贵松："国务院的宪法地位"，载《中外法学》2021年第1期，第203～222页。

[2] 参见秦平："打击电信网络诈骗需要综合治理"，载《法制日报》2019年11月20日。

条文注释

反电信网络诈骗工作具体实施部门和单位的职能

第三款是关于反电信网络诈骗工作具体实施部门和单位的职能的规定。其中,由公安机关牵头负责反电信网络诈骗工作。根据《人民警察法》第六条的规定,公安机关依法履行预防、制止和侦查违法犯罪活动;维护社会治安秩序,制止危害社会治安秩序的行为等职责。在反电信网络诈骗的具体执法过程中,公安机关需要发挥牵头作用,统一部署金融、电信、网信、市场监管等有关主管部门工作。同时,考虑到电信网络诈骗活动涉及多个领域,并具有较强的专业性,故需要金融、电信、网信、市场监管等有关部门和行业的密切配合,依照法律规范和本行业内部规范,在各自职权范围内履行反电信网络诈骗的工作职能。由此,按照本款规定,各地区应当形成由公安机关牵头,由金融、电信、网信、市场监管等有关部门参加的反电信网络诈骗工作格局,建立反电信网络诈骗案件侦办平台,不断提高和完善防范打击效能。

人民法院、人民检察院在反电信网络诈骗工作中的职能

第四款是关于人民法院、人民检察院在反电信网络诈骗工作中的职能规定。人民法院、人民检察院作为我国的司法机关,是实现国家职能的重要部门,通过发挥人民法院、人民检察院的审判和检察职能,化解社会矛盾、解决社会纠纷。反电信网络诈骗工作的目的在于维护社会关系、保障公民权益,司法工作是党领导人民管理国家与社会事务的重要方式,人民法院和人民检察院是我国专职解决矛盾纠纷的机构。因此,人民法院、人民检察院在依法履行审判、检察职能时,应当正确严把案件事实关、证据关、适用法律关和审判程序关,确保案件定性准确、量刑适当、程序合法,为有效打击电信网络犯罪、营造良好社会和谐环境提供有力的司法保障。①

---

① 参见吴成杰、陈雯:"电信网络诈骗案件中的疑难问题探讨",载《法律适用》2017年第21期,第40~50页。

第五款是关于相关行业机构的具体职责的规定。电信网络诈骗活动涉及电信业务经营者、银行业金融机构、非银行支付机构、互联网服务提供者等多家机构和单位，在其各自的职责范围内，需要建立反电信网络诈骗内部控制机制和安全责任制度，完善电信网络诈骗活动、信息风险安全评估机制。这里所指的"内部控制机制和安全责任制度"，是指各行业机构根据自身特点设置的内部控制机制，常见的控制机制有审核批准机制、内部报告机制、信息技术控制机制等。如《非银行支付机构重大事项报告管理办法》第七条第五项规定："客户、特约商户或者外包服务机构涉嫌利用本机构渠道从事欺诈、洗钱、非法集资、网络赌博等违法犯罪活动，造成重大影响的"属于一类事项，应当按照中国人民银行相关规定和办法的要求及时报告，并制定安全责任制度，颁布本机构安全责任落实方案以及具体的操作规程，各机构和行业应当承担防范电信网络诈骗活动的社会责任。

这里所指的"涉诈风险安全评估"与《个人信息保护法》第三十八条第一款第一项、第四十条以及《网络安全法》第三十七条所规定的通过国家网信部门组织的安全评估明显不同。第一，两者的评估内容不同。本款所指的"涉诈风险安全评估"对象是各自行业内所涉业务，尤其是新业务是否存在涉嫌电信网络诈骗活动的风险；而《个人信息保护法》《网络安全法》各条的安全评估内容为个人信息出境是否影响国家安全、损害国家利益以及是否会影响个人信息安全。第二，两者的评估主体不同。本款所指的"涉诈风险安全评估"对评估主体未作明确规定，说明其可以自行组织评估或者委托第三方评估机构进行评估；但《个人信息保护法》《网络安全法》各条的安全评估必须通过国家网信部门组织的。

反电信网络诈骗工作是一项系统性工作，需要国家公权力机关的协调配合保障法律的实施。本条的意义在于确定不同部门所承担的职责以及在反电信网络诈骗工作中的定位。

条文

第七条 【部门协同配合】有关部门、单位在反电信网络诈骗工作中应当密切协作,实现跨行业、跨地域协同配合、快速联动,加强专业队伍建设,有效打击治理电信网络诈骗活动。

主旨

本条是关于反电信网络诈骗工作方式的规定。

反电信网络诈骗工作方式

本条是关于反电信网络诈骗工作方式的规定,要求有关部门、单位应当建立综合治理、协同配合的高效打击电信网络诈骗活动的工作格局,并不断加强专业队伍建设,提升治理电信网络诈骗活动的效能。

从非法买卖、获取公民个人信息原料的行为到提供改号、虚假链接、木马病毒等技术支持的帮助行为,再到事后将犯罪所得合法化的洗钱行为,以电信网络诈骗活动为核心,已形成涉及电信、金融、互联网等多个领域的犯罪生态圈。电信网络诈骗犯罪发生的多环节、多层次、跨区域、跨行业特点决定了综合治理、协同配合的重要性。[1] 随着电信网络诈骗活动分工越来越细化,黑灰化产业链迅速发展并有泛滥趋势,规模庞大的地下黑灰产业彼此交织相互配合,为以电信网络诈骗犯罪为代表的网络犯罪持续输血供粮,这对打击电信网络诈骗的综合治理提出了更高的要求。[2]

根据本法第六条反电信网络诈骗工作部门的地位及其职能的规定,综合治理是指由国务院建立反电信网络诈骗工作机制统筹协调,地方各级人民政府组织领导,公安机关牵头负责,电信业务

---

[1] 参见靳高风、杨皓翔、何天娇:"疫情防控常态化背景下中国犯罪形势变化与趋势——2020—2021年中国犯罪形势分析与预测",载《中国人民公安大学学报(社会科学版)》2021年第3期,第1~14页。

[2] 参见张扬、邓志源:《电信网络诈骗犯罪态势分析与体系化应对》,载《湖北警官学院学报》2021年第6期,第80~88页。

经营者、银行业金融机构、非银行支付机构、互联网服务提供者等有关部门协同配合的一体化打击格局，即在治理主体上实现多元性、多领域性，以保证打击治理工作具有针对性和精准性。与主体多元性相对应，综合治理还体现在打击措施的多角度性，除运用金融、电信、网信、市场监管等有关部门专业性的打击治理路径外，本法第六章明确规定了电信网络诈骗行为人和帮助者应当承担的刑事责任、行政责任和民事责任，如在行政责任中，可采取的具体措施包括责令改正、警告、通报批评、罚款、没收违法所得、行政拘留等多项行政处罚。

面对电信网络诈骗从简到繁、从单一到多元、从国内到境外的发展趋势和规律，以综合治理方式打击电信网络诈骗十分必要，唯有进行综合治理，才能保证对电信网络诈骗的高压态势，才能不断提高反电信网络诈骗的工作实效，更好地保障和维护公民的合法权利。为此，推进电信网络诈骗的综合治理首先需要加强跨行业配合。电信网络诈骗的场域、手段、路径涉及电信、网络、金融、网信多个领域和单位，打击诈骗行为需要发挥各行业、各领域的合力，运用各自的专业手段和处置措施监测和识别具有涉诈风险的信息和活动，并及时进行处置和反映，起到预防、惩治电信网络诈骗活动的效果。其次需要加强跨地区配合。各地公安机关需要牵头各地金融、电信、网信、市场监管等有关部门联合展开电信网络诈骗治理工作，各地区之间应当建立电信网络诈骗沟通平台，及时共享反诈信息，形成跨区域、跨省份的快速反应机制。最后需要加强专业队伍建设。有关部门、单位的工作人员是反电信网络诈骗工作主体，充分发挥其主观能动性有助于提高反诈工作效率，因此应当加强对工作人员的专业培训，提高专业队伍的反诈水平和能力。

反电信网络诈骗工作方式

条文

第八条 【宣传教育】各级人民政府和有关部门应当加强反电信网络诈骗宣传，普及相关法律和知识，提高公众对各类电信网络诈骗方式的防骗意识和识骗能力。

教育行政、市场监管、民政等有关部门和村民委员会、居民委员会，应当结合电信网络诈骗受害群体的分布等特征，加强对老年人、青少年等群体的宣传教育，增强反电信网络诈骗宣传教育的针对性、精准性，开展反电信网络诈骗宣传教育进学校、进企业、进社区、进农村、进家庭等活动。

各单位应当加强内部防范电信网络诈骗工作，对工作人员开展防范电信网络诈骗教育；个人应当加强电信网络诈骗防范意识。单位、个人应当协助、配合有关部门依照本法规定开展反电信网络诈骗工作。

主旨

本条是关于反电信网络诈骗宣传教育工作的规定。

各级人民政府和有关部门在反电信网络诈骗宣传教育工作中的职责

按照本法第六条的规定，各级人民政府和有关部门是反电信网络诈骗工作的中坚力量。各级人民政府包括国务院、省级人民政府、市级人民政府、县级人民政府和乡镇级人民政府；有关部门包括公安机关、人民法院、人民检察院、金融、电信、网信、市场监管等。各级人民政府和有关部门进行反电信网络诈骗宣传的主要内容包括电信网络诈骗活动的方式、手段、危害、特征和法律后果，以及当前我国电信网络诈骗活动的发展趋势、相关的法律法规和国家政策等。各级人民政府和有关部门开展反电信网络诈骗宣传的目的在于增强人民群众对各类电信网络诈骗方式的识别和判断能力、提高防骗意识和思想。

教育行政、市场监管、民政等有关部门和村民委员会、居民委员会在反电信网络诈骗宣传教育工作中的职责

　　教育行政、市场监管、民政等有关部门是反电信网络诈骗宣传教育中的重要力量。不同部门可以按照各自职责采用不同方式进行宣传教育工作，如教育行政部门，可以在正常教育教学过程中开展反电信网络诈骗宣传教育；市场监管部门，可以在日常的市场监管活动中向人民群众普及与电信网络诈骗相关的法律和知识；民政部门，可以通过播放相关题材的影视作品、张贴反诈标语等方式进行宣传教育。村民委员会和居民委员会是与人民群众联系最为密切的基础组织，具有开展反电信网络诈骗宣传工作的良好基础，是普及相关法律知识和传达国家反诈政策的最前沿阵地。根据《村民委员会组织法》第二条第一款的规定，村民委员会是村民自我管理、自我教育、自我服务的基层群众性自治组织，实行民主选举、民主决策、民主管理、民主监督。村民委员会承担办理本村的公共事务和公益事业，宣传宪法、法律、法规和国家的政策，教育和推动村民履行法律规定的义务，维护村民的合法权益的各项职责，也应当承担反电信网络诈骗宣传工作的义务。与村民委员会类似，根据《城市居民委员会组织法》第二条第一款的规定，居民委员会是居民自我管理、自我教育、自我服务的基层群众性自治组织。居民委员会具有宣传宪法、法律、法规和国家的政策，维护居民的合法权益，教育居民履行依法应尽的义务等任务，也应当承担反电信网络诈骗宣传工作的义务。

　　上述主体在进行反电信网络诈骗宣传工作时，要注意以下两点：一是针对特定群体应当加强宣传。据统计，目前残疾人、老年人、在校学生等弱势群体是电信网络诈骗活动的主要受骗对象，这类群体往往缺乏警惕性和防范意识，识骗能力和反诈意识也较为薄弱。因此，在进行社会性反电信网络诈骗宣传时，应当加强对该类主体的宣传教育，增强反电信网络诈骗宣传教育的针对性、精准性。二是宣传范围上应当全面。在开展反电信网络诈骗宣传教育工作时，尽量保证宣传范围的广泛性和全面性，学校、企业、社区、农村、家庭等多个地区和场域都应当全面开展反电信网络诈骗宣传教育活动。

单位和个人在反电信网络诈骗宣传教育工作中的职责

单位是其内部工作人员防范电信网络诈骗的主要责任者,应当负有对其工作人员开展防范电信网络诈骗教育工作的义务。各单位可以将反电信网络诈骗宣传教育作为入职培训的科目,在日常工作中,也可以安排反电信网络诈骗宣传活动,定时、定期对内部工作人员进行反诈宣传和教育。公民个人是自身防范电信网络诈骗的第一责任人,在日常生活中,公民个人应当注重提升自身的电信网络诈骗防范意识,了解知悉当前电信网络诈骗趋势和特征,熟悉相关的法律规范和知识。单位、个人除具有对内部员工和自身加强电信网络诈骗防范意识的责任义务外,还应当协助、配合有关部门依照本法规定开展反电信网络诈骗工作,如积极参加反诈宣传和教育活动、发现电信网络诈骗信息及时向有关部门举报等。

第二章　电信治理

条文　　第九条　【真实身份信息登记制度】电信业务经营者应当依法全面落实电话用户真实身份信息登记制度。

基础电信企业和移动通信转售企业应当承担对代理商落实电话用户实名制管理责任，在协议中明确代理商实名制登记的责任和有关违约处置措施。

主旨　　本条是关于相关电信业务经营主体依法全面落实电话用户真实身份信息登记制度的规定。

电信业务经营者依法全面落实电话用户真实身份信息登记制度

本条第一款是关于电信业务经营者依法全面落实电话用户真实身份信息登记制度的规定。

这里所指的"电信业务经营者"，是指法律规定依法取得电信业务经营许可证的主体。《电信业务经营许可管理办法》第四条第一款规定："经营电信业务，应当依法取得电信管理机构颁发的经营许可证。"此过程即行政许可，其是指"行政许可主体针对行政相对人的申请，依法判定并确认行政相对人是否已具备从事某种特定活动或实施某种特定行为的条件或资格，并对经判定并确认的活动或行为进行全程依法监督的过程性行政行为"[1]，"设定一项行政许可，其制度要素包括事项、实施机关、条件、程序和期限"[2]。结合我国《行政许可法》《电信业务经营许可管理办法》的

---

[1] 参见罗文燕：《行政许可制度研究》，中国人民公安大学出版社2003年版，第46页。
[2] 参见林华："行政许可条件设定模式及其反思"，载《中国法学》2022年第4期，第176页。

规定，电信业务经营主体需要满足特定条件，并依法向工业和信息化部或电信管理机构提出电信业务经营许可证申请，行政主体将对申请材料进行审查，行政相对人经批准后取得基础电信业务经营许可证或增值电信业务经营许可证的，才是本款所称的"电信业务经营者"。

经行政机关许可持有电信业务经营许可证的电信业务经营者应当依法全面落实电话用户真实身份信息登记制度，电话用户真实身份信息登记制度是电信业务经营者依法承担的一项法律义务。本款所称的"真实身份信息登记制度"，是指"电信用户在办理各类电信业务时，需要提供真实身份信息，实施实名登记制度，即在申请电信业务的消费者办理业务时，需提供本人身份证件进行严格的登记并拍照留存影像资料"①，在电话用户办理电信相关业务时，需要出示有效的身份证件，由电信业务经营者进行身份验证后才可以进行相关业务的办理。为了规范电话用户真实身份信息登记活动，工业和信息化部也已出台了《电话用户真实身份信息登记规定》，电信业务经营者要严格落实"先登记，后服务，不登记，不服务"要求。

本款要求电信业务经营者必须依法全面落实电话用户真实身份信息登记制度，将该制度需要落实到电话用户使用电信业务的各阶段和全过程。根据工业和信息化部、公安部和原国家工商行政管理总局联合发布的《电话"黑卡"治理专项行动工作方案》的要求：（1）提升身份信息核验能力。在为用户办理电话入网手续时，应利用专用移动应用程序、与"全国公民身份证号码查询服务中心"联网比对等有效技术措施。（2）完善证件核验技术手段。电信业务经营者应当要求各类实体营销渠道全面配备二代身份证识别设备，使用二代身份证识别设备核验用户本人的居民身份证件，并通过系统自动录入用户身份信息。（3）规范社会营销渠道。电信业务经营者对社会营销渠道配发统一标识和代理编号，

---

① 参见张鹏："浅析电话用户实名制对我国互联网社会的影响"，载《计算机产品与流通》2018年第5期，第284页。

电信业务经营者依法全面落实电话用户真实身份信息登记制度	并要求其在显著位置进行张贴。(4)加强网络营销渠道管理。电信业务经营者通过网络营销渠道销售电话卡时，在预选卡号、电话卡配送等环节，都需要对用户身份证件进行确认、审核。(5)强化单位用户实名登记。电信业务经营者需要在与单位用户签订的协议中明确电话用户实名登记义务，对移动电话卡实际使用人的身份证件进行核验并登记身份信息，做到移动电话卡与实际使用人一一对应。(6)全面推进未实名老用户补登记。对未实名老用户（含没有登记信息或登记信息不全的），电信业务经营者需要通过多种方式向未实名老用户告知补登记方法，设立便捷的异地补登记渠道，并在补登记过程中对用户提供的身份证件和身份信息进行查验。
代理商落实电话用户实名制管理责任	本条第二款是关于代理商落实电话用户实名制管理责任的规定。 本款所称的"基础电信企业"，必须首先满足经营基础电信业务的下列条件：(1)经营者为依法设立的专门从事基础电信业务的公司，并且公司的国有股权或者股份不少于51%。(2)有业务发展研究报告和组网技术方案。(3)有与从事经营活动相适应的资金和专业人员。(4)有从事经营活动的场地、设施及相应的资源。(5)有为用户提供长期服务的信誉或者能力。(6)在省、自治区、直辖市范围内经营的，注册资本最低限额为1亿元人民币；在全国或者跨省、自治区、直辖市范围经营的，注册资本最低限额为10亿元人民币。(7)公司及其主要投资者和主要经营管理人员未被列入电信业务经营失信名单。(8)国家规定的其他条件。在满足上述条件的基础上，依法向工业和信息化部提交相关材料，申请办理基础电信业务经营许可证，经行政机关批准的电信业务经营者，即本款所称的"基础电信企业"。 本款所称的"移动通信转售企业"，是指从拥有移动网络的基础电信业务经营者处购买移动通信服务，重新包装成自有品牌并销售给最终用户的移动通信服务企业。根据工业和信息化部《关

于加强规范管理促进移动通信转售业务健康发展的通知》第一条要求，移动通信转售企业应当坚持依法依规经营，严格落实实名登记制度的要求。移动通信转售企业需要严格落实相关法律规定，严格执行电话用户真实身份信息登记要求，承担依法保护电话用户真实身份信息的责任。移动通信转售企业还需要不断加强对实体、网络代理渠道的监督管理力度，严格代理渠道的准入条件，落实对代理商落实电话用户实名制的监督管理责任。

> 代理商落实电话用户实名制管理责任

本款规定基础电信企业和移动通信转售企业两类主体需要对其所委托的代理商承担电话用户实名制的管理责任，并在与代理商签订的委托协议中明确代理商实名制登记的责任和有关违约处置措施。需要明确的是，此处的"代理商"，并非与基础电信企业、移动通信转售企业并列的独立电信业务经营者。根据原信息产业部发布的《关于规范代理电信业务行为等规定的通知》，代理商是由电信业务经营者根据自身发展需要，委托其他组织和个人代理其实施电信业务市场销售、技术服务等直接面向用户的服务性工作。电信业务经营者和代理商是法律上的委托关系，因此代理商从事服务行为时，必须以被代理的电信业务经营者的名义，并受到委托协议所规定的业务范围限制，最终的法律效果由被代理的电信业务经营者依法承担。代理商与电信业务经营者所签订的委托协议一旦生效即对双方产生约束效力。按照本款规定，基础电信企业和移动通信转售企业与代理商合意签订的委托协议需要明确要求代理商落实对电信用户实名制登记责任，这既是电信企业和移动通信转售企业的法定义务，也是代理商需要履行的法律责任。同时，协议中还需写明，若代理商未履行实名制登记责任的，被代理人即基础电信企业和移动通信转售企业有权按照协议内容要求其承担相应的违约责任和实施配套的处罚措施。

29

本条意义　　移动电话突破了时间、空间的限制，为人们的日常生活联系带来了极大便利，但同时也成了诈骗活动的违法犯罪工具。电信网络诈骗行为人通过移动电话发送诈骗短信、拨打诈骗电话，不但加快了诈骗活动的实行频率，也扩大了受骗被害人范围。然而，电信网络诈骗活动高发的原因之一在于电信业务经营者对电话用户的监管松散，而此次实名制认证措施的落实和执行能够有效应对该问题。根据工业和信息化部发布的《关于进一步防范和打击通讯信息诈骗工作的实施意见》，为了有效治理和打击电信网络诈骗活动，切实保障正常通信秩序和公民合法的电信通讯权益，应当从严从快全面落实电话用户实名制认证。

条文　　第十条　【办理电话卡数量限制】办理电话卡不得超出国家有关规定限制的数量。

对经识别存在异常办卡情形的，电信业务经营者有权加强核查或者拒绝办卡。具体识别办法由国务院电信主管部门制定。

国务院电信主管部门组织建立电话用户开卡数量核验机制和风险信息共享机制，并为用户查询名下电话卡信息提供便捷渠道。

主旨　　本条是关于办理电话卡数量、异常办卡的处置措施以及电信主管部门建立电话用户开卡数量核验机制和风险信息共享机制的规定。

条文注释

办理电话卡数量

本条第一款规定，电信用户办理电话卡有数量限制，同一用户办理电话卡数量的具体上限由国家有关规定予以明确。本款设立的主要原因在于，目前，电信网络诈骗行为人利用移动电话的便捷性特征广泛撒网寻找受骗人群，而移动电话又是当前人们日常联系的最主要通信工具，二者的结合导致电信网络诈骗行为人对使用移动电话作为行为工具的偏好。关于移动电话的使用，电话卡是其发挥基础功能的必备硬件，频繁更换电话卡不仅是行为人躲避侦查的掩护手段，更是提高诈骗成功概率的重要方式，故运用各种违法手段获得大量电话卡是行为人实施电信网络诈骗的前提。因此，反电信网络诈骗的有关机关有必要对同一用户办理电话卡的数量进行监管和控制。最高人民法院、最高人民检察院、公安部等发布的《关于防范和打击电信网络诈骗犯罪的通告》第四条已经明确，电信企业立即开展一证多卡用户的清理，对同一用户在同一家基础电信企业或同一移动转售企业办理有效使用的电话卡达到 5 张的，该企业不得为其开办新的电话卡。由此可知，同一用户在同一电信业务营业企业办理电话卡的数量应当小于或等于 5 张，已经达到 5 张的，电信业务经营者不得再为其办理电话卡。这一规定的落实需要以本法第九条电话用户真实身份信息登记制度的全面实现为前提，因电话卡数量的审核需要以同一用户身份为标准，由此便需要电话卡用户以有效的身份证件进行登记，由电信业务经营者核验后，判断是否可以为其办理新的电话卡。

异常办卡的处置措施

本条第二款规定，当出现异常办卡情形时，电信业务经营者可以采取加强核查或者拒绝办卡的措施。首先需要明确的是异常办卡的具体情形。最常见的异常办卡情形包括：（1）使用虚假身份证件办理电话卡，即虚假登记；（2）在规定时间内未完成真实身份信息登记的电话卡，即个登记；（3）同一用户在同一电信业务营业企业办理的电话卡数量超过 5 张，即批量开卡；等等。以上异常办卡情形出现时，电信业务经营者可以采取加强核查或者拒绝办卡的措施。此处所称的"加强核查"，是指对可能出现的涉

31

异常办卡的处置措施	嫌诈骗活动电话卡进行反复确认和检查，如核查同一用户在同一电信业务经营企业电话卡数量是否超过5张；所登记的个人身份信息是否真实、准确、完整；电话卡使用是否存在违法违规情况；等等。"拒绝办卡"主要针对的是采用虚假身份信息办卡、同一用户电话卡数量已超过国家规定的办卡数量等情形，电信业务经营者有权依据本法拒绝电话用户办卡。如何具体识别电话卡是否存在异常办卡情形以及出现异常情形后电信业务经营者的措施，需要由国务院电信主管部门负责制定实施细则。
电信主管部门建立电话用户开卡数量核验机制和风险信息共享机制	本条第三款规定，为方便电话用户查询其名下电话卡信息，国务院电信主管部门即工信部需要建立电话用户开卡数量核验机制和风险信息共享机制。建立"电话用户开卡数量核验机制"，其目的是让电信用户及时知悉自己名下的电话卡数量。及时知悉电话卡数量的主要原因在于：目前存在大量的个人信息泄露现象，违法、违规获取公民个人信息的行为屡禁不止，导致公民个人姓名、身份证件等重要信息被随意交易买卖，这不仅严重侵犯公民对个人信息的自决权等人身权利，更为电信网络诈骗行为提供了重要"原料"。在电信治理这一环节，对有用卡需求的电信网络诈骗行为人而言，通过非法手段获取他人的个人信息即可办理多张电话卡从而帮助其顺利实施诈骗活动。因此，国务院电信主管部门应当组织建立电话用户开卡数量核验机制，方便用户准确掌握自己名下的电话卡数量，并能及时核查和发现利用本人身份信息非法开卡的行为。此处所称的"风险信息共享机制"，是指将可能涉嫌电信网络诈骗的信息以一种公开、透明的方式让公众知晓，提高公民的反诈意识、增强公民的防骗能力。此类风险信息可能包括：涉嫌电信网络诈骗的手机号码、常用"话术"、诈骗类型以及典型案例等。建立风险信息共享机制的目的在于防患于未然，当公民身边出现类似的风险信息时，可利用该平台进行查询和验证，以便及早防范。

条文注释

本条意义

本条围绕电话用户办卡数量的规制措施和机制建立而展开，实现了与本法第九条"电话用户真实身份信息登记制度"的有效承接。可以说，控制电话用户的办卡数量即关住了电信网络诈骗活动的"闸门"，大量电话卡是实施电信网络诈骗活动的必备工具，电信网络诈骗行为通过不断变化电话卡号码对不同主体进行诈骗，客观上为诈骗行为提供了必不可少的客观便利。因此，需要对同一用户的办卡数量进行严格监管和控制，建立健全数量核验机制、完善识别异常办卡情形细则，为防范电信网络诈骗提供规范和平台支撑。

条文

第十一条 【电话卡实名核验】电信业务经营者对监测识别的涉诈异常电话卡用户应当重新进行实名核验，根据风险等级采取有区别的、相应的核验措施。对未按规定核验或者核验未通过的，电信业务经营者可以限制、暂停有关电话卡功能。

主旨

本条是关于涉诈异常电话卡用户二次实人认证的规定。

涉诈异常电话卡用户二次实人认证

本条规定，对利用检测手段识别认定的涉诈异常电话卡用户，电信业务经营者需要重新对其进行实名验证，即"二次实人认证"。二次实人认证所针对的情形包括：(1)"一证（身份证）多卡"，即同一身份证件名下所持有的电话卡数量超过国家有关规定的电话卡数量；(2)"睡眠卡"，即90天以上无语音、无短信、无流量话单的电话卡；(3)"静默卡"，即电话卡处于开通状态，但没有电话和流量记录；(4)位于境外诈骗高发地的电话卡；(5)频繁触发预警模型的其他高风险电话卡；等等。显而易见，以上均属

33

涉诈异常电话卡用户二次实人认证	于突破电话卡正常使用功能的异常情形，电信业务经营者对此负有必要的监管和控制义务，故当出现以上情形时，电信业务经营者可根据风险等级高低采取有区别的、相应的核验措施，如电信业务经营者可以通过发短信或打电话方式提醒电话用户在 24 小时内通过营业厅或线上方式进行实名核验。超过规定的时间要求未进行线上或线下"二次实人认证"或者"二次实人认证"失败的电话卡用户，电信业务经营者有权按照本条规定，采取限制或暂停有关电话卡功能的措施。目前，电信业务经营者已在多个省份开通线上"二次实人认证"渠道，方便电话卡用户及时进行"二次实人认证"的操作，并明确"二次实人认证"的具体操作方法，以防止影响电话卡的正常使用功能。
本条意义	电信业务经营者落实"二次实人认证"是积极响应国家"断卡"行动的重要举措。所谓的"断卡"行动，是指公安部针对非法开办、贩卖电话卡、银行卡等行为，在全国范围内开展的一系列专项行动。"二次实人认证"制度的实行正是严厉打击违法贩卖、非法使用电话卡等行为的有力举措。通过"二次实人认证"，电信业务经营者将发现异常使用电话卡的情形，经过识别和核验，针对可能涉嫌诈骗的电话卡用户，应当立即向反电信网络诈骗机关报告，并采取限制或暂停有关电话卡功能的相关措施，防止电信网络诈骗行为的进一步实施。

条文	**第十二条** 【物联网卡用户风险评估】电信业务经营者建立物联网卡用户风险评估制度，评估未通过的，不得向其销售物联网卡；严格登记物联网卡用户身份信息；采取有效技术措施限定物联网卡开通功能、使用场景和适用设备。

条文

单位用户从电信业务经营者购买物联网卡再将载有物联网卡的设备销售给其他用户的，应当核验和登记用户身份信息，并将销量、存量及用户实名信息传送给号码归属的电信业务经营者。

电信业务经营者对物联网卡的使用建立监测预警机制。对存在异常使用情形的，应当采取暂停服务、重新核验身份和使用场景或者其他合同约定的处置措施。

主旨

本条是对使用物联网卡相关主体义务的规定。

电信业务经营者对物联网卡用户的义务

本条第一款是关于电信业务经营者对物联网卡用户的义务规定。电信业务经营者对物联网卡用户的法定义务具体包括以下三类：

（1）建立物联网卡用户风险评估制度，对不满足评估要求而未通过的主体，电信业务经营者不得向其销售物联网卡。本法所称的"物联网卡"，又称"流量卡"，系指由电信业务经营者提供的 5G/4G/3G/2G 卡，在外形上与手机的 SIM 卡相同，但在功能上，物联网卡主要应用于各种各类的智能设备，满足智能硬件和物联网行业对设备联网的管理需求，以及集团公司连锁企业的移动信息化应用需求，而无法支持语音通话和发短信功能。物联网卡的使用主体只限于企业，个人设备不允许使用物联网卡。因此，此处所称的"风险评估制度"，是指电信业务经营者对使用物联网卡的企业进行的风险评估，风险评估的主要内容包括该企业的资产，可能存在的管理漏洞、网络安全等方面，涉及的是与物联网卡正常使用相关的内容。对不能通过风险评估的物联网卡使用企业，电信业务经营者有权依照本法不向其销售。

（2）电信业务经营者应当严格落实登记物联网卡用户身份信息制度，与本法第九条规定的电话卡用户"真实身份信息登记制度"相类似，电信业务经营者也应当对物联网卡用户的身份信息进行登记，如该企业的企业名称、法定代表人、经营场所等一般性的基础信息，还应当包括物联网卡应用场景、适用设备等基础信息。

（3）电信业务经营者需要采取有效措施限定物联网卡开通功能、使用场景和适用设备。本款规定的目的在于防止物联网卡被非法应用于电信网络诈骗犯活动中。关于物联网卡的开通功能，工业和信息化部发布的《关于加强源头治理 进一步做好移动通信转售企业行业卡安全管理的通知》中指出，明确功能限制要求，按照"功能最小化"原则，关闭语音功能，原则上不得开通短信功能，规范发展每月100M以下的小流量行业应用，就此针对物联网卡的语音、短信、流量功能提出限制要求。关于物联网卡使用场景和适用设备，二者应当是相互对应的关系。目前，我国物联网卡的使用场景主要是车联网、工业物联网、公共事业、能源管理、零售服务、智慧物流、医疗健康、智慧家庭、智慧农业，与上述使用场景相对应产生相应的适用设备，如车联网主要是指车辆仪表台中控安装的终端设备；工业物联网主要是指监控设备和高端机器设备；公共事业主要是指市政设施类的智能垃圾箱、智能路灯、智能井盖等，气象与环境监测类的水质监测、环境监测等，智能抄表类的水表、电表等，公共安全类的执法仪、电器防火监控等。由此可知，我国关于物联网卡的使用场景是十分明确且有限的，与使用场景相对应的适用设备种类也有其准确范畴。所以，电信业务经营者对物联网卡用户的管理，应当严格遵照上述规定的内容，并采取措施限定物联网卡开通功能、使用场景和适用设备。

单位用户转售载有物联网卡设备时应当履行的义务	本条第二款是关于单位用户转售载有物联网卡设备时应当履行的义务。单位用户的义务主要包括两项：其一是应当核验和登记用户身份信息，此时单位用户承担的是电信业务经营者的角色和功能，需要对使用载有物联网卡设备的用户身份信息进行核验和登记，检查个人用户是否存在异常用卡情况，并且需要全面落实真实身份信息登记制度。其二是用户单位需要将载有物联网卡设备的销售数量、存货数量以及转售的用户实名信息传送给号码归属的电信业务经营者，以方便电信业务经营者备案和复核。
电信业务经营者建立监测预警机制的义务	本条第二款是关于电信业务经营者建立监测预警机制的义务。根据《通信网络安全防护管理办法》的规定，电信业务经营者可以自行组织建立监测预警机制，也可以委托专业机构开通监测预警机制，并且接受工业和信息化部对监测预警机制建立的指导。物联网卡的异常使用情况主要包括以下三类：（1）异常使用行为，是指物联网卡产生了与合同规定场景不符的业务使用行为，如典型的人联网应用访问行为；（2）异常流量使用，是指物联网卡当月流量使用量大于前三个月月均流量使用量2倍以上的行为；（3）异常短信使用，是指物联网卡当月短信使用量大于前三个月月均短信发送量2倍以上的行为等。上述情况均属于本款所规定的广义上的"异常使用情形"。当出现上述情况时，电信业务经营者需要根据具体的异常情况，有针对性地采取暂停物联网卡的流量、短信等服务功能；重新校验单位用户身份与实际使用人身份是否一致；复核实际使用场景与合同约定使用场景是否一致等其他合同约定的处置措施。
本条意义	众所周知，电信网络诈骗的实施，需要持有大量的电话卡、物联网卡，满足行为人对移动通信的需求。随着反电信网络诈骗机关对电话卡的管控越发严格，新兴的物联网卡引起电信网络诈骗行为人的关注。当前利用物联网卡的电信网络诈骗活动不断增多，物联网卡也逐渐成为电信网络诈骗行为人较为常用的违法犯

本条意义 | 罪工具，尽管物联网卡无法实现电话卡的语音通话功能，但也具备定向短信和数据流量的通信条件。因此，有必要对物联网卡的开立、使用等各个环节进行监管，打击和惩治物联网卡的违规开通、违法使用等行为。本条设立为进一步规范物联网卡行为提供规范保障，为遏制和切断利用物联网卡的电信网络诈骗行为奠定了坚实基础。

条文 | 第十三条 【主叫号码传送和电信线路出租】电信业务经营者应当规范真实主叫号码传送和电信线路出租，对改号电话进行封堵拦截和溯源核查。

电信业务经营者应当严格规范国际通信业务出入口局主叫号码传送，真实、准确向用户提示来电号码所属国家或者地区，对网内和网间虚假主叫、不规范主叫进行识别、拦截。

主旨 | 本条是关于电信业务经营者规范通信业务的规定。

电信业务经营者规范通信业务的总体要求 | 本条第一款是关于电信业务经营者规范通信业务的总体规定，主要针对主叫号码传送、电信线路出租和改号电话的规制问题。

首先，关于主叫号码传送。电信业务经营者需要严格按照国内外号码行业的传输规则和准则进行规范，禁止违规传送主叫号码为空号或设置主叫号码禁显的呼叫，同时各个基础电信企业应当在网间关口局对不符合号码管理、网间互联规定和标准的违规呼叫、违规号码进行拦截，以保证主叫号码的真实性、准确性。

条文注释

电信业务经营者规范通信业务的总体要求

其次，关于电信线路出租。目前，较为常见的可供租用的电信线路有电话、宽带、光纤等。租用电信线路，是指从电话公司租用的电话线路，以提供从局域网到互联网的服务提供者或到广域网的永久连接。电信业务经营者应当规范电信线路的租用行为，不得擅自转接国内外的违法电话、改号电话，也不得擅自移动他人的电信线路。

最后，关于改号电话的规制。电线业务经营者应当严格禁止违法改号行为，并严禁此类改号电话的运行和经营，一旦发现，电信业务经营者需要联合基础电信企业对其进行封堵拦截。同时，对已经查实的改号电话、虚假电话，电信业务经营者要积极配合通信管理部门进行溯源核查，明确改号电话、虚假电话的单位和个人，并要立即清理相关电信线路。

电信业务经营者规范国际通信业务的具体要求

本条第二款是关于电信业务经营者规范国际通信业务的具体规定。

其一，电信业务经营者需要严格规范国际通信业务出入口局主叫号码的传送。国际通信业务的主叫号码传送，是指跨越国家或地区边界传送主叫号码的情况。电信业务经营者应当按照国际号码传送的行业规定以及相关的行业标准，落实国际通信业务出入口局主叫号码传送的规范工作。

其二，电信业务经营者需要保证真实、准确地向我国境内电信用户显示来电号码所属国家或者地区，以提高公民防范电信网络诈骗的警惕性，同时方便反电信网络诈骗机关的复核与溯源工作。

其三，电信业务经营者需要对网内和网间虚假主叫、不规范主叫进行识别、拦截。"虚假主叫、不规范主叫"一般有多种表现形式，比如不符合编号规则的号码，使用不存在的区号0942+SN、特殊字符00746#123456、规则性前缀"60/0+移动号码"；移动网内接入码10086、010+10086以及包含网内接入号关键元素的号码；固定电话前添加双区号；等等。不限于上述表现形式，虚假主

39

电信业务经营者规范国际通信业务的具体要求	叫、不规范主叫形式多种多样，电信业务经营者需要根据已确定的虚假主叫、不规范主叫目录，对出现的虚假主叫、不规范主叫的电话号码进行拦截。 工业和信息化部发布的《关于进一步防范和打击通讯信息诈骗工作的实施意见》中专门针对国际通信作出明确要求，即对"+86"等不规范国际来话，以及公安机关核实通报的伪造国内公检法和党政部门便民电话的虚假主叫号码，在国际通信业务出入口局一律进行拦截。对携带"通用号码"的来话，在国际通信业务出入口局和国内网间互联互通关口局将其"通用号码"信息一律予以删除。
本条意义	目前，利用改号软件进行电信网络诈骗已成为重灾区。本条所提及的虚假主叫、不规范主叫问题，均是因为改号软件出现而导致。"改号软件"属于"一种 VOIP 技术（网络电话），该技术可以将封闭的通信系统改变为开放的通信系统，剥夺电信运营商对电话号码的唯一分配能力。"[1]由此，电信业务的通讯功能将脱离电信业务经营者的合法控制，极容易被不法分子非法利用，成为电信网络诈骗活动的辅助工具。通过改号软件，电信网络诈骗行为人可以随意伪装成各行各业的工作人员，如中介、保险、培训机构甚至是公检法机关，不仅严重危害公民的财产安全，还会造成社会秩序的混乱、司法机关公信力的降低。因此，有效规制通信业务、打击和惩治改号行为势在必行。同时，针对已被不法分子成功改号的电话号码，电信业务经营者需要及早识别和判定，以便阻断和清理此类号码的电信线路。

---

[1] 参见刁雪云："电信网络诈骗中改号软件提供行为的刑法认定"，载《人民检察》2020 年第 9 期，第 72 页。

条文

第十四条 【禁止非法制造、买卖、提供或者使用非法设备、软件】任何单位和个人不得非法制造、买卖、提供或者使用下列设备、软件：

（一）电话卡批量插入设备；

（二）具有改变主叫号码、虚拟拨号、互联网电话违规接入公用电信网络等功能的设备、软件；

（三）批量账号、网络地址自动切换系统，批量接收提供短信验证、语音验证的平台；

（四）其他用于实施电信网络诈骗等违法犯罪的设备、软件。

电信业务经营者、互联网服务提供者应当采取技术措施，及时识别、阻断前款规定的非法设备、软件接入网络，并向公安机关和相关行业主管部门报告。

主旨

本条是关于电信网络诈骗设备、软件相关的禁止性规定。

不得非法制造、买卖、提供或者使用的设备、软件范围

本条第一款开宗明义，直接规定任何单位和个人不得非法制造、买卖、提供或者使用电信网络诈骗软件和设备，同时对电信网络诈骗软件、设备的种类进行明确，具体包括二类和一项兜底性规定。本条明确，任何单位和个人不得对电信网络诈骗软件实施以下四类行为，即制造、买卖、提供和使用。制造，即将原材料、零件加工形成可直接使用的电信网络诈骗软件、设备；买卖，即以电信网络诈骗软件或设备为标的物进行交易的行为。同时，本条进一步扩大了交易电信网络诈骗软件或设备的规制范围，不

41

仅包括单纯的销售行为，还包括买入行为；提供，即将电信网络诈骗软件或设备作为对象交给他人，是否支付对价在所不问；使用，是指通过制造、买卖、接受等方式获得电信网络诈骗软件或设备，并将其应用于实施电信网络诈骗的行为。

除了对上述实行行为进行明确外，本条对电信网络诈骗软件和设备的种类进行了不完全列举，采用"3+1"模式，"3"是指三类具体类型的设备或软件，"1"是指"其他"，即兜底性规定。三类具体类型的设备或软件包括：（1）电话卡批量插入设备，即同一个设备上配有多个 SIM 卡插槽，可以同时插入和使用多张 SIM 卡，电信网络诈骗行为人可远程操控此设备，频繁拨打诈骗电话、群发短信从而诈骗敛财。（2）具有改变主叫号码、虚拟拨号、互联网电话违规接入公用电信网络等功能的设备、软件。较为典型的即本法第十三条同样提及的"改号软件"，电信网络诈骗的行为人通过使用改号软件，违法改变主叫号码，形成虚假主叫、不规范主叫，冒充他人对群众实施诈骗。（3）批量账号、网络地址自动切换系统，批量接收提供短信验证、语音验证的平台。具有代表性的为"接码平台"，一般意义上的接码平台是指专门提供手机号为他人接收来自第三方平台验证码并将验证码提供给他人的资源平台。但随着科学技术的发展，接码平台逐渐出现新的类型，如"众包型"接码平台，这类接码平台除利用正常用户手机完成接码工作外，还在过程中违规搜集大量的用户姓名、银行卡号等个人信息，并向用户发送诈骗短信、实施诈骗行为。（4）其他用于实施电信网络诈骗等违法犯罪的设备、软件。本项为兜底性规定，面对日新月异的科技发展趋势，电信网络诈骗的软件或设备也在不断更新迭代，立法者无法穷尽此类设备或软件的种类。但需要说明的是，只要与电线网络诈骗活动有关的软件和设备，即使不是为实施电信网络诈骗活动而专门制造的，或者不是主要为实施电信网络诈骗活动，也可以成为本条的规制对象。

电信业务经营者、互联网服务提供者对禁止性设备、软件的义务	本条第二款规定，电信业务经营者、互联网服务提供者对上述软件、设备的相关义务。上述两类主体的义务包括：一是识别和阻断义务。当电信业务经营者、互联网服务提供者发现行为人使用第一款规定的设备或软件实施诈骗活动时，应当采取相应的技术措施进行阻断，如封号停机等。二是及时报告义务。电信业务经营者、互联网服务提供者采取阻断措施后，还需要及时向公安机关和相关行业主管部门报告，及时、迅速地对电信网络诈骗行为作出处理措施，以防止危害进一步扩大。
本条意义	电信网络诈骗设备、软件是实施电信网络诈骗的必备条件，不仅为实施电信网络诈骗提供技术支持，同时也是诈骗行为人躲避侦查的掩护措施。电信网络诈骗设备、软件往往依靠当前最前端的科学技术，可以利用非法收集的公民个人信息、个人数据对受骗对象进行精准画像，不仅提高了电信网络诈骗成功的概率，也进一步扩大了受骗被害人的范围。因此，对电信网络诈骗软件和设备进行清理、整治十分必要。由于此类软件、设备具有极强的隐蔽性，外表往往具有合法的形式特征，所以需要对其具体种类加以明确；同时其又具有较强的专业性，需要电信业务经营者、互联网服务提供者专业主体对其进行识别和阻断。

第三章　金融治理

条文

第十五条　【银行业金融机构、非银行支付机构的风险管理措施】银行业金融机构、非银行支付机构为客户开立银行账户、支付账户及提供支付结算服务，和与客户业务关系存续期间，应当建立客户尽职调查制度，依法识别受益所有人，采取相应风险管理措施，防范银行账户、支付账户等被用于电信网络诈骗活动。

主旨

本条是关于银行业金融机构、非银行支付机构在提供金融服务过程中应当承担的相关义务规定。

银行业金融机构、非银行支付机构的界定

本条所称的"银行业金融机构"，是指在我国境内依法设立的金融机构，是十分宽泛的概念。据不完全统计，我国共有4500余家银行业金融机构，包含20多种类型，也因类型不同，银行业金融机构具有不同的成立目的和业务规则。主要包括：商业银行，如中国工商银行、中国农业银行、中国银行、中国建设银行等；城市信用合作社，随着我国最后一家城市信用社宁波象山县绿叶城市信用社改制为城市商业银行，即宁波东海银行股份有限公司（简称宁波东海银行），城市信用社正式退出了历史舞台；农村信用合作社，较为广泛地存在于我国的农村地区；等等。除以上可吸收公众存款的金融机构外，银行业金融机构还包括一些政策性银行，其成立目的在于更好地贯彻国家的经济政策，在特定领域开展不以营利为目的的金融业务，如国家开发银行、中国进出口

银行业金融机构、非银行支付机构的界定	银行、中国农业发展银行。本条所称的"非银行支付机构",是指在中华人民共和国境内依法设立并取得支付业务许可证,从事储值账户运营、支付交易处理部分或者全部支付业务的有限责任公司或者股份有限公司。非银行支付机构也是我国金融业的重要组成部分。 通过分析发现,银行业金融机构、非银行支付机构都具有为客户开立账户(银行账户、支付账户)和提供支付结算服务的基础功能。具体而言,是指银行业金融机构、非银行支付机构根据客户申请和所提供的客户资料,为客户在本机构办理的具有支付、转账、结算等部分或全部功能的财政账户。在开立银行账户或支付账户中,客户需要填写开户申请书、签署风险知情同意书、综合服务协议书等相关文件,相关协议所规定的服务期限即本款所规定的"客户业务关系存续期间"。
客户尽职调查制度	本条规定,与客户业务关系存续期间,银行业金融机构、非银行支付机构应当建立客户尽职调查制度,其目的在于知悉和识别受益所有人,根据客户尽职调查结果有针对性地采取风险管理措施,以防范他人非法利用账户进行电信网络诈骗活动。此处规定的"客户尽职调查制度",一般在以下两类情况下采取:(1)银行业金融机构、非银行支付机构怀疑客户及其交易行为涉嫌洗钱或恐怖融资;(2)对先前获得的客户身份资料的真实性、有效性或完整性存疑。当出现以上两类情况或相关类似情况时,银行业金融机构、非银行支付机构需要对用户进行持续的尽职调查措施,尽职调查措施具体可包括以下五项内容:(1)通过可靠且独立的材料、信息识别和核实客户身份;(2)了解客户建立业务关系和交易的目的和性质;(3)了解客户的资金来源和用途;(4)审查客户状况及其交易情况,以确认为客户提供的各类服务和交易符合金融机构对客户身份背景、业务需求、风险状况以及对其资金来源和用途等方面的认识;(5)对于客户为法人或者非法人组织的,识别并采取合理措施核实客户的受益所有人。

本条意义

"账户开立是账户生命周期的起始,是全部金融业务风险管理的第一道关口"①,而客户尽职调查制度的实施是守住第一道关口的前提。在落实客户尽职调查制度之前,银行业金融机构、非银行支付机构往往对开立账户时随意开放业务服务权限,造成大量虚假账户、违规账户的出现,极大增加了金融市场风险,更为电信网络诈骗等非法活动的实施提供了"肥沃土壤"。但随着我国金融行业治理的不断深入和尽职调查制度的持续开展,金融管理秩序逐渐有序化,假名账户、匿名账户、冒名账户得到清理和整顿,为从源头上遏制电信网络诈骗及其关联的洗钱、恐怖融资活动发挥了积极作用。整体而言,客户尽职调查制度是维护金融安全和秩序的重要手段,也是金融领域防范电信网络诈骗的必要举措。

条文

第十六条 【银行账户、支付账户数量限制】开立银行账户、支付账户不得超出国家有关规定限制的数量。

对经识别存在异常开户情形的,银行业金融机构、非银行支付机构有权加强核查或者拒绝开户。

中国人民银行、国务院银行业监督管理机构组织有关清算机构建立跨机构开户数量核验机制和风险信息共享机制,并为客户提供查询名下银行账户、支付账户的便捷渠道。银行业金融机构、非银行支付机构应当按照国家有关规定提供开户情况和有关风险信息。相关信息不得用于反电信网络诈骗以外的其他用途。

---

① 参见石宝臣、娄辉:"防范电信网络诈骗背景下筑牢银行账户安全",载《当代金融家》2021年第7期,第150页。

条文注释

主旨 　本条是关于开立银行账户、支付账户数量、异常开户的处置措施以及建立跨机构开户数量核验机制和风险信息共享机制的规定。

开立银行账户、支付账户的数量限制

本条第一款规定，开立银行账户、支付账户有数量限制，同一用户开立银行账户、支付账户数量的具体上限由国家有关规定予以明确。限制开立银行账户、支付账户的直接目的是遏制"卡农"群体的出现。"卡农"是电信网络诈骗黑灰产业链中的重要一环，其通过持有大量的银行账户、支付账户为电信网络诈骗行为人转移涉案资金，从而谋取非法利益。电信网络诈骗行为人为了将诈骗所得资金"洗白"，需要通过大量的银行账户、支付账户进行中转，从而达到形式上的合法化。因此，为了有效打击和惩治电信网络诈骗，必须对银行账户、支付账户数量进行合理限制。根据《关于银行业打击治理电信网络新型违法犯罪有关工作事项的通知》的规定，同一客户在同一商业银行开立借记卡原则上不得超过4张；如该客户之前已持有同一商业银行全国范围内4张（含）以上借记卡的，商业银行不得为其开立或激活新的借记卡，但社会保障卡、医疗保险卡、军人保障卡、已销户的借记卡除外。由此可知，同一客户在同一商业银行同时持有的借记卡原则上应当小于或等于4张，已经达到4张的，银行业金融机构、非银行支付机构不得再为其开立新的借记卡账户。如何判断客户开立银行账户、支付账户的数量是否达到国家有关规定的限制，需要以"同一用户"为标准，由此便需要严格落实银行账户、支付账户实名制管理制度。

47

异常开户的处置措施

本条第二款规定，当出现异常开户情形时，银行业金融机构、非银行支付机构应当依照本法规定采取加强核查或者拒绝开户的措施。根据中国人民银行发布的《关于加强开户管理及可疑交易报告后续控制措施的通知》的规定，本款所指的"异常开户情形"，是指存在以下情况：（1）不配合客户身份识别；（2）有组织同时或分批开户；（3）开户理由不合理；（4）开立业务与客户身份不相符；（5）有明显理由怀疑客户开立账户存在开卡倒卖或从事违法犯罪活动等。针对以上情形，上述通知明确各银行业金融机构、非银行支付机构有权拒绝开户。除上述情形外，如出现使用虚假身份证明开户的，按要求未完成实名制登记开户的或者违反本条第一款规定，在同一商业银行全国范围内开立4张（含）以上借记卡的，银行业金融机构、非银行支付机构需要对该类客户加强核查，加大客户尽职调查力度，无法排除实施违法犯罪活动合理怀疑的，应当直接拒绝开户。

建立跨机构开户数量核验机制和风险信息共享机制

本条第三款是关于中国人民银行、国务院银行业监督管理机构组织有关清算机构建立跨机构开户数量核验机制和风险信息共享机制的规定。为便捷客户查询其名下的银行账户、支付账户数量，中国人民银行、国务院银行业监督管理机构应当组织有关清算机构建立跨机构开户数量核验机制。建立"跨机构开户数量核验机制"的直接目的在于帮助客户明确自己名下银行账户、支付账户数量，以防止在客户不知情的情况下，个人信息被用于违法犯罪活动。目前，中国银联已经推出"云闪付"应用软件，通过该软件的"一键查卡"功能，客户便可以直接获悉自己名下办理的银行卡类型、数量及其更详细的信息。"风险信息共享机制"是指将可能涉嫌电信网络诈骗的可疑银行或支付账户信息等以公开、透明的方式在风险信息共享平台公布，以便公众、其他的银行业金融机构和非银行支付机构知晓。例如，十六家商业银行和中国金融认证中心曾联合建立的"网上银行反欺诈联动机制"，通过建立网上银行"黑名单"，共享囊括欺诈记录的不法分子、可疑的网站IP地址等风险信息。风险信息共享机制的建立可以有效提升金

条文注释

融行业的安全性，为打击电信网络诈骗活动形成强大合力。

银行业金融机构、非银行支付机构是掌握客户开户情况和有关风险信息的直接责任单位，当发现涉嫌电信网络诈骗等可疑情况时，应当按照国家有关规定充分履行报告义务。根据中国人民银行发布的《关于加强支付结算管理防范电信网络新型违法犯罪有关事项的通知》，对于列入可疑交易的账户，银行和支付机构应当与相关单位或者个人核实交易情况；经核实后银行和支付机构仍然认定账户可疑的，银行应当暂停账户非柜面业务，支付机构应当暂停账户所有业务，并按照规定报送可疑交易报告或者重点可疑交易报告；涉嫌违法犯罪的，应当及时向当地公安机关报告。如何判断、识别是否存在涉电信网络诈骗犯罪可疑特征，银行业金融机构、非银行支付机构需要参照《关于加强支付结算管理防范电信网络新型违法犯罪有关事项的通知》附件1《涉电信诈骗犯罪可疑特征报送指引》。银行业金融机构、非银行支付机构在履行报告义务的同时，根据《银行业金融机构从业人员行为管理指引》第四条的规定，银行业金融机构中的从业人员应当遵守工作纪律和保密原则，这同样适用于非银行支付机构中的工作人员。因此，相关工作人员对工作中所获取的相关信息只能用于反电信网络诈骗的用途，即使需要对风险信息进行共享，也要严格遵照风险信息共享机制的实施细则和相应程序。

【建立跨机构开户数量核验机制和风险信息共享机制】

本条内容突出强调银行业金融机构、非银行支付机构在反电信网络诈骗工作中的重要地位。反电信网络诈骗是一项系统工程，中国人民银行《关于加强支付结算管理防范电信网络新型违法犯罪有关事项的通知》也已规定，人民银行分支机构、银行和支付机构应当履职尽责，确保打击治理电信网络新型违法犯罪工作取得实效。在反电信网络诈骗活动中，银行业金融机构、非银行支付机构处于优势地位，直接监测银行账户、支付账户在开立账户、交易结算等各个环节的行为，能够及时有效地对可疑账户做出准确反应。本条规定既为银行业金融机构、非银行支付机构的职责提供清晰指引，也为金融机构联动提供规范支撑。

【本条意义】

条文　　第十七条　【企业账户异常情形的风险防控机制】银行业金融机构、非银行支付机构应当建立开立企业账户异常情形的风险防控机制。金融、电信、市场监管、税务等有关部门建立开立企业账户相关信息共享查询系统，提供联网核查服务。

市场主体登记机关应当依法对企业实名登记履行身份信息核验职责；依照规定对登记事项进行监督检查，对可能存在虚假登记、涉诈异常的企业重点监督检查，依法撤销登记的，依照前款的规定及时共享信息；为银行业金融机构、非银行支付机构进行客户尽职调查和依法识别受益所有人提供便利。

主旨　　本条是关于金融机构建立企业账户风险防控机制、相关部门提供联网核查服务以及市场主体登记机关履行身份信息核验职责的规定。

金融机构建立开立企业账户异常情形的风险防控机制

本条两款是专门为企业账户设立。第一款是关于金融机构建立开立企业账户异常情形的风险防控机制，有关部门应当为开立企业账户的主体提供核查服务。关于金融机构建立开立企业账户异常情形的风险防控机制，根据中国人民银行《关于取消企业银行账户许可的通知》附件1《企业银行结算账户管理办法》，金融机构首先需要审核企业开户证明文件的真实性、完整性和合规性，开户申请人与开户证明文件所属人的一致性，以及企业开户意愿的真实性，并做好相关信息的留存工作。如果在审核过程中发现企业存在异常开户情形的，银行应当按照反洗钱等规定采取延长开户审查期限、强化客户尽职调查等措施，必要时应当拒绝开户。

条文注释

金融机构建立开立企业账户异常情形的风险防控机制

例如，中国人民银行《关于加强支付结算管理防范电信网络新型违法犯罪有关事项的通知》中强调，对于被全国企业信用信息公示系统列入"严重违法失信企业名单"，以及经银行和支付机构核实单位注册地址不存在或者虚构经营场所的单位，银行和支付机构不得为其开户。银行和支付机构应当至少每季度排查企业是否属于严重违法企业，情况属实的，应当在3个月内暂停其业务，并逐步清理。对存在法定代表人或者负责人对单位经营规模及业务背景等情况不清楚、注册地和经营地均在异地等异常情况的单位，银行和支付机构应当加强对单位开户意愿的核查。当出现上述异常情形时，金融机构需要对开立账户的企业加强核实，落实对该企业的风险防控机制。

建立开立企业账户相关信息共享查询系统

根据中国人民银行《关于取消企业银行账户许可的通知》的总体要求，切实做到"两个不减、两个加强"，即企业开户便利度不减、风险防控力度不减，优化企业银行账户服务要加强、账户管理要加强。因此有关部门在建立完善开立企业账户异常情形风险防控机制的同时，应当为企业账户提供便捷服务，建立开立企业账户相关信息共享查询系统，提供联网核查服务，不断推进金融、电信、市场监管、税务等部门的信息共享。

企业实名登记制度

本条第二款是关于企业实名登记制度的规定。本款明确对企业进行实名制登记的主体是市场主体登记机关。此处所称的"市场主体登记机关"，是指对各级登记机关的整体称谓，具体而言，县级以上地方市场监督管理部门主管本辖区市场主体登记管理工作，县级市场监督管理部门的派出机构可以依法承担个体工商户等市场主体的登记管理职责。市场主体登记机关除履行《市场主体登记管理条例》的职责外，依据本款，还需要对企业进行实名登记履行信息核验职责。市场主体登记机关在对企业进行实名登记时，企业应当依法依规提供真实的企业信息，既包括企业经营范围、法定代表人、经营场所等基础信息，也包括市场主体登记

51

企业实名登记制度	机关依法要求其提供的其他信息。市场主体登记机关需要对企业提供的登记信息进行检查复验，如发现虚假登记或者涉嫌电信网络诈骗等异常信息的，市场主体登记机关应当进行重点监控，经核查确认，确实存在涉嫌网络诈骗活动等异常情况的，应当依法撤销对该企业的登记，并且将撤销登记信息及时在共享查询系统内公布。市场主体登记机关对企业落实实名登记制，不仅是为了监测企业是否存在虚假登记、电信网络诈骗等违规、违法行为，也是为了便利银行业金融机构、非银行支付机构对客户进行尽职调查和识别受益所有人，维护正常的金融市场秩序。如根据中国人民银行《关于取消企业银行账户许可的通知》附件1《企业银行结算账户管理办法》第五条第一款的规定，银行应当按规定履行客户身份识别义务，落实账户实名制，不得为企业开立匿名账户或者假名账户，不得为身份不明的企业提供服务或者与其进行交易。同时在企业账户的存续期间，金融机构需要对企业开户资格和实名制符合性进行动态复核，以实现对企业账户的实时监测，此时市场主体登记机关与金融机构实现了有效衔接。
本条意义	本条是专门针对企业账户风险防控的规定，其中明确银行业金融机构、非银行支付机构建立开立企业账户异常情形的风险防控机制、有关部门建立开立企业账户相关信息共享查询系统，以及市场主体登记机关依法落实企业实名登记制度，为有效防范利用企业账户从事电信网络诈骗、洗钱等违法犯罪奠定规范基础。通过落实开立企业账户异常情形的风险防控机制，提前做好企业账户可疑交易的监测工作；利用相关信息共享查询系统，实现不同部门之间信息共享，提高企业账户核验精准程度和审查速度；落实企业实名登记制度，实现市场主体登记机关与金融机构联动，为银行业金融机构、非银行支付机构进行客户尽职调查和识别受益所有人提供便捷通道。

条文

第十八条 【对支付工具、支付服务加强异常监测】银行业金融机构、非银行支付机构应当对银行账户、支付账户及支付结算服务加强监测，建立完善符合电信网络诈骗活动特征的异常账户和可疑交易监测机制。

中国人民银行统筹建立跨银行业金融机构、非银行支付机构的反洗钱统一监测系统，会同国务院公安部门完善与电信网络诈骗犯罪资金流转特点相适应的反洗钱可疑交易报告制度。

对监测识别的异常账户和可疑交易，银行业金融机构、非银行支付机构应当根据风险情况，采取核实交易情况、重新核验身份、延迟支付结算、限制或者中止有关业务等必要的防范措施。

银行业金融机构、非银行支付机构依照第一款规定开展异常账户和可疑交易监测时，可以收集异常客户互联网协议地址、网卡地址、支付受理终端信息等必要的交易信息、设备位置信息。上述信息未经客户授权，不得用于反电信网络诈骗以外的其他用途。

主旨

本条是关于相关主体对异常账户和可疑交易监测机制和系统的建立以及所采取的具体防范措施的规定。

本条第一款是关于银行业金融机构、非银行支付机构建立异常账户和可疑交易监测机制的规定。本款所称的"异常账户"和"可疑交易"是相互独立的概念。"异常账户"是指未正常使用的银行账户或支付账户。近年来，多家银行业金融机构、非银行支付机构发布公告，对存在异常情况的账户进行清理，这类账户大体分为两种类型：一类是指长期没有进行正常交易且没有存储资金的"睡眠账户"；另一类是指违反本法第十六条第一款规定，同一客户持有超出国家有关规定数量限制的银行账户、支付账户。如中国建设银行于2021年1月发布《关于清理长期不动个人银行账户的公告》，其清理范围包括"截至2020年10月31日，连续三年以上（含三年）未发生存现、取现、转账等主动交易，账户余额为0，且无信用卡约定还款、个人贷款还款等签约关系的借记卡、准贷记卡、活期存折账户"。"可疑交易"，一般是指不符合正常交易流程，可能存在一方受骗的不公平交易类型，较为常见的可疑交易有以下几类：（1）个人银行账户、支付账户内多次频繁出现转入、转出等交易行为；（2）多笔小额资金分散转入后集中转出，或者集中转入后又以多笔小额资金方式分散转出；（3）个人与单位的银行账户、支付账户之间多次出现业务或转账活动；（4）相同收付款人之间短期内频繁发生资金收付；（5）频繁开户、销户，且销户前发生大量资金收付；等等。本款要求银行业金融机构、非银行支付机构建立完善异常账户和可疑交易监测机制，以达到对银行账户、支付账户及支付结算服务的监测目的。但本款所称的异常账户和可疑交易，必须以符合电信网络诈骗活动特征为前提，结合本法第二条规定，电信网络诈骗需要以非法占有为目的，利用电信网络技术手段，通过远程、非接触等方式进行诈骗公私财物的活动。因此，并非任何意义上的异常账户和可疑交易都需要由银行业金融机构、非银行支付机构进行监测，需要结合账户的交易金额、频率、流向、性质等多种因素综合考量。

条文注释

本条第二款是关于跨机构反洗钱统一监测系统和反洗钱可疑交易报告制度的规定。

反洗钱统一监测系统是一项综合性系统，需要中国人民银行统筹，银行业金融机构、非银行支付机构具体执行配合。根据《金融机构大额交易和可疑交易报告管理办法》的规定，银行业金融机构、非银行支付机构作为反洗钱统一监测系统的具体执行者，应当根据本机构的内部情况，制定本机构的交易监测标准，并对其有效性负责。具体的监测标准包括但不限于客户的身份、行为，交易的资金来源、金额、频率、流向、性质等存在异常的情形，但是为了能够达到检测系统方向的一致性，具体的监测标准需要参照中国人民银行及其分支机构发布的反洗钱、反恐怖融资规定及指引、风险提示、洗钱类型分析报告和风险评估报告；公安机关、司法机关发布的犯罪形势分析、风险提示、犯罪类型报告和工作报告；中国人民银行及其分支机构出具的反洗钱监管意见等因素。

跨机构反洗钱统一监测系统和反洗钱可疑交易报告制度

本款所称的"反洗钱可疑交易报告制度"的具体报告者也应当是指银行业金融机构、非银行支付机构，同样，根据《金融机构大额交易和可疑交易报告管理办法》的规定，上述机构应当根据自身制定的交易监测标准进行判断和识别。若发现或者有合理理由怀疑客户、客户的资金或者其他资产、客户的交易或者试图进行的交易与洗钱、恐怖融资等犯罪活动相关的，不论所涉资金金额或者资产价值大小，都应当向中国反洗钱监测分析中心提交可疑交易报告，同时以电子形式或书面形式向所在地中国人民银行或者其分支机构报告，并配合反洗钱调查。

对已监测识别的异常账户和可疑交易所采取的必要防范措施

本条第三款是关于银行业金融机构、非银行支付机构对已监测识别的异常账户和可疑交易所采取的必要防范措施，具体防范措施的实施需要根据风险情况差别化适用。首先，需要核实交易情况，银行业金融机构、非银行支付机构应当对通过交易监测标准筛选出的交易进行人工分析、识别，并记录分析过程；不作为可疑交易报告的，应当记录分析排除的合理理由；确认为可疑交

55

对已监测识别的异常账户和可疑交易所采取的必要防范措施	易的，应当在可疑交易报告理由中完整记录对客户身份特征、交易特征或行为特征的分析过程。其次，对已确认的可疑交易，需要重新核验客户身份，明确客户身份特征以及客户身份的基本信息。最后，经过核实交易情况、重新核验客户身份的流程，对交易信息是否可疑已基本确认，银行业金融机构、非银行支付机构可采取延迟支付结算、限制或者中止有关业务等实质性防范措施。延迟支付结算是指付款期满时，因存在可疑交易事由，银行业金融机构、非银行支付机构并不立即进行支付结算活动，需要延长一段时间后进行支付结算或直接终止结算。限制或者中止有关业务，是指存在可疑交易情形的客户因实施不正常的交易行为，导致银行业金融机构、非银行支付机构在本机构内部对该客户的相关业务实施限制和暂时停止的措施，待可疑交易情况解除后，银行业金融机构、非银行支付机构可根据实际情况，恢复客户原本的业务范围或直接取消相关业务。
银行业金融机构、非银行支付机可搜集信息的具体种类	本条第四款规定，银行业金融机构、非银行支付机构在开展异常账户和可疑交易监测活动时，可以搜集必要的交易信息。但是未经客户授权的，不得用于反电信网络诈骗以外的其他用途。本条具体规定了银行业金融机构、非银行支付机构可搜集信息的具体种类，以及所应当承担的保密义务。为了顺利开展异常账户和可疑交易监测，银行业金融机构、非银行支付机构可以搜集异常客户互联网协议地址、网卡地址、支付受理终端信息等必要的交易信息、设备位置信息。十分明显，上述客户信息与违法犯罪活动紧密相关，事关违法行为的实施空间、场域和手段，是公安机关侦破案件必须查清的案件事实。但是，所获得的上述信息只能用于反电信网络诈骗工作，银行业金融机构、非银行支付机构的工作人员应当履行保密义务，未经客户授权，不得将客户的个人基本信息、交易信息等泄露。

本条意义　本条共有四款内容，集中规定了反电信网络诈骗工作机制，如异常账户和可疑交易监测机制、反洗钱统一监测系统、反洗钱可疑交易报告制度等，以及对所监测对象实施的防范措施和可搜集的具体信息，包括在此过程中银行业金融机构、非银行支付机构应当承担的保密义务。"电诈犯罪的变现环节离不开金融账户和支付账户的资金链通道"①，通过上述一系列措施和工作机制，赋予金融机构反电信网络诈骗的职责和权能，为打击电信网络诈骗工作找到了切实可行的落脚点。

条文　第十九条　【保证交易信息真实、完整】银行业金融机构、非银行支付机构应当按照国家有关规定，完整、准确传输直接提供商品或者服务的商户名称、收付款客户名称及账号等交易信息，保证交易信息的真实、完整和支付全流程中的一致性。

主旨　本条是关于银行业金融机构、非银行支付机构传输交易信息时应当遵守的基本要求。

保证信息的完整性　本条所规定的"交易信息"是客户身份资料和交易记录的集合。根据中国人民银行、中国银行保险监督管理委员会、中国证券监督管理委员会联合发布的《金融机构客户尽职调查和客户身份资料及交易记录保存管理办法》第四十四条的规定，金融机构应当保存的客户身份资料包括记载客户身份信息以及反映金融机构开展客户尽职调查工作情况的各种记录和资料。金融机构应当

---

① 参见单勇："数字社会走向前端防范的犯罪治理转型——以《中华人民共和国反电信网络诈骗法（草案）》为中心"，载《上海师范大学学报（哲学社会科学版）》2022年第3期，第62页。

保证信息的准确性	保存的交易记录包括关于每笔交易的数据信息、业务凭证、账簿以及有关规定要求的反映交易真实情况的合同、业务凭证、单据、业务函件和其他资料。本条规定,银行业金融机构、非银行支付机构应当按照国家有关规定保证交易信息的完整性,故应当对上述规定所列举的信息进行完整保存,即在信息种类和内容上应当满足完整性要求。 一般而言,影响数据准确性的因素是多重的,既包括前期的信息采集、信息存储,还包括后期的信息调取、信息处理、信息展现,这些过程和环节都可能出现影响信息准确性的因素。而为了保证信息的准确性,需要尽可能克服人为或不可抗力等降低信息准确性因素的出现。故银行业金融机构、非银行支付机构应当采取必要的管理措施和技术措施,严谨的管理措施可有效针对工作人员疏忽导致的信息准确性降低,而技术因素可有效应对不可抗力导致的信息准确性降低。借助有力的管理措施和先进的技术措施,银行业金融机构、非银行支付机构可以逐步实现交易信息的电子化、数字化,防止客户身份资料和交易记录在采集、存储、调取、处理、展现等环节出现缺失、损毁甚至泄露等现象,以保证交易信息的准确性。
保证信息的一致性	保证交易信息一致性的直接目的在于方便日后溯源时有据可查,为反电信网络诈骗以及关联性的反洗钱调查工作的开展奠定基础。而保证信息的一致性的基本要求在于交易前后信息的契合性。为了保证信息的一致性,银行业金融机构、非银行支付机构需要优化交易信息的保存方式和管理机制,以确保信息能够完整重现和每笔交易可被追溯。按照《金融机构客户尽职调查和客户身份资料及交易记录保存管理办法》第四十六条的要求,客户身份资料自业务关系结束后或者一次性交易结束后至少保存5年;交易记录自交易结束后至少保存5年。如果该客户正在接受反洗钱机构调查,并且反洗钱调查工作在前款规定的最低保存期限届满时仍未结束,金融机构应当继续保存信息至调查工作结束。即使银行业金融机构、非银行支付机构即将面临破产或解散,仍有义

保证信息的一致性	务保证信息的完整性，并及时将上述保存信息的介质转交给中国人民银行、中国银行保险监督管理委员会或者中国证券监督管理委员会指定的机构。
保证信息的真实性	信息的真实性首先需要确保前端的信息搜集环节足够可靠，这与客户尽职调查制度密切相关。真实的客户身份资料来源于可靠、独立的证明材料、数据，应当杜绝为身份不明的客户提供服务或与其进行交易，银行业金融机构、非银行支付机构也不得为客户开立匿名账户或者假名账户，不得为冒用他人身份的客户开立账户。对每笔交易记录的保存也是如此，首先需要确保交易记录的来源可靠、真实，为后续的保存和记录工作奠定基础。除前期信息的搜集应当保持严谨态度外，银行业金融机构、非银行支付机构还需要定期对客户身份资料和交易记录进行复验、复核，只在确保每份信息足够真实的基础上，才可以进行归档处理。
本条意义	具有完整性、准确性、一致性及真实性的交易信息是反电信网络诈骗以及关联性反洗钱工作开展的重要前提。信息溯源和重现是侦查电信网络诈骗犯罪、获取违法犯罪证据的重要渠道，这就要求被追溯的客户身份资料和交易信息满足证据特征，而完整、准确、真实是对证据的最基本要求。本条是以银行业金融机构、非银行支付机构为主体，对其传输和保存交易信息提出的具体要求，直接为日后可能出现的反洗钱、反电信网络诈骗工作的开展奠定了程序法意义上的基础。
条文	第二十条　【电信网络诈骗涉案资金即时措施】国务院公安部门会同有关部门建立完善电信网络诈骗涉案资金即时查询、紧急止付、快速冻结、及时解冻和资金返还制度，明确有关条件、程序和救济措施。

条文	公安机关依法决定采取上述措施的,银行业金融机构、非银行支付机构应当予以配合。
主旨	本条是关于相关部门对涉案资金的处置条件、程序和救济措施的规定。

涉案资金即时查询制度

"即时查询制度",是指公安机关有权通过线上、线下等方式,向银行业金融机构、非银行支付机构提交涉案账户、存款等相关信息并发出查询请求,银行业金融机构、非银行支付机构应当采取适当方式反馈协查结果。根据《关于银行业金融机构与公安机关开展涉案账户资金网络查控工作的意见》的规定,关于涉案账户资金网络查控工作主要采取以下两种模式:

一是"总对总"模式,由公安部通过银保监会金融专网通道与各全国性银行业金融机构总部进行对接,各级公安机关通过公安部与银保监会的专网渠道办理查询涉案账户资金工作。

二是"点对点"模式,各省(自治区、直辖市、计划单列市)公安机关通过当地银监局金融专网与各全国性银行业金融机构分行、地方法人金融机构进行对接,办理辖内涉案账户资金查询工作,外省(自治区、直辖市、计划单列市)公安机关可通过中转实现跨省涉案账户资金的查询。

涉案资金紧急止付制度

"紧急止付制度"是一种较为常见的挽损方式,是指汇款人因不法分子的诈骗行为陷入认识错误,已经向银行业金融机构、非银行支付机构发出了支付指令,通过拨打报警电话或联系上述支付机构,使收款人账户开户行或支付机构进行止付操作,从而阻止收款人提款或转款的制度。根据《关于建立电信网络新型违法犯罪涉案账户紧急止付和快速冻结机制的通知》的规定,紧急止付需要经过以下两个流程:首先,被害人申请紧急止付,既可以拨打报警电话,也可以向开户行所在地同一法人银行的任一网点

涉案资金紧急止付制度	举报，并填写《紧急止付申请表》。其次，止付账户开户行总行或支付机构进行紧急止付，止付机构需要对相关账户的户名、账号、汇款金额和交易时间进行核对。止付时间从止付操作起计算，止付期限为48小时。
涉案资金快速冻结制度	"快速冻结制度"与本款规定的紧急支付制度关系较为密切，冻结账户可以发生在紧急支付期限内，即从止付操作起计算的48小时内。根据《关于建立电信网络新型违法犯罪涉案账户紧急止付和快速冻结机制的通知》的要求，公安机关需要对被害人报案事项的真实性进行审查，报案事项属实的，经公安机关负责人批准，予以立案，并通过管理平台向止付账户开户行总行或支付机构发送"协助冻结财产通知报文"。银行或支付机构收到"协助冻结财产通知报文"后，即对相应账户进行冻结。
涉案资金及时解冻制度	"及时解冻制度"实施的前提必须是涉案资金处于冻结之中，公安机关对涉案资金采取冻结措施后，应当及时查清案件事实，在法定期限内对涉案财物依法作出处理。根据《公安机关办理刑事案件适用查封、冻结措施有关规定》的要求，经查明冻结的财物确实与案件无关的，应当在3日以内解除冻结。解除冻结的，应当在3日以内制作协助解除冻结财产通知书，送交协助办理冻结的有关单位，同时通知被冻结财产的所有人。有关单位接到协助解除冻结财产通知书后，应当及时解除冻结。
涉案资金返还措施	"资金返还措施"建立目的在于合法保护公民的财产利益，对与违法犯罪行为无关的资金应当及时采取返还措施，以保证公民对合法财产的使用价值。资金返还措施的实行也需要各有关机关的协调配合，根据《电信网络新型违法犯罪案件冻结资金返还若干规定》的要求，公安机关负责查清被害人资金流向，及时通知被害人，并作出资金返还决定，由设区的市一级以上公安机关批准并出具《电信网络新型违法犯罪冻结资金返还决定书》；银行业监督管理机构负责督促、检查辖区内银行业金融机构协助查询、

涉案资金返还措施	冻结、返还工作，并就执行中的问题与公安机关进行协调；银行业金融机构依法协助公安机关查清被害人资金流向，将所涉资金返至公安机关指定的被害人账户；被害人应当由本人办理冻结资金返还手续，填写《电信网络新型违法犯罪涉案资金流向表》，本人不能办理的，可以委托代理人办理。
银行业金融机构、非银行支付机构的积极配合义务	本条第二款规定公安机关依法决定采取上述措施时，银行业金融机构、非银行支付机构应当积极履行配合义务。在实施上述各类措施之前，公安机关需要根据案件事实判定行为是否属于电信网络诈骗等违法犯罪行为，以此对涉案资金作出相关措施的决定。而银行业金融机构、非银行支付机构需要根据公安机关的决定，依照本行业程序实施即时查询、紧急止付、快速冻结、及时解冻和资金返还等措施，并根据客观情况及时向公安机关提供反馈结果，同时还需要向被害人履行充分的告知义务。
本条意义	电信网络诈骗是可预防性的违法犯罪行为，为了保障侦查活动的顺利进行、及时保护被骗主体的财产利益，有必要将治理关口前移。即时查询、紧急支付、快速冻结是防范电信网络诈骗、加强涉诈预警、防止损害进一步扩大的必要举措，公安机关应当协同有关部门以及银行业金融机构、非银行支付机构将上述措施落实到位，对潜在的电信网络诈骗行为进行较早打击，最大程度保障公民财产安全。

第四章　互联网治理

条文

第二十一条　【电信、互联网用户依法提供真实身份信息】电信业务经营者、互联网服务提供者为用户提供下列服务，在与用户签订协议或者确认提供服务时，应当依法要求用户提供真实身份信息，用户不提供真实身份信息的，不得提供服务：

（一）提供互联网接入服务；

（二）提供网络代理等网络地址转换服务；

（三）提供互联网域名注册、服务器托管、空间租用、云服务、内容分发服务；

（四）提供信息、软件发布服务，或者提供即时通讯、网络交易、网络游戏、网络直播发布、广告推广服务。

主旨

本条规定电信业务经营者、互联网服务提供者为用户提供服务的具体类别，并且要求以实名认证为前提。

电信业务经营者、互联网服务提供者的界定

首先需要明确本条规定的服务提供主体为"电信业务经营者、互联网服务提供者"。其中，"电信业务经营者"是指法律规定依法取得电信业务经营许可证的主体，根据我国《电信条例》的规定，以电信业务为标准，电信业务经营者包括基础电信业务经营者和增值电信业务经营者两类。"互联网服务提供者"是指专门向网络用户提供互联网接入服务、互联网数据中心服务、互联网信息服务和互联网上网服务的单位。

提供互联网接入服务	"互联网接入"是指通过特定的信息采集与信息共享的传输通道，利用光纤宽带、无线网络、电话线拨号等传输技术完成用户与 IP 广域网的高宽带、高速度的物理连接。互联网接入服务是在互联网接入的基础上，电信业务经营者、互联网服务提供者利用接入服务器和相应的软硬件资源建立业务节点，并利用公用电信基础设施将业务节点与因特网骨干网相连接，为各类用户提供接入因特网的服务。
提供网络代理等网络地址转换服务	通俗地讲，"网络地址转换"是指将真实的 IP 地址进行修改，以呈现出虚假的 IP 地址，从而实现访问目标网站的目的。在计算机网络空间中，网络地址转换是指在 IP 数据包通过路由器或者防火墙等途径将真实 IP 地址改写和转化。而电信业务经营者、互联网服务提供者所提供的网络代理作为一种服务形式，目的是沟通网络用户和目标网站，这种服务形式具有多种项目，其中网络地址改写是较为常见的一项。
提供互联网域名注册、服务器托管、空间租用、云服务、内容分发服务	以上服务类别都是电信业务经营者、互联网服务提供者所提供的较为传统的服务方式。"域名"是识别和定位一个网站的标志，域名注册遵循"先申请、先注册"原则，网络用户通过注册域名将获得相对应的网络地址。服务器托管是指网络用户为了提高自身网站的访问速度，将网站服务器及相关设备托管到专业性的网络数据中心，以达到自身网站高速、稳定、安全运行的目的。空间租用是指网络用户不需要自己购买服务器，只需要将承载网站内容的空间分配给专门从事网络空间租用的用户。云服务实质上是一种虚拟化的称谓，是基于增加、扩展互联网服务的相关功能服务网络用户。内容分发服务是互联网的基础服务项目，它通过实现用户对网站的就近访问及网络流量的智能分析，将本节点流媒体资源库中的指定内容，根据业务运营商定义的内容分发策略向下层节点推送，可以有集中式、分布式和混合式等多种较为灵活的方式。

条文注释

提供信息、软件发布服务，或者提供即时通讯、网络交易、网络游戏、网络直播发布、广告推广服务

与第三项服务类别不同，本项所列举的类别是融合当前时代特征的产物。其中"提供信息、软件发布服务"，是指网络用户依托网络空间发布信息或发布软件，以实现扩大宣传和传播范围的目的。提供即时通讯服务指的是通过较为常用的即时通讯工具，如微信、QQ等，加强网络用户之间即时交流信息的一项服务。网络交易、网络游戏、网络直播发布、广告推广等行为实际上是传统现实社会中常见活动转为线上方式，此时电信业务经营者、互联网服务提供者更多发挥搭建网络空间和提供相应软件的作用。

依法落实用户实名登记制度

本条除明确电信业务经营者、互联网服务提供者为网络用户提供服务的具体类型外，还要求其在提供服务的过程中，必须要求用户提供真实的身份信息，如果不提供的，电信业务经营者、互联网服务提供者有权依照本法拒绝为其提供相应服务。也就是说，用户提供真实的身份信息是享有互联网服务的前提条件。与互联网有关的多部法律规范都已经明确要求落实用户网络实名制。如《网络安全法》第二十四条第一款规定："……应当要求用户提供真实身份信息。用户不提供真实身份信息的，网络运营者不得为其提供相关服务。"《互联网用户账号名称管理规定》第五条第一款规定："互联网信息服务提供者应当按照'后台实名、前台自愿'的原则，要求互联网信息服务使用者通过真实身份信息认证后注册账号。"《互联网直播服务管理规定》第十二条第一款规定："互联网直播服务提供者应当按照'后台实名、前台自愿'的原则，对互联网直播用户进行基于移动电话号码等方式的真实身份信息认证……"这要求电信业务经营者、互联网服务提供者不论所提供的网络服务为何种具体类型，都需要在签订协议或者确认提供服务时，严格落实用户网络实名制。

65

本条意义	以网络用户实名制为提供网络服务的前提对打击电信网络诈骗具有十分重要的作用。当前，相关部门将实名制认证制度已落实到电信、金融等各个领域，互联网领域作为典型电信网络诈骗的高发场域更不能有所例外。与本法联动，《网络安全法》已经将网络实名制以法律的形式确立，使全网推行实名制在法律上成为可能[1]，也为本法推动实名认证制度的落实提供前提基础。在虚拟的网络空间，公民行为更加难以控制和有效引导，这就诱发部分行为人利用网络空间的匿名性特征实施违法犯罪活动。可以说网络实名制的推行不仅为整治网络空间、净化网络环境提供实益，更能有效遏制电信网络诈骗活动的出现。

条文	第二十二条　【涉诈异常账号的处置措施】互联网服务提供者对监测识别的涉诈异常账号应当重新核验，根据国家有关规定采取限制功能、暂停服务等处置措施。 　　互联网服务提供者应当根据公安机关、电信主管部门要求，对涉案电话卡、涉诈异常电话卡所关联注册的有关互联网账号进行核验，根据风险情况，采取限期改正、限制功能、暂停使用、关闭账号、禁止重新注册等处置措施。
主旨	本条规定互联网服务提供者对涉诈账户的核验义务，以及根据风险情况采取的具体处置措施。

---

[1]　参见任秀、王咏梅："全网实名制后的困境与对策研究"，载《湖北社会科学》2020年第4期，第165页。

条文注释

互联网服务提供者对涉诈账户的核验义务

本条第一款规定，互联网服务提供者对所监测识别的涉诈异常账号应当采取的具体措施，如重新核验网络用户身份，按照异常情况不同，依照国家有关规定采取限制或暂停服务等针对性处置措施。"重新核验"属于采取相关处置措施的前置性程序，通过重新核验以判断网络用户账号是否存在涉诈异常现象，以及涉诈异常的风险程度。根据《互联网用户账号信息管理规定》的要求，互联网服务提供者应当建立账号信息的动态核验监测系统，准确及时核查账号信息，对从事违法违规信息传播行为、可能涉嫌电信网络诈骗等违法犯罪活动的账户，应当进行重点监测，加强核查。

互联网服务提供者对涉诈账户的处置措施

根据重新核验的结果，互联网服务提供者应当依照国家有关规定，采取限制、暂停服务等处置措施。因为当前利用网络空间的活动越发增多，出现网络游戏、网络交易、网络直播、网络购物等多类行为，故此处所指的"国家有关规定"实际上是对不同法律规范的统称。具体而言，可以包括《网络安全法》《互联网直播服务管理规定》《微博客信息服务管理规定》《互联网上网服务营业场所管理条例》《互联网信息服务管理办法》等。因网络用户所实施的具体行为不同、所依据的法律规范各异，故互联网服务提供者所限制的功能和暂停的服务也有所区别。比如互联网服务提供者发现公众账号发布涉诈信息，根据《互联网用户公众账号信息服务管理规定》的要求，公众账号信息服务平台可对其采取限制账号发布功能、暂停信息更新服务，甚至关闭注销公众账号的处置措施；再如互联网服务提供者发现用户在注册、使用中从事电信网络诈骗活动或者以从事电信网络诈骗活动为目的注册账号的，根据《互联网用户账号信息管理规定》，互联网信息服务提供者可以对其采取限期改正、限制账号使用功能，甚至禁止重新注册等具体处置措施。

本条第二款是对第一款处置措施内容和程序的进一步说明。首先，明确互联网服务提供者所采取的具体处置措施应当根据公安机关、电信主管部门要求，依法依规进行，以免不当侵害网络用

互联网服务提供者对涉诈账户的处置措施	户的正当权利。其次,对互联网服务提供者核验对象进行要求,核验对象不仅包括涉诈异常电话卡,还包括涉案电话卡;不仅是对异常电话卡直接互联网账号进行核验,也包括对该账号所关联注册的有关互联网账号进行核验。最后,关于核验的最终结果需要按照风险情况,如风险类型、风险程度等标准进行划分,有区别地采取限期改正、限制功能、暂停使用、关闭账号、禁止重新注册等不同强度的处置措施。
本条意义	本条规定充分落实了互联网服务提供者的主体责任,对其提出了具体的服务规范要求和明确的处置措施,赋予了互联网服务提供者反电信网络诈骗"看门人"的主体地位,加大了前端义务和处置责任。[1] 本条明确规定,互联网服务提供者根据公安机关、电信主管部门要求,对涉案电话卡、涉诈异常电话卡所关联注册的有关互联网账号可以采取限期改正、限制功能、暂停使用、关闭账号、禁止重新注册等处置措施。可见,在反电信网络诈骗工作中,互联网服务提供者被赋予明确的主体责任和义务。通过本条内容,互联网服务提供者的主体地位得以确立,其所承担的具体反诈责任也得以明确。

条文	**第二十三条** 【互联网应用程序的设立】设立移动互联网应用程序应当按照国家有关规定向电信主管部门办理许可或者备案手续。 为应用程序提供封装、分发服务的,应当登记并核验应用程序开发运营者的真实身份信息,核验应用程序的功能、用途。

---

[1] 参见韩永军:"当好反电信网络诈骗'看门人'",载《人民邮电》2022年9月7日第001版。

条文注释

条文 公安、电信、网信等部门和电信业务经营者、互联网服务提供者应当加强对分发平台以外途径下载传播的涉诈应用程序重点监测、及时处置。

主旨 本条是关于移动互联网应用程序的设立、封装、分发、使用过程的相关规定。

设立移动互联网应用程序的许可和备案要求

本条第一款规定，设立移动互联网应用程序需要取得行政许可或者备案。首先明确本条所称的"移动互联网应用程序"，系指能够向用户提供文字、图片、语音和视频等内容在内的程序载体，应用程序内部囊括即时通讯、新闻资讯、网络直播、电子商务、生活服务等多种类型服务。

设立移动互联网应用程序需要由申请人按照国家有关规定向电信主管部门获得相应许可或者进行备案。根据我国《移动互联网应用程序信息服务管理规定》第七条的规定，将移动互联网应用程序大致分为两类：一类是提供互联网新闻信息服务的应用程序，此类应用程序的设立需要取得互联网新闻信息服务许可，未取得许可的，不能开展互联网新闻信息服务活动；另一类是指除第一类应用程序外的其他应用程序，按照要求，须依法经有关主管部门审核同意或者取得相关许可的，经有关主管部门审核同意或者取得相关许可后方可提供服务。依据本条规定，应用程序根据所提供的服务类型不同，是否需要取得许可以及取得何种许可都是不同的。如《移动互联网应用程序信息服务管理规定》所明确的，提供互联网新闻信息服务的应用程序需要获得互联网新闻信息服务资质许可证；提供视频类服务的应用程序，需要获得信息网络传播视听节目许可证、广播电视节目制作经营许可证等；提供医疗类服务的应用程序需要获得互联网医疗保健信息服务许可证；等等。故应用程序的服务类型决定许可种类，也决定申请人申请时所应当依据的具体规定。

针对应用程序封装、分发服务平台提出的实名登记和核验义务	本条第二款是专门针对应用程序封装、分发服务平台提出的实名登记和核验义务。本条所称的"应用程序封装服务",是指将多个分散的手机网站打包转化为一个手机应用程序,转化的应用程序与原网站内容完全一致,除了具备被打包网站的功能外,还可以添加多种手机插件完善和丰富应用程序的功能。"应用程序分发服务"是与封装服务相对应的一种服务,是指通过互联网渠道向网络用户提供应用程序发布、下载、动态加载等服务的活动,具体包括应用商店、快应用中心、互联网小程序平台、浏览器插件平台等多种类型。按照本款规定,以上两种服务平台在提供封装、分发服务时,需要登记并核验应用程序开发运营者的真实身份信息,并对程序的功能、用途进行核验。对应用程序开发运营者身份信息的登记和核验是基于移动电话号码、身份证件号码或者统一社会信用代码相结合的方式进行;同时,应用程序封装、分发平台还应当建立健全日常管理机制和技术核验手段,对应用程序的功能、用途进行不间断的核验和审查,对以违法犯罪为主要功能或用途的应用软件,封装、分发平台应当依法及时采取警示、暂停服务、下架等处置措施。
对分发平台以外途径下载传播的涉诈应用程序重点监测、及时处置	本条第三款规定,针对从分发平台以外途径下载传播的涉诈应用程序,公安、电信、网信等部门和电信业务经营者、互联网服务提供者应当依照本法规定承担监测义务、履行处置责任。一般而言,公安、电信、网信等部门需要建立和完善相应的监测机制和处置制度,发挥宏观统筹作用,如根据我国《公安机关互联网安全监督检查规定》的规定,公安机关应当根据网络安全防范需要和网络安全风险隐患的具体情况开展监督检查工作。本款所提到的电信、网信等部门的相关工作与之类似。而电信业务经营者、互联网服务提供者则需要具体执行监测和处置措施,因为上述主体可以在第一时间发现风险线索和信息,及时对网络账号采取处置措施。

本条意义　　本法积极回应近年来移动互联网应用程序中显现的各类问题，充分实现与《网络安全法》《数据安全法》《个人信息保护法》《移动互联网应用程序信息服务管理规定》等规范的衔接。移动互联网应用程序是电信网络诈骗活动"黑灰化产业链"中的重要一环，诈骗行为人往往使用应用程序进行虚假宣传或者利用违法和不良信息诱导用户，通过机器或人工方式刷榜、刷量、控评，营造虚假流量，使用各类虚假手段使受害人信以为真。本条明确了移动互联网应用程序设立要求，应用程序封装、分发服务平台的法定义务等，有利于进一步规范移动互联网应用程序的使用行为，为实现网络黑灰产的源头治理、打击电信网络诈骗犯罪确立了法律依据。

条文　　第二十四条　【域名注册、解析信息、网址链接转换】提供域名解析、域名跳转、网址链接转换服务的，应当按照国家有关规定，核验域名注册、解析信息和互联网协议地址的真实性、准确性，规范域名跳转，记录并留存所提供相应服务的日志信息，支持实现对解析、跳转、转换记录的溯源。

主旨　　本条是对提供域名解析、域名跳转、网址链接转换服务者法定义务的规定。

域名解析、域名跳转、网址链接转换的界定　　本条是对域名相关行为的专门规定，与域名相关的具体服务行为包括域名解析、域名跳转和网络地址转换。"域名解析"，是指把域名指向网站空间 IP 地址，让网络用户通过点击注册的域名便可以直接访问相应网站的一种服务。"域名跳转"又称为"URL 转发"，是指对某一域名的访问跳转至该域名绑定或者指向的其他域名、IP 地址或者网络信息服务等。"网址链接转换"，是指在不

域名解析、域名跳转、网址链接转换的界定	同网址链接之间的转化服务,如将较长的网址链接转化为较短的网址链接,或者将普通的网页链接转化为其他特殊类型的链接等。
提供域名解析、域名跳转、网址链接转换服务者的法定义务	根据本条规定,提供上述三类行为的网络服务提供者应当依法依规履行义务。首先,需要核实验证上述服务所承接的客体内容,即域名注册、解析信息和互联网协议地址的真实性和准确性,如根据《互联网域名管理办法》的要求,域名注册服务机构应当要求域名注册申请者提供域名持有者真实、准确、完整的身份信息等域名注册信息。其次,应当规范域名跳转服务行为,不得为包含《互联网域名管理办法》第二十八条第一款所列内容的域名提供域名跳转服务。最后,需要记录和留存相关日志信息,对所提供的相应服务应当依法记录并留存域名解析、跳转、转换日志、维护日志和变更记录,以便实现对相关信息和记录的溯源工作。
本条意义	除传统的 IP 地址外,域名也逐渐成为互联网名称资源的代名词,伴随着域名被不断挖掘出的市场价值,一种基于高价值域名的电信网络诈骗活动也在不断形成。如已经出现的利用"中文域名遭抢注,优先保护注册"为名的诈骗行为,也出现冒充域名注册机构实施的诈骗行为等,域名作为一种虚拟财产,已然成为电信网络诈骗行为的犯罪对象。因域名具有财产属性,便具有法律保护上的必要性。本条设立的目的便在于通过对域名相关行为的前置性监测尽早防范电信网络诈骗行为的发生,从域名注册到域名解析、跳转等使用行为的不同环节都进行了规制,明确要求相关信息的真实性、准确性;相关行为的规范性;等等。

条文

第二十五条 【禁止为他人实施电信网络诈骗提供支持或者帮助】任何单位和个人不得为他人实施电信网络诈骗活动提供下列支持或者帮助：

（一）出售、提供个人信息；

（二）帮助他人通过虚拟货币交易等方式洗钱；

（三）其他为电信网络诈骗活动提供支持或者帮助的行为。

电信业务经营者、互联网服务提供者应当依照国家有关规定，履行合理注意义务，对利用下列业务从事涉诈支持、帮助活动进行监测识别和处置：

（一）提供互联网接入、服务器托管、网络存储、通讯传输、线路出租、域名解析等网络资源服务；

（二）提供信息发布或者搜索、广告推广、引流推广等网络推广服务；

（三）提供应用程序、网站等网络技术、产品的制作、维护服务；

（四）提供支付结算服务。

主旨

本条明确规定电信网络诈骗活动帮助行为的具体类型，同时规定电信业务经营者、互联网服务提供者对特定行为的监测识别和处置义务。

本条第一款是针对一般主体，即任何单位和个人，不得为他人实施电信网络诈骗活动提供支持或者帮助。本款对此类支持或帮助行为进行了不完全列举，包括两项具体行为方式和一项兜底行为。具体而言，(1) 禁止向实施电信网络诈骗活动的行为人出售、提供个人信息。众所周知，公民个人信息是电信网络诈骗活动实施的重要原材料，电信网络诈骗行为人基于非法获取和搜集的公民个人信息，可对公民进行精准画像，以充分了解被害人并逐步取得对方信任。向电信网络诈骗行为人出售、提供大量的公民个人信息，不仅会导致被害人范围进一步扩大，而且会在很大程度上提高受骗概率。出售、提供个人信息不仅是电信网络诈骗的帮助行为，也是独立意义上的侵犯公民个人信息权的行为。(2) 帮助电信网络诈骗行为人通过虚拟货币交易等方式洗钱。虽然与第一类出售、提供个人信息行为都具有帮助犯的相同性质，但是二者发生阶段和功能完全不同。第一类行为是电信网络诈骗的前期行为，是实施诈骗活动的准备活动；而帮助电信网络诈骗行为人通过虚拟货币交易等方式洗钱，是在电信网络诈骗既遂后将犯罪所得进行合法化的活动。虽然都具有帮助犯性质，但出售、提供个人信息属于纯粹地提供物理性帮助行为；而帮助行为人通过虚拟货币交易等方式洗钱，在对行为人实施电信网络诈骗活动既遂之前的阶段，仅起到心理性加功和促进作用。(3) 其他为电信网络诈骗活动提供支持或者帮助的行为。该项是以兜底性条款的方式对电信网络诈骗活动的帮助或支持行为进行了概括性说明。以兜底性条款方式进行表述有其必要性，一是因为法律规范以简洁性为价值追求，法律规范的具体条文不会将全部的行为方式悉数列举；二是行为方式是复杂多变的，电信网络诈骗是较为典型的新型网络犯罪，其行为方式势必还在不断增加和复杂化。因此，以兜底性条款的表述方式将电信网络诈骗活动的支持、帮助行为概括化，既可以避免因完全列举的僵化遗漏必要行为，还可以保证规范的相对稳定性。本款所指的"其他"支持、帮助行为可参照《关于办理电信网络诈骗等刑事案件适用法律若干问题的意见》

为他人实施电信网络诈骗活动提供支持或者帮助的行为类型

为他人实施电信网络诈骗活动提供支持或者帮助的行为类型	中规定的以下具体行为：（1）提供信用卡、资金支付结算账户、手机卡、通信工具的；（2）制作、销售、提供"木马"程序和"钓鱼软件"等恶意程序的；（3）提供"伪基站"设备或相关服务的；（4）提供互联网接入、服务器托管、网络存储、通信传输等技术支持，或者提供支付结算等帮助的；（5）在提供改号软件、通话线路等技术服务时，发现主叫号码被修改为国内党政机关、司法机关、公共服务部门号码，或者境外用户改为境内号码，仍提供服务的；（6）提供资金、场所、交通、生活保障等帮助的；（7）负责招募他人实施电信网络诈骗犯罪活动，或者制作、提供诈骗方案、术语清单、语音包、信息的；等等。
电信业务经营者、互联网服务提供者对涉诈支持、帮助活动的注意义务	本条第二款是专门针对电信业务经营者、互联网服务提供者提出的合理注意义务的规定。所谓"合理注意义务"，是指电信业务经营者、互联网服务提供者在其日常经营过程中保持的一种谨慎态度，以避免电信网络诈骗行为人非法利用正常的业务行为实施违法犯罪活动。本款还进一步明确合理注意义务的具体业务范围，主要包括了四种行为类型：（1）提供互联网接入、服务器托管、网络存储、通信传输、线路出租、域名解析等网络资源服务。这类行为是网络资源服务的结合体，对网络用户来说，更是保证网站平稳、安全运行的基础条件。如互联网接入是用户进入网络空间的基础；服务器托管、网络存储、通信传输、线路出租等是储存网站资源、提高网站运行速度的专门性服务；域名解析把域名指向网站空间IP，让网络使用者通过注册的域名可以方便地访问网站的一种便捷服务。（2）提供信息发布或者搜索、广告推广、引流推广等网络推广服务。与第一类行为相比，该类行为更加具有延伸性、扩张性，是在基础性服务类型的基础上，对网站和相关附属资源的宣传和推广服务，其目的在于扩展网站的服务范围和空间。（3）提供应用程序、网站等网络技术、产品的制作、维护服务。该类服务是在满足网站正常运行的前提下，对网站中的资源、作品进行深度整合，以新形式向网站用户展示，如设立移动应用程序等，满足网站用户对便捷性、即时性的要求同时在

75

电信业务经营者、互联网服务提供者对涉诈支持、帮助活动的注意义务	新形式网站的运行过程中，也需要不断更新网站作品和对网站进行日常维护。(4) 提供支付结算服务。支付结算服务指金融机构为单位客户和个人客户采用票据、汇款、托收、信用证、信用卡等结算方式进行货币支付及资金清算提供的一项服务。随着网络科技的发展，支付结算业务逐渐从线下转变为线上与线下兼容的形式。 整体而言，本条第二款所规定的四类具体业务行为，既是电信业务经营者、互联网服务提供者的正常经营活动范畴，也是电信网络诈骗活动的高发场域，如利用网络推广服务发送诈骗广告、利用应用程序植入木马病毒、通过支付结算服务进行洗钱等。故需要电信业务经营者、互联网服务提供者在日常经营活动中保持谨慎态度，履行合理注意义务，对涉诈支持、帮助活动进行监测识别和处置。
本条意义	本条是以规制电线网络诈骗活动的帮助行为为目的。链条化是当前电信网络诈骗活动的显著特征，从非法提供公民个人信息、电话卡、银行卡的前期准备行为，到提供"伪基站""木马病毒"改号服务等物理性帮助行为，再到既遂后帮助掩饰、隐瞒犯罪所得的洗钱行为等，上述各类帮助行为环环相扣、缺一不可，逐步形成滋生电信网络诈骗活动的生态圈。2022年4月，中共中央办公厅、国务院办公厅印发《关于加强打击治理电信网络诈骗违法犯罪工作的意见》再次强调，坚持全链条纵深打击，依法打击电信网络诈骗以及上下游关联违法犯罪。本条为综合治理、源头治理电信网络诈骗行为提供了范本。

条文

第二十六条 【互联网服务提供者协助调查证据义务】公安机关办理电信网络诈骗案件依法调取证据的，互联网服务提供者应当及时提供技术支持和协助。

互联网服务提供者依照本法规定对有关涉诈信息、活动进行监测时，发现涉诈违法犯罪线索、风险信息的，应当依照国家有关规定，根据涉诈风险类型、程度情况移送公安、金融、电信、网信等部门。有关部门应当建立完善反馈机制，将相关情况及时告知移送单位。

主旨

本条是关于互联网服务提供者配合与报告义务的规定。

互联网服务提供者配合与协助义务

本条第一款是关于互联网服务提供者配合与协助义务的规定。公安机关在办理电信网络诈骗案件中查清案件事实，需要以证据为基础。按照我国《刑事诉讼法》第五十条法定证据种类的规定，与互联网服务提供者相关的电信网络诈骗证据主要包括：（1）即时通讯工具所包括的通话记录和具体内容、通话清单；（2）网上支付结算活动所获取交易日期、资金流入或流出的方式、交易金额、交易双方的账户及名称；（3）网上传输工具所获取的诈骗"话术"、团伙内部管理规范、账册、被害人的信息资料；（4）实施电信网络诈骗活动所使用的QQ、微信的网络登录日志和记录；（5）涉案的网络链接地址以及关联的宽带账户名；等等。

总体上，公安机关办理电信网络诈骗案件时，需要互联网服务提供者配合提供的证据主要是电子证据类型，按照《公安机关办理刑事案件电子数据取证规则》的规定，在具体调取程序上，公安机关应当经办案部门负责人批准，开具《调取证据通知书》，

互联网服务提供者配合与协助义务	注明需要调取电子数据的相关信息，通知电子数据持有的互联网服务提供者执行。被调取的互联网服务提供者应当在通知书回执上签名或者盖章，并附完整性校验值等保护电子数据完整性方法的说明。
互联网服务提供者对有关涉诈信息、活动的移送义务和程序	本条第二款前段是关于互联网服务提供者移送相关情况的规定。互联网服务提供者在监测识别网络用户的过程中，发现电信网络诈骗行为或者本法第二十五条规定的帮助或支持行为的，无论是确定的风险信息抑或是可能涉诈的情况线索，互联网服务提供者都需要进行移送报告，按照该类信息或线索的类型、程度进行分门别类，报送公安、金融、电信、网信等部门，以便各机关协同联动及时采取相关措施，防止损失进一步扩大。本款所称的"涉诈违法犯罪线索、风险信息"可适当作出扩大解释，当前正是电信网络诈骗活动的活跃期，诈骗行为人常常更换诈骗手段掩盖犯罪行为。与公安机关相比，互联网服务提供者并不具有反诈的专业知识，因此对监测识别的信息性质尚不能得出精准的判定结论。但为了反电信网络诈骗体系的严密性，互联网服务提供者需要对可能存在的涉诈违法犯罪线索、风险信息进行移送，从而相关机关才能进行专业识别和判断。
建立完善反馈机制	本条第二款后段是关于建立完善反馈机制的规定。本段所规定的反馈机制是与第二款前段移送报告制度相互衔接的一项制度。其中反馈机制的主体"有关部门"对应的是第二款的移送部门，即公安、金融、电信、网信中的部门。按照本款要求，上述部门应当建立和完善反馈机制，明确反馈流程和处理时限，制定详细的反馈细则，在法律规定的合理期限内及时对所受理的移送信息进行反馈，说明处理理由和最终结果。从表面上看，反馈机制建立是为了回应相关单位的移送信息，但实质上是为了与移送部门形成打击电信网络诈骗活动合力，加强协调联动，对可能存在的风险信息进行及时有效处置。

| 本条意义 | 打击和惩治电信网络诈骗是一项系统工程，需要互联网与公安、金融、电信、网信等部门的协同配合，方能形成强有力的打击合力。本条明确互联网服务提供者需要配合与协助公安机关调查取证，对所监测到的涉诈违法犯罪线索、风险信息应当及时移送公安、金融、电信、网信等部门；同时，接受移送的各部门需要建立和完善反馈机制，将处理结果以适当方式回复给移送部门。本条为健全协同联动机制、增强协同治理能力发挥了积极作用，提高了打击实效，为遏制电信网络诈骗活动的发生和蔓延提供了有力的机制保障。 |

第五章　综合措施

条文　　第二十七条　【公安机关打击治理电信网络诈骗工作机制】公安机关应当建立完善打击治理电信网络诈骗工作机制，加强专门队伍和专业技术建设，各警种、各地公安机关应当密切配合，依法有效惩处电信网络诈骗活动。

公安机关接到电信网络诈骗活动的报案或者发现电信网络诈骗活动，应当依照《中华人民共和国刑事诉讼法》的规定立案侦查。

主旨　　本条是对公安机关建立完善打击治理电信网络诈骗工作机制和对电信网络诈骗活动立案侦查的规定。

公安机关内部完善打击治理电信网络诈骗工作机制的要求

　　本条第一款是关于公安机关内部完善打击治理电信网络诈骗工作机制的要求，具体包括加强专门队伍、技术建设和各警种、各地区的协同配合。面对专业性较强、科技含量较高的电信网络诈骗活动，公安机关需要不断完善和改进打击治理电信网络诈骗工作机制，首先应当加强专门队伍和专业技术建设，专业队伍是执法的主体，也是发挥公安机关能动性的核心力量，具有专业知识、丰富经验、本领过硬的专业队伍是打击电信网络诈骗活动的强力。因此，各地公安机关都应成立打击电信网络诈骗的专门队伍，通过业务培训和实战训练，保障专门队伍知识的先进性和技术的专业性。为适应当前形势下打击电信网络诈骗活动的需要，公共机关对专门队伍的培养应该密切关注相关领域的业务发展动态，及时掌握社会实践对人才的需求倾向，及时调整专业定位和人才培养目标和完善学科专业建设。专业技术是打击电信网络诈骗的硬件条件，是辅助专门队伍侦查和执法的重要凭借。在侦查电信网络诈骗案件中，技术侦查是不可或缺的侦查手段，技术侦查措施的应用可以极大地拓展侦查人员的感知范围和感知深度，从而提升其绝对感知能力，使侦查人员变成"千里眼、顺风耳"。① 技术侦查措施离不开专业技术，技术是技术侦查的根基和根本优势，没有科学技术做支撑，技术侦查就会成为"无源之水、无本之木"。② 专业技术不仅能够精准发现电信网络诈骗活动的线索和信息，还可以及时锁定诈骗行为人的活动和轨迹，对固定证据、破获案件具有十分重要的价值和意义。正因如此，各地公安机关除加快专门队伍的培训外，还应当不断更新专业技术，为专门队伍配备专门设备和专业系统，提高打击电信网络诈骗活动的效率和精准度。

专门队伍和专业技术是打击电信网络诈骗不可缺少的人和物要素，在此基础上，还应当进行各地区、各警种协调配合的整体化考量。首先，需要注意各地区公安机关以及派出机构的协调配合。目前，电信网络诈骗行为人往往跨地区、跨省市甚至是跨国作案，此时最需要构建跨地区打击电信网络诈骗的网络平台，及时共享和沟通电信网络诈骗行为的活动信息和轨迹，以便跨地区追捕犯罪嫌疑人、收集犯罪证据等。其次，需要注意各警种的协调配合。与电信网络诈骗活动有关的警种包括治安警察、刑事犯罪侦查警察、经济犯罪侦查警察、公共信息网络安全监察专业警察等，不同警种具有不同的职责，也具有不同的专业知识和专业技术，在打击电信网络诈骗活动中都发挥着至关重要的作用。例如，公共信息网络安全监察专业警察，即"网络警察"，是依法履行"监督管理计算机信息系统的安全保护工作"职责的人民警察，

---

① 参见刘鹏："技术侦查相关概念研究"，载《公安学刊》2021年第4期，第35~44页。
② 同上。

公安机关内部完善打击治理电信网络诈骗工作机制的要求	而互联网正是电信网络诈骗活动的高发领域，惩治电信网络诈骗活动必须借助网警专业队伍的有力支持和配合，才能快速提高公安网监部门查处电信网络诈骗案件的能力和水平。经济犯罪侦查警察，简称"经侦警察"，是对专门从事发现、制止经济犯罪，查明经济犯罪事实，查获经济犯罪嫌疑人，依法进行侦查办案和防范控制经济犯罪工作的人民警察的统称。[①] 电信网络诈骗是经济犯罪中诈骗行为的具体种类，其直接侵害的是公民的财产权利，电信网络诈骗是经侦警察直接管辖的案件种类范围。
公安机关对电信网络诈骗活动立案侦查的要求	本条第二款是关于公安机关对电信网络诈骗活动立案侦查的规定。本条共规定了两类案件来源：一类是公安机关接到的电信网络诈骗活动的报案；另一类是公安机关在执法过程中发现的电信网络诈骗活动线索。根据我国《刑事诉讼法》第一百一十条的规定，除公安机关在执法过程中主动发现的以外，刑事案件的案件来源形式主要包括报案、举报、控告三种，本款所规定报案即其中一种。报案的主体较为广泛，具体包括以下两类：一是任何单位和个人发现有电信网络诈骗的犯罪事实或者犯罪嫌疑人，有权利也有义务向公安机关报案。根据本法规定，这里所称的单位和个人包括但不限于电信业务经营者、互联网服务提供者、银行业金融机构、非银行支付机构等单位及其单位员工。上述主体应当对其监测或正常提供服务过程中发现的、与电信网络诈骗活动相关的信息或线索，及时向公安机关报案。二是被害人有权对侵犯其人身、财产权利的电信网络诈骗犯罪事实或者犯罪嫌疑人向公安机关报案。诈骗的被害人是财产权受到侵害的直接主体，无论是在实体法还是程序法意义上，被害人对电信网络诈骗活动的行为人有权利进行报案。

---

① 参见程小白："论我国经济犯罪侦查基础工作的内涵与外延——经济犯罪侦查基础研究之一"，载《江西警察学院学报》2012年第2期，第5~9页。

条文注释

公安机关对电信网络诈骗活动立案侦查的要求

除上述案件信息来源外，公安机关在执法过程中主动发现的电信网络诈骗活动线索或信息也是案件信息来源的主要渠道之一。尤其是公安机关侦查电信网络诈骗活动的上下游关联犯罪时。例如，公安机关在办理非法向他人出售或者提供公民个人信息的行为，因为公民个人信息是电信网络诈骗活动的重要"原料"，按照审判实践经验，非法向他人出售或者提供的公民个人信息一般用于违法犯罪行为。又如，公安机关在办理洗钱类犯罪时，因电信网络诈骗是洗钱罪的上游犯罪之一，诈骗行为人将犯罪所得及其收益合法化是诈骗行为既遂后的常规操作。基于行为的关联性和逻辑的必然性，公安机关在办理电信网络诈骗的关联犯罪时，常常会发现与电信网络诈骗活动相关的线索或信息。

针对报案或发现的电信网络诈骗活动，公安机关应依照《刑事诉讼法》的规定立案侦查。公安机关立案侦查是指"公安机关对于报案、控告、举报、自首等材料，依法进行审查后，认为有犯罪事实发生并且需要追究刑事责任的，决定启动侦查程序"。[①] 根据《公安机关办理刑事案件程序规定》的规定，公安机关立案需要满足以下三个条件：一是经审查有犯罪事实发生且需要追究刑事责任；二是该案属于公安机关的管辖范围；三是需要经县级以上公安机关负责人批准。只有满足上述三个条件后，公安机关才可以予以立案。立案侦查是刑事诉讼程序的开端，为保证程序正义，公安机关在立案侦查时，需要严格依照《刑事诉讼法》的规定，作出立案与不立案的决定、采取必要的侦查措施等。

---

① 参见陈瑞华：《刑事诉讼法》，北京大学出版社2021年版，第356页。

条文 　　第二十八条　【对落实本法规定的监督检查】金融、电信、网信部门依照职责对银行业金融机构、非银行支付机构、电信业务经营者、互联网服务提供者落实本法规定情况进行监督检查。有关监督检查活动应当依法规范开展。

主旨 　　本条是关于金融、电信、网信部门监督检查职责的规定。

金融部门对银行业金融机构、非银行支付机构的监督检查

　　我国金融监管机构包括"一行两会"，即中国人民银行、银保监会和证监会。按照本法规定，上述金融部门对银行业金融机构、非银行支付机构的监督检查内容包括：银行业金融机构、非银行支付机构在为客户开立银行账户、支付账户及提供支付结算服务过程中，是否落实客户尽职调查制度和真实身份信息登记制度；是否按照国家有关规定提供开户情况和有关风险信息；是否按照本法规定建立开立企业账户异常情形的风险防控机制、开立企业账户相关信息共享查询系统；是否建立完善符合电信网络诈骗活动特征的异常账户和可疑交易监测机制；等等。与监督检查银行业金融机构、非银行支付机构有关的法律规范包括《金融机构客户尽职调查和客户身份资料及交易记录保存管理办法》《关于银行业打击治理电信网络新型违法犯罪有关工作事项的通知》《关于加强开户管理及可疑交易报告后续控制措施的通知》《关于加强支付结算管理防范电信网络新型违法犯罪有关事项的通知》等。

条文注释

电信部门对电信业务经营者的监督检查	我国电信行业的监管机构是工信部和各省、自治区、直辖市设立的通信管理局，与电信行业相关的主要职责是管理通信业；指导推进信息化建设；协调维护国家信息安全；等等。按照本法规定，上述电信部门对电信业务经营者的监督检查内容包括：电信业务经营者是否依法全面落实电话用户、物联网卡用户的真实身份信息登记制度；是否对建立物联网卡用户落实风险评估制度；是否对电话卡、物联网卡的使用建立监测预警机制；等等。与监督检查电信业务经营者有关的法律规范包括：《电信业务经营许可管理办法》《电话用户真实身份信息登记规定》《电话"黑卡"治理专项行动工作方案》《电信条例》《电信业务经营许可管理办法》等。
网信部门对互联网服务提供者的监督检查	我国互联网行业的监管机构主要是国家互联网信息办公室、工业和信息化部以及新闻、出版、教育、卫生、药品、广电、市场监督和公安等有关主管部门，在各自职责范围内依法对涉及特定领域或内容的互联网信息实施监督管理。按照本法规定，上述网信部门对互联网服务提供者的监督检查内容包括：互联网服务提供者在为用户提供服务过程中是否落实真实身份信息登记制度；是否建立涉诈异常账号的监测核验机制；等等。与监督检查互联网服务提供者有关的法律规范包括：《互联网信息服务管理办法》《电信条例》《信息网络传播权保护条例》《互联网新闻信息服务管理规定》《互联网域名管理办法》等。
本条意义	本条规定金融、电信、网信部门应当依法依规承担对银行业金融机构、非银行支付机构、电信业务经营者、互联网服务提供者的监督检查职责。受监督的银行业金融机构、非银行支付机构、电信业务经营者、互联网服务提供者四类对象分别属于金融、电信、网信特定领域，具有专业性和特定性，因此需要符合专业特征的主体进行监督和检查。金融、电信、网信部门是国务院、各地人民政府的重要职能部门，在效力层级和专业特征上均能满足对上述四类对象的监督检查要求。

85

条文　　第二十九条　【个人信息被用于电信网络诈骗的防范机制】个人信息处理者应当依照《中华人民共和国个人信息保护法》等法律规定，规范个人信息处理，加强个人信息保护，建立个人信息被用于电信网络诈骗的防范机制。

履行个人信息保护职责的部门、单位对可能被电信网络诈骗利用的物流信息、交易信息、贷款信息、医疗信息、婚介信息等实施重点保护。公安机关办理电信网络诈骗案件，应当同时查证犯罪所利用的个人信息来源，依法追究相关人员和单位责任。

主旨　　本条规定的是与个人信息相关主体的法律职责。

个人信息处理者加强个人信息保护

本条第一款是专门针对个人信息处理者行为的规定。《个人信息保护法》第七十三条第一项规定，本法所称的"个人信息处理者"，是指在个人信息处理活动中自主决定处理目的、处理方式的组织、个人。有学者进一步认为，个人信息处理者是对信息进行系统化存储与处理的主体[1]，也就是说，实施偶发和零散的个人信息处理行为的主体，因为没有对个人信息形成实质意义的控制力，不能成为个人信息处理者。[2] 个人信息处理者所处理的信息需要满

---

[1] 参见高富平："个人信息处理：我国个人信息保护法的规范对象"，载《法商研究》2021年第2期，第73~86页。

[2] 参见王道发："个人信息处理者过错推定责任研究"，载《中国法学》2022年第5期，第103~121页。

足一定数量的条件,仅对零星或个别个人信息的处理活动,不能成为《个人信息保护法》和本法的规制对象。

在明确《个人信息保护法》规定的个人信息处理规则之前,首先需要清晰"个人信息处理"的含义,欧盟《一般数据保护条例》第四条第二款对个人信息处理作出了详细规定,即"处理"是指针对个人数据或个人数据集合的任何一个或一系列操作,如收集、记录、组织、建构、存储、调整、修改、检索、咨询、使用、披露、传播或其他方式利用、排列或组合、限制、删除或销毁,无论该等操作是否采用自动化方式。因此,本款设立的目的即在于对上述一系列个人信息处理行为的规范化、合法化。

《个人信息保护法》第二章"个人信息处理规则"对个人信息处理者的义务和处理行为进行了细致规定。具体而言:

其一,个人信息处理者在处理个人信息时应当遵循安全保障义务,即个人信息处理者应当根据个人信息的处理目的、处理方式、个人信息的种类以及对个人权益的影响、可能存在的安全风险等,采取《个人信息保护法》第五十一条规定的六项具体措施确保个人信息处理活动符合法律、行政法规的规定。

其二,根据《个人信息保护法》第五十二条的规定,以个人信息数量为标准,对个人信息处理的义务进行了不同程度的规定,对达到国家网信部门规定数量的个人信息处理者应当指定个人信息保护负责人,专门负责个人信息的保护。

其三,针对在我国境外处理我国境内自然人个人信息活动的个人信息处理者,也应当依法在我国境内设立专门机构或者指定代表,负责处理个人信息保护相关事务。

其四,个人信息处理者应当建立个人信息保护影响评估制度。根据《个人信息保护法》第五十五条和第五十六条的规定,在处理敏感个人信息,利用个人信息进行自动化决策,委托处理个人信息、向其他个人信息处理者提供个人信息、公开个人信息,向境外提供个人信息以及其他对个人权益有重大影响的个人信息处理活动中,应当进行个人信息保护影响评估。个人信息保护影响

个人信息处理者加强个人信息保护

评估应当包括对个人信息的处理目的、处理方式等是否合法、正当、必要；对个人权益的影响及安全风险；所采取的保护措施是否合法、有效并与风险程度相适应等内容的考量。

其五，当个人信息处理者是互联网服务平台等类型时需要负有特殊的义务，需要按照国家的相关规定建立健全个人信息保护合规制度体系，成立主要由外部成员组成的独立机构对个人信息保护情况进行监督；遵循公开、公平、公正的原则，制定平台规则，明确平台内产品或者服务提供者处理个人信息的规范和保护个人信息的义务；对严重违反法律、行政法规处理个人信息的平台内的产品或者服务提供者，停止提供服务；定期发布个人信息保护社会责任报告，接受社会监督。

履行个人信息保护职责的部门、单位对个人信息的保护

本条第二款是针对履行个人信息保护职责的部门、单位行为的规定，明确将可能被电信网络诈骗利用的物流信息、交易信息、贷款信息、医疗信息、婚介信息作为重点保护对象。根据《个人信息保护法》的规定，生物识别、宗教信仰、特定身份、医疗健康、金融账户、行踪轨迹等信息，以及不满十四周岁未成年人的个人信息，属于"敏感个人信息"范畴。本款所规定的个人信息在种类上即敏感个人信息。所谓敏感个人信息，是指一旦该信息被泄露或者被非法使用，就容易导致自然人的人格尊严受到侵害或者人身、财产安全受到危害的个人信息。[1] 敏感个人信息的核心要素在于其敏感性，也是区分敏感个人信息与一般个人信息的分水岭，即考虑到敏感个人信息涉及个人尊严与生命财产安全，一旦被泄露或者非法使用，就会给个人造成难以挽回的损害。[2] 与一般个人信息不同，敏感个人信息具有极易诱发歧视性、极高人身依

---

[1] 参见王利明："敏感个人信息保护的基本问题——以《民法典》和《个人信息保护法》的解释为背景"，载《当代法学》2022年第1期，第3~14页。

[2] 参见杨合庆："论个人信息保护法十大亮点"，载《法治日报》2021年8月22日第6版。

附性、极强财产关联性和有关儿童的特殊性①，因此本款规定需要对此进行重点和特殊保护。

本条第二款要求公安机关在办理电信网络诈骗案件时，应当同时查证犯罪嫌疑人所利用的个人信息来源，即查明非法提供公民个人信息的主体。个人信息是电信网络诈骗的重要原料，在实施电信网络诈骗活动中扮演着重要角色。本款要求在办理电信网络诈骗案件时，也需要查证犯罪嫌疑人所利用的个人信息来源，主要原因有两个：一方面是从源头上打击电信网络诈骗活动的需要；另一方面是因为非法利用个人信息本身侵犯了公民人身权，具有侵害法益的独立性，即需要与侵犯财产权的电信网络诈骗活动独立考察和评价。同时，本款规定所查证的个人信息来源必须是犯罪嫌疑人所利用的，这样的规定目的在于实现电信网络诈骗犯罪的全链条综合性治理。本法是围绕"电信网络诈骗活动"设立的"小切口"法律，所规范的行为必须也是与电信网络诈骗犯罪活动相关的上下游犯罪行为，单纯是非法提供、出售公民个人信息的行为，不是本款的规制范围。

> 履行个人信息保护职责的部门、单位对个人信息的保护

条文　**第三十条**　【反电信网络诈骗宣传】电信业务经营者、银行业金融机构、非银行支付机构、互联网服务提供者应当对从业人员和用户开展反电信网络诈骗宣传，在有关业务活动中对防范电信网络诈骗作出提示，对本领域新出现的电信网络诈骗手段及时向用户作出提醒，对非法买卖、出租、出借本人有关卡、账户、账号等被用于电信网络诈骗的法

---

① 参见刘宪权："敏感个人信息的刑法特殊保护研究"，载《法学评论》2022年第3期，第1~10页。

条文 律责任作出警示。

新闻、广播、电视、文化、互联网信息服务等单位，应当面向社会有针对性地开展反电信网络诈骗宣传教育。

任何单位和个人有权举报电信网络诈骗活动，有关部门应当依法及时处理，对提供有效信息的举报人依照规定给予奖励和保护。

主旨 本条规定的是相关主体对电信网络诈骗活动的提醒和宣传义务、赋予任何单位和个人举报电信网络诈骗活动的权利。

电信业务经营者、银行业金融机构、非银行支付机构、互联网服务提供者的宣传、提醒和警示义务	本条第一款规定，电信业务经营者、银行业金融机构、非银行支付机构、互联网服务提供者应当对从业人员和用户采取反电信网络诈骗宣传、提示、提醒和警示等预防性措施。电信领域、金融领域和互联网领域是防范电信网络诈骗的前沿阵地，本款赋予了电信业务经营者、银行业金融机构、非银行支付机构、互联网服务提供者反电信网络诈骗"看门人"的主体地位，加大了前端义务和处置责任。[①] 本款要求电信业务经营者、银行业金融机构、非银行支付机构、互联网服务提供者做好反诈的宣传、提示、提醒和警示工作。 一是对从业人员和用户开展反电信网络诈骗宣传。在进行具体的宣传工作时，要注意反诈宣传策略，采用简洁、易记、针对性强的宣传口号，尽量对从业人员和用户全覆盖，针对退休的老年人用户要进行重点宣传。

---

① 参见韩永军："当好反电信网络诈骗'看门人'"，载《人民邮电》2022年9月7日第001版。

条文注释

电信业务经营者、银行业金融机构、非银行支付机构、互联网服务提供者的宣传、提醒和警示义务

二是在有关业务活动中对防范电信网络诈骗作出提示。电信、金融、网络是现代社会生活的必备条件，办理有关业务是享有电信、金融和网络服务的前提条件。电信业务经营者等可利用人们办理有关业务的契机，通过合理且醒目的方式对防范电信网络诈骗作出提示。例如，在办理业务时由工作人员进行话语提醒，也可以在办理业务大厅的醒目位置悬挂宣传标语，还可以在业务确认单以加粗文字方式进行提示等。

三是对本领域新出现的电信网络诈骗手段及时向用户作出提醒。因网络和信息技术的快速发展，电信网络诈骗的手段和方式也在不断翻新更替，而面对隐秘性和损害性更强的新型诈骗手段，用户尚不存在反诈意识，这时电信业务经营者等需要及时以拨打电话或发送短信等方式告知用户。

四是对非法买卖、出租、出借本人有关卡、账户、账号等被用于电信网络诈骗的法律责任作出警示。现实生活中，存在法律意识较为淡薄、反诈意识较为薄弱的用户，有时将尚未使用或无需使用的卡、账户、账号等出卖、出租、出借给电信网络诈骗的行为人，电信业务经营者等需要对其进行警示，并明确告知此类行为的法律后果和危害性。

新闻、广播、电视、文化、互联网信息服务等单位的宣传教育义务

本条第二款是针对新闻、广播、电视、文化、互联网信息服务等单位主体提出的面向社会开展反电信网络诈骗宣传教育的要求。第一款同样规定了诈骗宣传要求，但与本款存在明显不同。

第一，表现在宣传主体上。第一款要求的宣传主体为电信业务经营者、银行业金融机构、非银行支付机构、互联网服务提供者，这四类主体分别对应了电信网络诈骗活动的三大高发领域，与本法第二章"电信治理"、第三章"金融治理"和第四章"互联网治理"的主体相对应，与电信网络诈骗活动存在密切联系；而本款所规定的新闻、广播、电视、文化、互联网信息服务等主体更偏向于单位本身性质，即广播、宣传、教育等。

91

| 新闻、广播、电视、文化、互联网信息服务等单位的宣传教育义务 | 第二，表现在宣传对象的范围上。第一款只针对电信业务经营者、银行业金融机构、非银行支付机构、互联网服务提供者中的从业人员和用户，宣传对象的范围具有特定性和相对性；而本款要求面向社会有针对性地开展反电信网络诈骗宣传教育，在宣传对象上较第一款更为广泛，即社会上的一般公众，同时强调有针对性，即对容易受骗群体进行重点宣传教育等。|

本条第三款对电信网络诈骗举报机制进行了规定，并强调对有效信息举报人的奖励和保护措施。本款明确任何单位和个人都有权利举报电信网络诈骗活动，明确奖励和保护措施，这既是本法规定的保障措施的重要内容，也是解除举报人后顾之忧，推动打击和治理电信网络诈骗工作的现实需要。

所谓举报，是指任何单位和个人将发现的他人从事电信网络诈骗活动的信息或线索向有关部门提供的行为，以请求有关部门依据其提供的信息或线索进行调查并依法追究电信网络诈骗行为人的法律责任和维护正常的社会生活秩序。针对任何单位和个人提供的上述信息，有关单位应当依法及时处理，相关单位需要就此完善举报机制，明确举报条件，以及处理举报的程序流程和时限。接收举报信息的有关单位应当按照法定程序和流程及时处理举报信息，在规定的时限内处理完毕，并应当及时向举报人反馈处理结果。

为鼓励单位和个人举报电信网络诈骗活动，本法明确将对提供有效信息的举报人依照规定给予奖励和保护。同时，本款规定给予奖励和保护的举报人必须是提供有效信息的主体，故对经有关部门核实确认为虚假不实的举报信息，依照本法规定将不会给予奖励和保护。具体的保护措施可以参照《刑事诉讼法》第六十七条的规定，如不公开真实姓名、住址和工作单位等个人信息；采取不暴露外貌、真实声音等出庭作证措施；禁止特定的人员接触证人、鉴定人、被害人及其近亲属；对人身和住宅采取专门性保护措施以及其他必要的保护措施。

（左侧栏：电信网络诈骗举报的处理机制）

条文

第三十一条 【禁止非法买卖、出租、出借电话卡等】任何单位和个人不得非法买卖、出租、出借电话卡、物联网卡、电信线路、短信端口、银行账户、支付账户、互联网账号等，不得提供实名核验帮助；不得假冒他人身份或者虚构代理关系开立上述卡、账户、账号等。

对经设区的市级以上公安机关认定的实施前款行为的单位、个人和相关组织者，以及因从事电信网络诈骗活动或者关联犯罪受过刑事处罚的人员，可以按照国家有关规定记入信用记录，采取限制其有关卡、账户、账号等功能和停止非柜面业务、暂停新业务、限制入网等措施。对上述认定和措施有异议的，可以提出申诉，有关部门应当建立健全申诉渠道、信用修复和救济制度。具体办法由国务院公安部门会同有关主管部门规定。

主旨

本条规定的是任何单位和个人禁止从事的行为以及相应的处罚措施和救济渠道。

单位和个人不得从事的涉诈行为

本条共分为两款，分别规定了单位和个人的禁止行为、处罚措施和相关的救济渠道。本条第一款对单位和个人禁止从事的行为进行明确列举，并分为三类：

第一类是禁止非法买卖、出租、出借卡、账户、账号以及电信线路、短信端口。此类行为是对专门从事"卡商"和提供技术支持帮助行为的禁止。"卡商"是指为电信网络诈骗活动批量提供电话卡、物联网卡、银行账户、支付账户、互联网账号等实体或虚拟卡的帮助者，持有大量的卡、账户和账号是实施电信网络诈骗

93

单位和个人不得从事的涉诈行为

的必备条件；正式文本在该行为中又新增两类对象，即电信线路和短信端口，即为电信网络诈骗活动提供技术支持的行为，买卖、出租、出借电信线路和短信端口主要是电信领域的技术帮助行为。

第二类是禁止提供实名核验帮助。实名制认证制度是电信、金融和互联网等各领域必须落实的一项制度。落实实名制认证可以增加犯罪分子的犯罪成本，降低跟踪溯源的难度，从而有利于公安机关快速侦破诈骗案件。① 尽管2016年5月工业和信息化部发布"史上最严电话实名制"的新措施，但是仍然存在部分行为人为电信网络诈骗行为人提供实名核验帮助，协助逃避卡、账号、账户实名认证。

第三类是禁止假冒他人身份或者虚构代理关系开立卡、账户、账号等。此类行为实际上是第二类行为的具体化。明确违反实名认证的两种具体方式：一是假冒他人身份；二是虚构代理关系。假冒他人身份和虚构代理关系是当前电信网络诈骗行为人非法获取卡、账户和账号的常用手段。

对涉诈行为的处罚措施

本条第二款规定的处罚措施适用于两类主体：

第一类是对经设区的市级以上公安机关认定的实施第一款行为的单位、个人和相关组织者。在程序上，实施第一款三类行为的单位、个人和相关组织者必须是经过设区的市级以上公安机关认定，在认定行为的机关层级上进行限定，其目的是保证行为性质认定的准确性和专业性，防止因为行为认定的偏差导致对公民权利的不当侵害；在行为类型上，处罚措施的适用行为仅限于本条第一款规定的三类具体行为，即非法买卖、出租、出借卡、电信线路、短信端口、账户、账号等，提供实名核验帮助；假冒他人身份或者虚构代理关系开立上述卡、账户、账号等；在主体范围上，处罚措施的适用对象十分广泛，包括单位、个人和相关组织者。

---

① 参见李立丰、宫宇："电信网络诈骗案件的特点及防控对策分析——以2014年至2016年全国范围内电信网络诈骗案件为分析样本"，载《净月学刊》2018年第1期，第78~90页。

第二类是因从事电信网络诈骗活动或者关联犯罪受过刑事处罚的人员。具体包括因从事电信网络诈骗活动受过刑事处罚和因从事电信网络诈骗关联犯罪受过刑事处罚的两类人员。按照本款所规定的法律文本，这里的"刑事处罚"，不限于有期徒刑及其以上刑罚，管制和拘役也包括在内，受过刑事处罚意味着，犯罪人一旦被判处刑罚，即便由于特定原因而免予执行该刑罚，仍然属于"受过刑事处罚"的范畴。① 但本款明确要求受过刑事处罚的犯罪类型仅包括两类，一是电信网络诈骗类犯罪本体；二是电信网络诈骗类犯罪的关联犯罪，如侵犯公民个人信息罪、洗钱罪以及掩饰、隐瞒犯罪所得、犯罪所得收益罪等。

针对上述两类主体，第二款对相应的处罚措施进行规定。具体的处罚措施包括：一是按照国家有关规定记入信用记录。信用记录是对个人和单位在社会生活中信用状况的记载，是信用制度建设的基础，在我国信用制度建设正是广泛意义上的社会管理的一种手段。社会信用体系不可避免地与其他社会管理制度产生"贴靠"，本款所提及的犯罪记录制度就是一例。② 2014年中共中央《关于全面推进依法治国若干重大问题的决定》指出，加强社会诚信建设，健全公民和组织守法信用记录，完善守法诚信褒奖机制和违法失信行为惩戒机制。信用记录制度的设立，有助于使个人信用成为全社会恪守的信用准则，推动建立起良好的信用秩序，从而减少信用中的道德风险。③ 二是采取限制其有关卡、账户、账号等功能和停止非柜面业务、暂停新业务、限制入网等措施。与第一类处罚措施相比，第二类处罚措施更为具体细致，包括限制功能和停止服务两类。因本条第 款规定的禁止行为是专门

对涉诈行为的处罚措施

---

① 参见吴尚聪："现代性、社会控制与犯罪记录制度：犯罪记录的谱系学考察"，载《甘肃政法大学学报》2021年第6期，第85~97页。

② 参见李怀胜："犯罪记录对社会信用体系的耦合嵌入与功能校正"，载《法学杂志》2021年第3期，第109~118页。

③ 参见艾洪德、蔡志刚："个人信用制度：借鉴与完善"，载《金融研究》2001年第3期，第106~115页。

对涉诈行为的处罚措施	针对电信、金融、互联网三类特定领域，即体现对三类特定领域管理秩序的侵犯，与此相对应的处罚措施应为固定领域功能和服务的限制和停止。
对涉诈行为处罚措施的申诉程序	本条第二款同时规定，对上述行为性质和处罚措施存有异议的，可以向有关部门提出申诉。申诉制度在当代世界各国受到普遍重视，逐步发展为一种新型的非诉讼救济机制，并向多种行业和领域拓展，显示出新的社会治理模式对现代传统体制、理念、程序和技术等多方面的超越与发展。[1] 在我国，申诉主要针对执法机关或相关主体的不当行为，以协商性、综合性、非正式及衡平为特征，注重对申诉人的合理诉求的救济。[2] 对此，有关部门应当建立健全申诉渠道，完善申诉流程和程序，使申诉人的合法权益可以快捷方式得到救济。信用修复是信用管理的重要组成部分，也是社会信用体系建设的重要环节。[3] 2017年10月，国家发展和改革委员会、中国人民银行联合印发的《关于加强和规范守信联合激励和失信联合惩戒对象名单管理工作的指导意见》明确提出规范信用修复流程。对此，有关部门应当落实指导意见的具体内容，对信用修复流程进行精细化和明确化，坚持"谁提供、谁受理、谁负责"和"谁主管、谁认定、谁负责"的信用修复原则，完善修复标准、修复流程、办理期限、责任监督、信息安全等法律法规的制度建设。

---

[1] 参见范愉：“申诉机制的救济功能与信访制度改革”，载《中国法学》2014年第4期，第178~199页。

[2] 同上。

[3] 参见徐志明、熊光明：“对完善我国信用修复制度的思考”，载《征信》2019年第3期，第38~42页。

条文

第三十二条 【电信网络诈骗技术反制措施的研究开发】国家支持电信业务经营者、银行业金融机构、非银行支付机构、互联网服务提供者研究开发有关电信网络诈骗反制技术,用于监测识别、动态封堵和处置涉诈异常信息、活动。

国务院公安部门、金融管理部门、电信主管部门和国家网信部门等应当统筹负责本行业领域反制技术措施建设,推进涉电信网络诈骗样本信息数据共享,加强涉诈用户信息交叉核验,建立有关涉诈异常信息、活动的监测识别、动态封堵和处置机制。

依据本法第十一条、第十二条、第十八条、第二十二条和前款规定,对涉诈异常情形采取限制、暂停服务等处置措施的,应当告知处置原因、救济渠道及需要提交的资料等事项,被处置对象可以向作出决定或者采取措施的部门、单位提出申诉。作出决定的部门、单位应当建立完善申诉渠道,及时受理申诉并核查,核查通过的,应当即时解除有关措施。

主旨

本条明确国家对反电信网络诈骗工作的支持,国家相关部门应当建立健全反电信网络诈骗的措施,并要求完善处置措施后的救济路径。

国家支持研究开发有关电信网络诈骗反制技术	本条第一款明确国家支持电信业务经营者、银行业金融机构、非银行支付机构、互联网服务提供者研究开发有关电信网络诈骗反制技术。2022年中共中央办公厅、国务院办公厅印发了《关于加强打击治理电信网络诈骗违法犯罪工作的意见》，对加强打击治理电信网络诈骗违法犯罪工作作出安排部署，其中强调要坚持科技支撑、强化反制，运用科技信息化手段提升技术反制能力。在打击治理电信网络诈骗犯罪中，我国始终注重加强科技建设，注重提高科技含量助推反电信网络诈骗工作。本条第一款同样明确国家支持研究开发电信网络诈骗反制技术，并对反制技术的应用场景进行明确规定，即用于监测识别、动态封堵和处置涉诈异常信息、活动等。
相关部门统筹本行业反制技术措施建设	本条第二款明确反制技术措施建设的主导部门与反制技术措施的实施目的。在反制技术措施建设过程中，国务院公安部门、金融管理部门、电信主管部门和国家网信部门需要统筹负责本行业的反制技术措施建设，围绕构建"全社会反诈新格局"的思路，提升本行业、本领域反制技术能力，形成各部门协同配合、高效合作的反制技术格局。基于网络黑产犯罪手段技术含量高，治理网络黑灰产需要完善相应的反制技术措施。通过反制技术措施的应用，可加强涉电信网络诈骗样本信息数据和信息共享和行动协作，满足当前信息共享合作、政策制度互通合作的现实必要性。[①] 同时，反制技术措施可以加强涉诈用户信息交叉核验，通过反制技术引导进行信息交叉核验，可以极大提高涉诈用户信息的准确程度，为及时锁定电信网络诈骗行为人提供科技支持。惩治电信网络诈骗，需要构建集涉诈异常信息、活动的监测识别、动态封堵和处置机制于一体的工作机制格局。而反制技术措施正是依托综合技术形成的措施集合体，融合了信息化、大数据和智能化等方式，为一体化格局的形成提供助力。

---

① 参见赵丽莉、马可、马民虎："网络黑色产业链负外部影响及其治理研究"，载《情报杂志》2019年第10期，第96~118页。

条文注释

对涉诈异常情形采取限制、暂停服务等处置措施的程序和救济途径

本条第三款规定实施处置措施后的告知程序、被处置对象的救济途径以及作出决定的部门、单位反馈结果。本款明确，依据本法第十一条电信业务经营者对涉诈异常电话卡用户的监测识别规定、第十二条电信业务经营者对物联网卡用户的监测识别规定、第十八条银行业金融机构、非银行支付机构对银行账户、支付账户的监测识别规定、第二十二条互联网服务提供者对涉诈异常网络账号的监测识别规定和前款规定，对涉诈异常情形采取限制、暂停服务等处置措施的，电信业务经营者、银行业金融机构、非银行支付机构、互联网服务提供者应当对卡、账号、账户用户主体履行告知义务。告知的内容应当包括采取处置措施的具体原因、对处置措施可采取的救济途径以及用户需要向有关机关提供的证明资料等内容。

当被处置对象接到上述的告知通知后，对处置措施或决定不服的，可依照本法规定向作出决定或者采取措施的行政机关、电信业务经营者、银行业金融机构、非银行支付机构、互联网服务提供者等部门或单位提出申诉。本款明确规定申诉的提出主体必须是决定或措施的处置对象，因为只有被处置对象的权利可能受到不当侵害。与被处置对象申诉救济措施相对应，作出决定的部门、单位应当建立完善申诉渠道，申诉渠道的建立和完善是被处置对象维护合法权利的基础和前提。作出决定的部门、单位收到申诉申请时，应当在法律规定的合理期限内及时受理申诉并对被处置对象的申诉请求进行核查，结合被处置对象的行为、部门或单位所处的决定和处罚措施形成处理结果。针对核查未通过的申诉请求，作出决定的部门、单位应当说明处理结果及其理由，并及时反馈给被处置对象；针对核查通过的申诉请求，作出决定的部门、单位应当即时解除有关措施，恢复被限制、暂停服务，同时需要将处理结果告知被处置对象。

99

条文 　第三十三条　【网络身份认证公共服务建设】国家推进网络身份认证公共服务建设，支持个人、企业自愿使用，电信业务经营者、银行业金融机构、非银行支付机构、互联网服务提供者对存在涉诈异常的电话卡、银行账户、支付账户、互联网账号，可以通过国家网络身份认证公共服务对用户身份重新进行核验。

主旨 　本条规定网络身份认证公共服务的用途和使用原则。

网络身份认证公共服务的使用原则

关于网络身份认证公共服务的使用原则，遵循个人、企业的自愿性。本条所称的"网络身份认证"，是指在网络设施和信息系统中确认操作者真实身份的过程，从而确定该用户是否具有对某种资源的访问和使用权限，[1] 主要包括用本身特征进行认证、用所知道的事物进行认证、用所拥有的物品进行认证等不同的认证方式。[2] 网络身份认证直接目的在于保障"线上身份"和"线下身份"的统一性和真实性，将网络虚拟身份与其姓名、身份证号等真实信息相对应。关于网络身份认证公共服务的使用原则，我国推行的是自愿原则。2015年的《互联网用户账号名称管理规定》对互联网企业、用户的服务和使用行为进行全面规范，正式明确互联网账号，统一实行后台实名、前台自愿原则。推行网络身份认证公共服务，不仅不会限制言论自由、隐私保护，相反还有助于公民相关权利的行使与保障，有助于促进网上银行、电子商务、

---

[1] 参见宋宪荣、张猛："网络可信身份认证技术问题研究"，载《网络空间安全》2018年第3期，第69~77页。

[2] 参见朱建新、杨小虎："基于指纹的网络身份认证"，载《计算机应用研究》2001年第12期，第14~17页。

网络身份认证公共服务的使用原则	社会诚信等方面服务体系的建设，有助于和谐社会的健康发展，因此，应当在自愿的基础上逐步引导更广泛领域的实名化应用。①
网络身份认证公共服务的用途	根据本法第十一条的规定，电信业务经营者对监测识别的涉诈异常电话卡用户应当重新进行实名核验；第十八条第三款规定，银行业金融机构、非银行支付机构应当根据风险情况，采取核实交易情况、重新核验身份等必要的防范措施；第二十二条第一款规定，互联网服务提供者对监测识别的涉诈异常账号应当重新核验。以上条款是关于电信业务经营者、银行业金融机构、非银行支付机构、互联网服务提供者对存在涉诈异常的电话卡、银行账户、支付账户、互联网账号二次核验义务的要求。网络身份认证公共服务为上述主体履行重新核验义务提供了便捷方法，在保障网络身份认证公共服务系统信息真实、可靠的前提下，电信业务经营者、银行业金融机构、非银行支付机构、互联网服务提供者可通过登录该服务系统，通过比对、核验、确认用户身份。

条文	第三十四条　【组织建立预警劝阻系统】公安机关应当会同金融、电信、网信部门组织银行业金融机构、非银行支付机构、电信业务经营者、互联网服务提供者等建立预警劝阻系统，对预警发现的潜在被害人，根据情况及时采取相应劝阻措施。对电信网络诈骗案件应当加强追赃挽损，完善涉案资金处置制度，及时返还被害人的合法财产。对遭受

---

① 参见杨志勇："如何推进网络实名制"，载《信息网络安全》2011年第9期，第140~142页。

条文 | 重大生活困难的被害人，符合国家有关救助条件的，有关方面依照规定给予救助。

主旨 | 本条是关于诈骗前预警劝阻系统、诈骗后追赃挽损和救助措施的规定。

电信网络诈骗发生前的预警劝阻系统

诈骗前，即电信网络诈骗行为人尚未既遂、被害人尚未遭受财产损失。在此阶段，本条要求公安机关应当会同金融、电信、网信部门组织银行业金融机构、非银行支付机构、电信业务经营者、互联网服务提供者等建立预警劝阻系统。预警劝阻是以公安机关为主导、多部门协同联动的电信网络诈骗防范格局，通过远程（电话、短信、网络等）或当面等多元、灵活方式，对即将、正在遭受电信网络诈骗侵害的潜在受害人、受害人进行反诈宣传、劝说阻止等，以阻断电信网络诈骗进程。① 预警劝阻系统是防范电信网络诈骗犯罪最有效、最直接的途径。目前，已经出现多元化、体系化、系统化的预警劝阻方式。例如，工业和信息化部联合公安部于 2021 年 7 月 14 日正式启用 12381 涉诈预警劝阻短信系统，除此之外，银行业金融机构、非银行支付机构、电信业务经营者、互联网服务提供者等可凭借自身领域的便捷方式进行预警劝阻，如拨打电话劝阻、上门面对面劝阻、网站界面跳窗劝阻等多种方式。建立预警劝阻系统的目的在于及时发现潜在被害人，并及早采取有效方法提醒潜在受害人避免受骗。在建立预警劝阻系统过程中，还需要进一步结合大数据的应用功能，协同电信、网络、金融多个部门和领域，完善公安机关主导下的预警劝阻格局，提高预警劝阻的精准性、及时性、迅速性。

---

① 参见宋平、王峰、李文博、王功建："电信网络诈骗预警劝阻工作现状及对策"，载《铁道警察学院学报》2022 年第 3 期，第 58~63 页。

条文注释

电信网络诈骗发生后的追赃挽损

诈骗后，即电信网络诈骗行为人既遂后、被害人已经遭受财产损失。本条针对诈骗后的电信网络诈骗案件明确追赃挽损、涉案资金处置和给予救助三项具体措施。

追赃挽损是指公安机关对电信网络诈骗犯罪所得及其收益的追回，以及对受害人财产权利损失的恢复制度。具体而言，一方面对电信网络诈骗活动的涉案财物依法判决追缴或责令退赔，为后续财产执行提供依据；另一方面最大限度挽回受害人的财产损失，维护受害群众合法权益。① 在电信网络诈骗案件中，受害人的直接诉求便是挽回因诈骗所遭受的财产损失，所以保障受害人的财产权利、恢复受害人的财产状态是公安机关追赃挽损的核心目标，也是反电信网络诈骗工作的重点内容，这关乎人民群众对公安机关办理案件的满意程度。本法第二十条也规定了追赃挽损的具体措施，如对电信网络诈骗涉案资金即时查询、紧急止付、快速冻结等。因此，在推进追赃挽损过程中，还需要注意加强公安机关与金融、电信和网信部门的协同配合，及时对电信网络诈骗的涉案资金进行查封、扣押、冻结，防止诈骗行为人隐匿、抽逃、转移财产，多措并举全面提高案件挽损率。

电信网络诈骗发生后的涉案资金处置

涉案资金是指与电信网络诈骗活动相关的财产，既包括用于诈骗活动的工具类资金，也包括诈骗活动的犯罪所得及其收益。首先，需要明确涉案资金的总体数额、流向。可以通过金融机构清查往来账目和银行账户的流水情况，也可以请相关行政部门协助获取诈骗行为人的资产状况，公安机关还可以通过讯问犯罪嫌疑人方式查清涉案资金的具体流向，弄清涉案资金的流向和数额是开展涉案资金处置的基础和前提。其次，按照涉案资金的性质采取不同的处置措施。根据我国《刑法》第六十四条的规定，犯罪分子违法所得的一切财物，应当予以追缴或者责令退赔；对被害人的合法财产，应当及时返还；违禁品和供犯罪所用的本人财物，应当予以没收。没收的财物和罚金，一律上缴国库，不得挪用或自行处理。

---

① 参见王丽丽："从严惩治犯罪，全力追赃挽损"，载《人民法院报》2022年9月23日第003版。

103

<table>
<tr><td>电信网络诈骗发生后的救助措施</td><td>本条所称的救助，应当是指因电信网络诈骗导致遭受重大生活困难，在满足救助条件的情况下，国家给予一定的金钱或物质性帮助。在学理上，救助制度也被称为刑事被害人国家补偿制度。该项制度具有独特的价值意义，即具有协调国家与个人的关系、均衡保障人权、促进社会和谐、实现刑罚轻缓化以及恢复社会正义等价值。① 对于该项制度的性质一直存在较大争议，形成国家责任说、社会福利说、社会保险说、社会防卫说不同的理论主张，尽管不同主张对该制度的存在根据有不同看法，但在本质上都认同救助体现了国家对受害人的人文关怀。我国目前奉行司法救助与社会救助并行的救济制度，本条所规定的被害人救助主要属于前者，2009 年《关于开展刑事被害人救助工作的若干意见》和 2014 年《关于建立完善国家司法救助制度的意见（试行）》两部规范对该制度进行了明确规定。</td></tr>
</table>

条文	第三十五条 【特定地区的风险防范措施】经国务院反电信网络诈骗工作机制决定或者批准，公安、金融、电信等部门对电信网络诈骗活动严重的特定地区，可以依照国家有关规定采取必要的临时风险防范措施。
主旨	本条规定针对电信网络诈骗活动严重的特定地区可采取必要的临时风险防范措施。

---

① 参见郭巧云：“刑事被害人国家补偿制度价值分析”，载《人民论坛》2014 年第 11 期，第 130~132 页。

审批程序方面	风险防范措施的采取需要经国务院反电信网络诈骗工作机制决定或者批准。因为风险防范机制具有侵害公民人身权利的高度危险性，需要经过最高层级的反电信网络诈骗工作机制审查该地区采取风险防范措施的可行性和必要性。风险防范措施既可以是由国务院反电信网络诈骗工作机制主动决定采取；也可以由下级的反电信网络诈骗工作机制向上申请，经审查后，由国务院反电信网络诈骗工作机制批准。国务院反电信网络诈骗工作机制在决定或者批准风险防范措施的同时，也应当明确风险防范措施的具体实施范围和手段。
适用对象方面	本条规定风险防范措施只能针对电信网络诈骗活动严重的特定地区适用。如何判断该地区是否具有电信网络诈骗活动的严重性，需要综合该地区人员流动、互联网流量使用情况、信息发射频次等多种因素进行整体考察判断。因风险防范措施本身具有高风险性，所以在判断特定地区是否具有电信网络诈骗活动的严重性时，需要整体考察和综合判断，不能仅凭单一标准简单断定。
适用程序方面	风险防范措施的采取必须严格依照国家有关规定的程序和流程。因风险防范措施更贴近于行政强制措施性质，即均强调暂时性、预防性等特征，故可以参照《行政强制法》中行政强制措施的权限、范围、条件和程序等适用。公安、金融、电信等部门在采取风险防范措施时，应当依照相关法律、法规的规定。
具体实施方面	风险防范措施的具体种类、程度高低、时间长短应当遵循比例原则。比例原则包括适当性原则、必要性原则与狭义比例原则三项子原则。[①] 适当性原则是指风险防范措施的手段必须具有适当性，能够促进所追求的目的的实现；必要性原则又称为最小损害原则，它要求风险防范措施的实施者所运用的手段是必要的，手段造成的损害应当最小；均衡性原则又称为狭义比例原则，它要

---

① 参见刘权："目的正当性与比例原则的重构"，载《中国法学》2014年第2期，第133~150页。

具体实施方面	求风险防范的手段所增进的公共利益与其所造成的损害成比例。因此，风险防范措施的实施应当遵循比例原则，保证风险防范措施实施的正当性。

条文	第三十六条　【重大涉诈嫌疑人员的出境限制】对前往电信网络诈骗活动严重地区的人员，出境活动存在重大涉电信网络诈骗活动嫌疑的，移民管理机构可以决定不准其出境。 因从事电信网络诈骗活动受过刑事处罚的人员，设区的市级以上公安机关可以根据犯罪情况和预防再犯罪的需要，决定自处罚完毕之日起六个月至三年以内不准其出境，并通知移民管理机构执行。
主旨	本条是对有重大涉电信网络诈骗活动嫌疑或从事过电信网络诈骗活动的人员的出境禁止规定。
有重大涉电信网络诈骗活动嫌疑人员的限制出境	本条第一款规制的对象是准备前往电信网络诈骗活动严重地区且出境活动存在重大涉电信网络诈骗活动嫌疑的人员。同时满足以上两个条件的人员，移民管理机构可以决定不准其出境。准备前往电信网络诈骗活动严重地区和出境活动存在重大涉电信网络诈骗活动嫌疑两个条件均为形式审查，是否准备前往电信网络诈骗活动严重地区可通过调取行程轨迹，查询机票、火车等行程信息确认；所前往的地区是否为电信网络诈骗活动严重地区，可以通过联络当地的公安机关确认；是否存在重大涉电信网络诈骗活动嫌疑，可根据所携带的行李，互联网、电信通讯记录等核实。出境人员需要同时满足以上两个形式条件，移民管理机构才可以决定禁止其出境。

从事过电信网络诈骗活动人员的限制出境

本条第二款规制的对象是曾经从事电信网络诈骗活动受过刑事处罚且设区的市级以上公安机关根据犯罪情况和预防再犯罪的目的认为需要禁止其出境的人员。曾经从事过电信网络诈骗活动并且因此受过刑事处罚的人员，具有再犯电信网络诈骗活动的可能性。但是，再犯可能性作为一种可能性并不现实地存在，它却可以通过许多事实表征得到体现。① 因此，在确定本款规制对象时，加入设区的市级以上公安机关进行考察的前提条件。设区的市级以上公安机关可以向该人员所在的社区了解情况，通过该人员的平时表现、生活习惯等确定是否具有再犯可能性，并结合预防再犯罪的需要，决定是否禁止该类人员出境以及禁止出境的时限。禁止出境的具体执行和期间考察由专门负责我国出入境管理的移民管理机构负责。

条文 第三十七条 【跨境电信网络诈骗犯罪打击治理】国务院公安部门等会同外交部门加强国际执法司法合作，与有关国家、地区、国际组织建立有效合作机制，通过开展国际警务合作等方式，提升在信息交流、调查取证、侦查抓捕、追赃挽损等方面的合作水平，有效打击遏制跨境电信网络诈骗活动。

主旨 本条是关于打击遏制跨境电信网络诈骗活动开展国际合作的规定。

---

① 参见游伟、陆建红："人身危险性在我国刑法中的功能定位"，载《法学研究》2004年第4期，第3~14页。

打击遏制跨境电信网络诈骗活动开展国际合作

本条是关于开展打击电信网络诈骗国际合作的有关规定。近年来，电信网络诈骗呈现跨地区、跨省份甚至跨境跨国犯罪的特征，电信网络诈骗行为人利用出入境容易、境外侦查惩治力度弱等条件，在境外进行大规模的电信网络诈骗活动，严重危害我国公民的人身和财产安全，造成极其恶劣的社会影响。面对当前的电信网络诈骗形式，需要加强国际执法司法合作。按照我国目前的审判实践，我国境内人员常前往泰国、马来西亚、柬埔寨、越南、老挝、菲律宾等国家和地区实施电信网络诈骗活动，因此国务院公安部门等会同外交部门需要与相关国家、地区、国际组织建立有效合作机制。截至目前，我国已与多个国家和地区就跨境、跨国打击电信网络诈骗签署多份合作协议、进行多次联合对话，如已与越南签订《关于加强合作打击电信诈骗犯罪谅解备忘录》、与泰国签订《中华人民共和国公安部移交犯罪嫌疑人备忘录》。2015年12月、2016年6月、2016年12月，中美双方举行了三次打击网络犯罪及相关事项高级别联合对话，达成了《打击网络犯罪及相关事项指导原则》，建立了热线机制，并就网络安全个案、网络反恐合作、执法培训等开展合作。[①] 在合作内容上广泛涉及信息交流、调查取证、侦查抓捕、追赃挽损等方面的合作事项。

目前，我国的跨境、跨国打击电信网络诈骗取得良好成效。据了解，2016年至2017年，公安部先后赴20余个国家开展执法合作，捣毁窝点70余个，抓获电信诈骗犯罪嫌疑人1600余名，先后从肯尼亚、马来西亚、柬埔寨、亚美尼亚、越南、印尼等地押回200余名犯罪嫌疑人，有力震慑了电信网络诈骗犯罪。我国高度重视国际执法安全合作，秉持合作共赢理念，不断拓展国际执法合作的广度和深度，建立完善务实高效的双/多边合作机制，共同推进高效打击跨国犯罪，为维护国家安全和社会稳定、共商共建共享国际执法安全合作网络、推进全球安全治理作出了突出贡

---

① 参见邬春阳："务实推进 国际执法安全合作成效显著"，载《人民公安报》2017年9月25日第001版。

打击遏制跨境电信网络诈骗活动开展国际合作	献。① 但不难发现，打击跨境电信网络诈骗犯罪仍然存在部分执法困境，如打击跨境电信网络诈骗犯罪未达成广泛的国际共识，由于各国法律制度和刑事政策不同，执法合作层面的国际共识尚未完全达成；不同国家和地区在刑事立法上存在差异和冲突，将导致对电信网络诈骗犯罪的定罪和量刑标准不一，使得犯罪嫌疑人得以钻法律漏洞，逃避法律追究等。② 以上问题还需要在加强国际执法司法合作过程中不断纾解和完善。

---

① 参见邬春阳："务实推进 国际执法安全合作成效显著"，载《人民公安报》2017年9月25日第001版。
② 参见李玉华、齐鹏云："打击跨境电信网络诈骗犯罪的国际合作研究"，载《山东警察学院学报》2022年第3期，第112~123页。

第六章 法律责任

条文 　第三十八条　【组织、策划、实施、参与电信网络诈骗活动或者为电信网络诈骗活动提供帮助的法律责任】组织、策划、实施、参与电信网络诈骗活动或者为电信网络诈骗活动提供帮助，构成犯罪的，依法追究刑事责任。

　　前款行为尚不构成犯罪的，由公安机关处十日以上十五日以下拘留；没收违法所得，处违法所得一倍以上十倍以下罚款，没有违法所得或者违法所得不足一万元的，处十万元以下罚款。

主旨 　本条是对电信网络诈骗行为及其帮助行为的法律后果的规定。

电信网络诈骗行为及其帮助行为的刑事责任

本条第一款是针对一般主体实施的电信网络诈骗行为刑事责任的规定。本款所针对的主体为一般主体，既包括自然人也包括法人。以作用和分工为标准，可将主体具体划分为两类：一类是在电信网络诈骗活动中发挥主要、关键作用的主体；另一类是在电信网络诈骗活动中发挥次要、辅助作用的主体。与行为主体相对应，本款所规制的行为也相应分为两种类型：一类是组织、策划、实施、参与电信网络诈骗活动的行为；另一类是支持帮助电信网络诈骗活动的行为。整体上，针对一般主体实施的组织、策划、实施、参与、帮助电信网络诈骗活动的行为，构成犯罪的，根据《刑法》规定追究刑事责任。

本法与《刑法》的衔接适用

在适用本款时应当注意本法与《刑法》的衔接适用关系，即对于本款所规定的构成犯罪的违法行为，将依照《刑法》追究刑事责任。本条规定"构成犯罪的，依法追究刑事责任"是非刑事法律规范中十分常见的表达方式，此类法律规范在学理上被称为附属刑法规范。附属刑法规范是与核心刑法规范相对应的一种规范称谓，指的是"拥有刑事法立法权的国家立法机关，在制定经济、行政等非刑事法律时，附带制定的，体现国家对一定范围内的特定社会关系加以特别调整的，关于犯罪与刑罚的行为规范的总称"①，即规范内部包含附带性说明罪刑内容的条文。在当前刑法法典化学术思潮的影响下，应当承认附属刑法作为刑法的补充，有其存在的必要性和可行性，设置罪刑规范明确的附属刑法规范，既可以保持刑法典的稳定性和严肃性，也可以避免颁布大量的单行刑法，采用附属刑法规范是一个值得保留和推广的立法方式，②这种立法需求性直接塑造了附属刑法和刑法典之间的关系，即二者之间互为补充、无法替代。

从我国《刑法》的现行规定和审判实践来看，涉及电信网络诈骗活动的罪主要包括妨害信用卡管理罪（第177条之一）、洗钱罪（第191条）、信用卡诈骗罪（第196条）、合同诈骗罪（第224条）、侵犯公民个人信息罪（第253条之一）、诈骗罪（第266条）、破坏计算机信息系统罪（第286条）、帮助信息网络犯罪活动罪（第287条之二）等。可以看出，与电信网络诈骗活动有关的罪名主要涉及破坏社会主义市场经济秩序罪，侵犯公民人身权利、民主权利罪，侵犯财产罪和妨害社会管理秩序罪等，在客观行为上区分为实行行为类犯罪罪名和帮助行为类犯罪罪名。

---

① 参见周光权：《刑法总论》（第四版），中国人民大学出版社2021年版，第13页。

② 参见郝守才："附属刑法立法模式的比较与优化"，载《现代法学》1996年第4期，第44~47页。

本法第二款规定了针对上述违法行为尚不构成犯罪的，应当由行政机关予以行政处罚，具体的行政处罚措施包括行政拘留、没收违法所得和罚款三项具体行政行为。在适用时应当注意以下几点：

1. 行政拘留。在行政处罚中，行政拘留是最为严厉的一项措施，以短期内剥夺行政相对人人身自由为内容，"是公安机关对违反行政法规范的人，在短期内限制人身自由的一种强制性惩罚措施"[1]。因行政拘留是限制人身自由的人身罚，一般只适用于严重违反治安管理法规的自然人，在设定和程序上也都十分严格。按照我国《行政处罚法》的规定，行政拘留是公安机关对行政相对人实施的一项处罚措施，期限为一日以上十五日以下。依照本法规定，对尚未构成犯罪的违法行为，将由公安机关处以十日以上十五日以下行政拘留。行政拘留是最为严厉的一种行政处罚，因此在实施过程中，应当严格遵循"公正公开原则""处罚与教育相结合原则"以及"权利保障原则"。[2]

2. 没收违法所得。与行政拘留剥夺人身自由不同，没收违法所得是对行政相对人非法收益的剥夺，与罚款相同均属于财产罚类。"没收违法所得"是一项较罚款更加严厉的行政处罚方式，是指行政机关依法将行为人通过非法行为获取的财物收归国有，因违法所得是行为人基于非法行为方式获得，即不存在合法所有的基础。没收违法所得是通过剥夺行为人所获得非法利益，从而降低再次从事违法行为的成本。在我国现行有效的法律规范中，没收违法所得在绝大多数情况下与罚款并处，本款即规定"没收违法所得，处违法所得一倍以上十倍以下罚款"等。关于没收违法所得的法律性质一直处在争议之中，按照我国《行政处罚法》的规定，立法者将没收违法所得定性为行政处罚的种类之一，但是也

---

[1] 参见马怀德：《行政法与行政诉讼法》（第三版），中国政法大学出版社2019年版，第117页。

[2] 参见杨伟东主编：《新〈行政处罚法〉简明教程》，中国法制出版社2022年版，第24~32页。

有学者认为，"没收的违法所得并不是违法者的合法财产，没收的性质实质上具有追缴的性质，而非违法者因实施违法行为而付出的代价"①。因此，如果以行政处罚法"惩戒"功能作为判断标准，没收违法所得并不具有惩戒功能，因而不应认定为行政处罚，而是独立的具体行政行为类型。② 在没收违法所得具体执行过程中，行政机关首先需要明确没收对象，遵循文义解释方法，没收违法所得适用对象为"违法所得"，"按照是否是违法行为直接取得的标准，可以将违法所得分为直接所得和间接所得"③，前者如电信网络诈骗行为直接骗取的财物，后者是指电信网络诈骗行为的直接所得加以利用所取得的财产性利益。根据本条规定，在电信网络诈骗活动中骗取的直接所得和利用直接所得获取的间接所得，应予以没收。

3. 罚款。罚款是最常见的一种财产罚，在行政机关执法过程中被广泛应用。与没收违法所得适用情况相同，罚款往往与没收违法所得并处，本款以是否存在违法所得为标准，规定了两类罚款数额：第一类是针对存在违法所得且违法所得一万元以上的行政相对人，除没收违法所得外，还将以违法所得为标准并处违法所得一倍以上十倍以下罚款；第二类是针对没有违法所得或者违法所得不足一万元的行政相对人，直接处以十万元以下罚款。以上两类罚款情况是以是否存在违法所得为标准进行划分。一般而言，与无违法所得的电信网络诈骗行为相比，存在违法所得的电信网络诈骗行为往往具有更深的社会危害行为，给被害人造成的损失更加严重，所以在行政处罚上也更为严厉。

| 本条意义 | 本条以附属刑法规范的方式实现了《刑法》与本法的无缝对接和有效衔接，在很大程度上减少了立法资源的消耗。 |

---

① 参见应松年：《行政法学新论》，中国方正出版社2004年版，第261~262页。
② 参见王青斌："行政法中的没收违法所得"，载《法学评论》2019年第6期，第160~170页。
③ 参见左袖阳："违法所得投资收益的追缴：判断标准与追缴范围"，载《中国法律评论》2022年第4期，第208~215页。

条文

第三十九条 【电信业务经营者的法律责任】电信业务经营者违反本法规定，有下列情形之一的，由有关主管部门责令改正，情节较轻的，给予警告、通报批评，或者处五万元以上五十万元以下罚款；情节严重的，处五十万元以上五百万元以下罚款，并可以由有关主管部门责令暂停相关业务、停业整顿、吊销相关业务许可证或者吊销营业执照，对其直接负责的主管人员和其他直接责任人员，处一万元以上二十万元以下罚款：

（一）未落实国家有关规定确定的反电信网络诈骗内部控制机制的；

（二）未履行电话卡、物联网卡实名制登记职责的；

（三）未履行对电话卡、物联网卡的监测识别、监测预警和相关处置职责的；

（四）未对物联网卡用户进行风险评估，或者未限定物联网卡的开通功能、使用场景和适用设备的；

（五）未采取措施对改号电话、虚假主叫或者具有相应功能的非法设备进行监测处置的。

主旨

本条是对电信业务经营者违反本法规定具体行为方式和法律后果的规定。

本条规制的行为对象	本条规制的行为对象是电信业务经营者这一特殊主体，与本法第三十八条的一般主体不同，电信业务经营者在电信业务领域承担着特定的义务和责任。运用体系解释方法可知，本法第二章"电信治理"以专章的形式对电信业务经营者的法定义务进行了逐条列举，除此之外，电信业务经营者的法定义务还散见于本法第六条、第二十一条、第三十条等处。
电信业务经营者违反本法规定的具体情形	本条对电信业务经营者违反本法规定的具体情形进行完全式列举。考察这五种行为类型可知，电信业务经营者是以不作为的方式构成本条的违法行为，并表现为消极的不作为，即电信业务经营者未落实内部控制机制的义务、未履行实名登记义务、未履行监测识别处置义务等。不作为是与作为相并列的行为方式[1]，是指"行为人有能力履行但没有履行其作为义务，该故意或过失不为与所导致他人损害之间具有因果关系"[2]，即电信业务经营者负有实施某行为的特定义务，且有能力履行这种特定义务，但却未履行从而引起危害社会结果的发生。遵循体系性解释方法，本条所列举的五类不作为行为类型，实质上是对本法所规定的电信业务经营者法定义务的违反。 具体而言： 情形一：未落实国家有关规定确定的反电信网络诈骗内部控制机制，对应违反本法第六条第五款要求的"电信业务经营者……建立反电信网络诈骗内部控制机制和安全责任制度"法定义务的规定； 情形二：未履行电话卡、物联网卡实名制登记职责，对应违反本法第九条、第十二条第一款规定的"电信业务经营者应当依法全面落实电话用户真实身份信息登记制度""电信业务经营者……严格登记物联网卡用户身份信息"法定义务的规定；

---

[1] 参见陈兴良："不作为的共犯：规则与教义"，载《法学》2022年第6期，第72~84页。
[2] 参见蔡唱：《不作为侵权行为研究》，法律出版社2009年版，第1页。

电信业务经营者违反本法规定的具体情形	情形三：未履行对电话卡、物联网卡的监测识别、监测预警和相关处置职责，对应违反本法第十一条、第十二条第三款规定的"电信业务经营者对监测识别的涉诈异常电话卡用户应当重新进行实名核验，根据风险等级采取有区别的、相应的核验措施""电信业务经营者对物联网卡的使用建立监测预警机制"等法定义务的规定； 情形四：未对物联网卡用户进行风险评估，或者未限定物联网卡的开通功能、使用场景和适用设备，对应违反本法第十二条第一款、第三款规定的"电信业务经营者建立物联网卡用户风险评估制度""对存在异常使用情形的，应当采取暂停服务、重新核验身份和使用场景或者其他合同约定的处置措施"等法定义务的违反； 情形五：未采取措施对改号电话、虚假主叫或者具有相应功能的非法设备进行监测处置，对应违反本法第十三条第一款规定的"电信业务经营者应当规范真实主叫号码传送和电信线路出租，对改号电话进行封堵拦截和溯源核查"法定义务的违反。
电信业务经营者违反本法规定的处罚措施	本条对电信业务经营者违反本法的处罚措施进行了规定。"责令改正"是行政机关在执行具体处罚措施之前需要进行的一项行为。责令改正是行政法律范畴中的专业术语，是行政机关在行政执法过程中较为常用的具体行政行为，是指叫停正在进行的违法行为以及消除由违法行为产生的不法状态的行政管理手段，其目的是及时纠正违法行为以防止损害后果的进一步扩大，使法律秩序恢复到被破坏前的状态，弥补行政处罚"只罚不改"的实现效果。[①] 尽管责令改正被广泛应用于行政执法过程中，但学界对其法律属性仍然存在较大争议，形成行政处罚说、行政强制措施说、行政命令说、行政指导说等不同观点和立场。[②] 尽管责令改正的法

[①] 参见刘依桐："'责令改正'及其相关行政决定的性质认定"，载《东南大学学报（哲学社会科学版）》2017年第19期，第13~17页。

[②] 参见夏雨："责令改正之行为性质研究"，载《行政法学研究》2013年第3期，第37~42页、第69页。

律属性较为模糊，但其行为目的十分明显，即为了有效阻止违法犯罪行为的发生，防止危害性进一步扩大。在电信领域，行政机关对电信业务经营者采取责令改正的行政行为，其目的在于促使电信业务经营者及时纠正错误行为，避免造成进一步的扩大损失。根据现行有效的法律、法规和规章的规定，责令改正出现多种"变体"形式，如责令停止发布广告、限期清除、责令停止侵权、限期完善设施等[1]。也有学者认为，责令改正在类别上可区分为责令停止违法行为和责令消除不良后果两类[2]。仅从形式上考察，以上种类都可以归属于责令改正的行为范畴。因为在电信业务领域，电信业务经营者需要对电话卡和物联网卡的办理、适用，电话用户实名登记，通信业务，电信设备、软件等多个主体和行为进行监测识别和处置，故在不同环节和具体流程中，电信业务经营者所担负的法定义务也有所不同，行政机关对违反不同法定义务所作出的"责令改正"具体内容也会有所差异。

按照本条规定，结合电信业务经营者违反本法行为的情节轻重设置了两档处罚幅度，其中针对情节较轻的情形，将给予警告、通报批评，或者处五万元以上五十万元以下罚款，在适用此处罚幅度时应当注意以下问题：

1. 给予警告。警告是发生在行政相对人即本条所规制的电信业务经营者与行政机关之间的一类行政行为。从法律属性上看，警告是申诫罚的主要形式，申诫罚"亦称精神罚或影响声誉罚，是指行政主体向违法当事人发出警戒，申明其有违法行为，通过对其名誉、荣誉、信誉等施加影响，引起其精神上的警惕，使其不再违法的处罚形式"[3]。与责令改正相似，警告也可以作为一种

---

[1] 参见李孝猛："责令改正的法律属性及其适用"，载《法学》2005年第2期，第54~63页。

[2] 参见夏雨："责令改正之行为性质研究"，载《行政法学研究》2013年第3期，第37~42页、第69页。

[3] 参见胡建淼："'黑名单'管理制度——行政机关实施'黑名单'是一种行政处罚"，载《人民法治》2017年第5期，第83页。

较为包容的行政行为，可容纳比较多的具体行为类型，如指出违法事实等，故可以理解为"警告类"的处罚。① 与责令改正的执行类似，在电信业务经营活动中，电信业务经营者违反本法规定义务的具体形式有所不同，具体警告的内容也会出现差异。

2. 通报批评。关于通报批评能否成为行政处罚的类型一直存在较大争议，大多数学者认为通报批评属于处罚类型中的声誉罚，少数学者认为通报批评不能视为处罚。② 因其法律性质较为模糊，旧《行政处罚法》并未将通报批评作为行政处罚的种类，但随着社会实践的不断发展，行政机关和行政相对人呼吁较为灵活、多样的行政处罚手段。"实践证明，通报批评的确是一种行之有效且现实存在的处罚方式，早在新《行政处罚法》将其明确列为处罚种类之前通报批评即已作为处罚措施出现于多部行政法规规章当中"③。在不同法律规范中，经常将通报批评和警告并列使用，二者在严厉程度和外观上具有高度相似性，一般针对情节较为轻微的行政违法行为，但通报批评却无法被解释为警告，原因在于"通报批评往往会以报刊或政府文件公开发布，影响较为广泛，而警告仅仅会以处罚决定书形式制发，仅限于一部分人知悉，影响较小"④，所以二者在影响范围上存在较大差异。与警告较为"私密性"相比，通报批评往往是行政机关将电信业务经营者违反本法的行为以及处罚措施以公开方式让公众知晓，以便起到督促改正效果。

---

① 参见应松年、张晓莹："《行政处罚法》二十四年：回望与前瞻"，载《国家检察官学院学报》2020 年第 5 期，第 3~18 页。

② 参见关保英：《行政处罚法新论》，中国政法大学出版社 2007 年版，第 41 页；冯军：《行政处罚法新论》，中国检察出版社 2003 年版，第 118 页；应松年、马怀德主编：《中华人民共和国行政处罚法学习辅导》，人民出版社 1996 年版，第 64 页；胡锦光：《行政处罚研究》，法律出版社 1998 年版，第 47 页。

③ 参见江必新、贺译葶："贯彻《行政处罚法》需重点把握的几个问题"，载《法律科学（西北政法大学学报）》2021 年第 5 期，第 43~52 页。

④ 参见熊樟林："行政处罚的概念构造新《行政处罚法》第 2 条解释"，载《中外法学》2021 年第 5 期，第 1286~1302 页。

3. 罚款。罚款是最为常用的一种财产罚，十分广泛地适用于行政执法过程中，其目的是"通过给违法行为人造成财产上的直接损失，从而使其对违法行为形成正确认知，警示其日后不再重复违法行为"①。在罚款的具体适用中，要特别注意本法与其他行政法律规范的衔接适用关系，在实践中，大量存在一个违法行为违反了多个行政法律规范，而多个行政法律规范规定了不同的罚款金额、幅度，形成法规竞合的情况。②如电信业务经营者未履行的义务既是对本条规定的违反也是对《电信条例》相关规定的违反，按照两部法律规范的明文规定，对电信业务经营者均需处以一定数额的罚款，此时应当恪守"一事不再罚"原则，即对同一违法行为只能进行一次罚款，同时坚持《行政处罚法》第二十九条所确立的从一重处罚制度，按照罚款数额较高的规定处罚。

除针对情节较轻的处罚措施外，本条还规定针对情节严重的情形，将处五十万元以上五百万元以下罚款，并可以由有关主管部门责令暂停相关业务、停业整顿、吊销相关业务许可证或者吊销营业执照，对其直接负责的主管人员和其他直接责任人员，处一万元以上二十万元以下罚款。在适用此处罚幅度时应当注意以下问题：

（1）罚款。相对情节较轻的罚款数额，对情节严重的行为提升了罚款幅度，调整为"五十万元以上五百万元以下罚款"。当出现本法与其他行政法规竞合的情形时，也应当按照我国《行政处罚法》第二十九条的规定进行处罚。

（2）责令暂停相关业务、停业整顿。责令暂停相关业务、停业整顿，是行政机关对违反本法的电信业务经营者通过剥夺其相关业务经营权而实施的处罚手段，被称为"责令罚"。有学者认为，"责令罚"与"资格罚"属于相同概念，因此常会出现"责令停产

---

① 参见杨伟东主编：《新〈行政处罚法〉简明教程》，中国法制出版社2022年版，第47页。

② 参见马怀德："《行政处罚法》修改中的几个争议问题"，载《华东政法大学学报》2020年第4期，第6~16页。

停业资格罚适用"的此类表述,但实际上责令罚和资格罚仍然存在较为明显的差别。尤其体现在实施时间和地位上,当行为人被处以资格罚,如被吊销许可证后,有时还会进一步进行责令罚,所以说,责令罚虽是资格罚的必然结果,但在执行时间限制上存在差别;同时,资格罚与责令罚之间仍然存在主次之分,即资格罚为主,责令罚为辅,责令罚是由资格罚引发出来的,如果没有应当施加资格罚的违法行为,责令罚也就不存在。[1]

(3) 吊销相关业务许可证或者吊销营业执照,是一种较为典型的资格罚,与申诫罚、名誉罚相同,资格罚是一类行政处罚的集合群,随着市场经济的纵深发展,我国资格罚的种类和范围在不断拓展。但对资格罚的法律地位学界一直存在较大争议,有学者认为,"行为罚是限制或者剥夺违法者某项行为能力或资格的处罚,同时将行为罚又称为能力罚、资格罚"[2],此类观点认为行为罚与资格罚是相同的语义范畴,二者关系十分密切;但也有学者认为,"两者作用对象明显不同,相应运行机理、惩戒力度也不同"[3],故行为罚与资格罚不具有同质性,应当区分理解。不可否认,行为罚与资格罚具有差异性,但是二者都体现了对行政相对人行为的限制或者剥夺。如本条规定的吊销相关业务许可证或者吊销营业执照,即剥夺电信业务经营者从事电信业务活动的资格。

(4) 对直接负责的主管人员和其他直接责任人员罚款。根据本条规定,针对情节严重情形的处罚,既规定了对电信业务经营者即法人处以罚款,同时也规定对直接负责的主管人员和其他直接责任人员即自然人要处以罚款,即"双罚制"。双罚制是为了强

---

[1] 参见解志勇、唐安然:"'责令罚'及其适用研究",载《江汉论坛》2022年第7期,第117~126页。

[2] 参见姜明安主编:《行政法与行政诉讼法》,北京大学出版社、高等教育出版社1999年版,第221~224页;胡建淼:《行政法学》,法律出版社1998年版,第384页。

[3] 参见黄海华:"行政处罚的重新定义与分类配置",载《华东政法大学学报》2020年第4期,第31~43页。

> **电信业务经营者违反本法规定的处罚措施**
>
> 化对单位违法行为的威慑力而设立的一项处罚制度,现代法律在处罚单位的基础上,将负有责任的单位成员一并纳入处罚范围,即理论上的"双罚制"。① 按照本条规定适用双罚制的过程中,应当注意本条所采取的是区分模式,即对单位和单位成员分别设置了不同数额的罚款,且对单位成员的罚款数额低于单位。

条文

第四十条 【银行业金融机构、非银行支付机构的法律责任】银行业金融机构、非银行支付机构违反本法规定,有下列情形之一的,由有关主管部门责令改正,情节较轻的,给予警告、通报批评,或者处五万元以上五十万元以下罚款;情节严重的,处五十万元以上五百万元以下罚款,并可以由有关主管部门责令停止新增业务、缩减业务类型或者业务范围、暂停相关业务、停业整顿、吊销相关业务许可证或者吊销营业执照,对其直接负责的主管人员和其他直接责任人员,处一万元以上二十万元以下罚款:

(一)未落实国家有关规定确定的反电信网络诈骗内部控制机制的;

(二)未履行尽职调查义务和有关风险管理措施的;

(三)未履行对异常账户、可疑交易的风险监测和相关处置义务的;

---

① 参见谭冰霖:"单位行政违法双罚制的规范建构",载《法学》2020年第8期,第127~142页。

条文	（四）未按照规定完整、准确传输有关交易信息的。
主旨	本条是对银行业金融机构、非银行支付机构违反本法规定具体行为方式和法律后果的规定。

本条规制的行为对象	本条规制的行为对象与第三十九条相同都是特定领域的特殊主体，即银行业金融机构、非银行支付机构。在金融领域，银行业金融机构、非银行支付机构需要承担特定的责任和义务。运用体系解释方法可知，本法第三章"金融治理"以专章的形式对上述主体的法定义务进行了逐条列举，除此之外，也散见于本法第六条、第二十条、第三十条等处。
银行业金融机构、非银行支付机构违反本法的处罚措施	本条对银行业金融机构、非银行支付机构违反本法的行为设置了两档处罚幅度，即针对情节较轻和情节严重两种不同情形分别处以不同的处罚措施。但在具体的处罚措施之前，为了防止电信网络诈骗行为的危险进一步扩张，行政机关将责令银行业金融机构、非银行支付机构改正行为。在具体处罚措施的适用上，针对情节较轻的情形，具体采用了给予警告、通报批评、罚款；针对情节严重的情形，依然沿用了"双罚制"原则，具体措施包括了责令暂停相关业务、停业整顿的责令罚、吊销相关业务许可证或者吊销营业执照的资格罚以及罚款等处罚措施。但是针对银行业金融机构、非银行支付机构的特殊性质，本条规定了"责令停止新增业务、缩减业务类型或者业务范围"的处罚措施。 责令停止新增业务、缩减业务类型或者业务范围也是"责令罚"的具体表现形式，以"责令"方式作出的行政行为，具有广泛性与灵活性的特征。责令罚直接体现为对违法行为的纠正和制止，银行业金融机构、非银行支付机构是以金融类业务的方式开展经营活动，其法定业务贯穿于经营活动的全流程和各环节，停止新增业务、缩减业务类型和范围是对银行业金融机构、非银行支付机构违法行为的直接纠正。

条文注释

本条列举了四类银行业金融机构、非银行支付机构违反本法规定的具体情形，采用完全列举方式，又称为"限定列举"方式，其优点在于适用事项明确具体，禁止法官自由裁量，有助于维护法律适用的统一性和确定性。[①] 本款同样适用了消极不作为的方式对银行业金融机构、非银行支付机构违反本法的情形进行表述，即未落实内部控制机制的义务、未履行尽职调查义务、未履行监测识别处置义务、未按照规定传输信息等。以不作为的方式表明违法行为，即意味着银行业金融机构、非银行支付机构负有实施上述行为的特定义务，且有能力履行这种特定义务，但却未履行从而引起危害社会结果的发生。遵循体系化解释方法，本条所列举的四举不作为行为类型，实质上是指银行业金融机构、非银行支付机构对本法所规定的法定义务的违反。

具体而言：

情形一：未落实国家有关规定确定的反电信网络诈骗内部控制机制，对应违反本法第六条第五款的"银行业金融机构、非银行支付机构……建立反电信网络诈骗内部控制机制和安全责任制度"法定义务的规定；

情形二：未履行尽职调查义务和有关风险管理措施，对应违反本法第十五条"银行业金融机构、非银行支付机构为客户开立银行账户、支付账户及提供支付结算服务，和与客户业务关系存续期间，应当建立客户尽职调查制度"法定义务的规定；

情形三：未履行对异常账户、可疑交易的风险监测和相关处置义务，对应违反本法第十八条第一款、第三款"银行业金融机构、非银行支付机构应当对银行账户、支付账户及支付结算服务加强监测，建立完善符合电信网络诈骗活动特征的异常账户和可疑交易监测机制""对监测识别的异常账户和可疑交易，银行业金融机构、非银行支付机构应当根据风险情况，采取核实交易情况、

银行业金融机构、非银行支付机构违反本法规定的具体情形

[①] 参见占善刚、施瑶："例示列举规范的正确表达"，载《河北法学》2021年第5期，第45~62页。

行业金融机构、非银行支付机构违反本法规定的具体情形	重新核验身份、延迟支付结算、限制或者中止有关业务等必要的防范措施"等法定义务的规定； 情形四：未按照规定完整、准确传输有关交易信息，对应违反本法第十九条"银行业金融机构、非银行支付机构应当按照国家有关规定，完整、准确传输直接提供商品或者服务的商户名称、收付款客户名称及账号等交易信息，保证交易信息的真实、完整和支付全流程中的一致性"法定义务的规定。
条文	第四十一条 【电信业务经营者、互联网服务提供者的法律责任】电信业务经营者、互联网服务提供者违反本法规定，有下列情形之一的，由有关主管部门责令改正，情节较轻的，给予警告、通报批评，或者处五万元以上五十万元以下罚款；情节严重的，处五十万元以上五百万元以下罚款，并可以由有关主管部门责令暂停相关业务、停业整顿、关闭网站或者应用程序、吊销相关业务许可证或者吊销营业执照，对其直接负责的主管人员和其他直接责任人员，处一万元以上二十万元以下罚款： （一）未落实国家有关规定确定的反电信网络诈骗内部控制机制的； （二）未履行网络服务实名制职责，或者未对涉案、涉诈电话卡关联注册互联网账号进行核验的； （三）未按照国家有关规定，核验域名注册、解析信息和互联网协议地址的真实性、准确性，规

条文

范域名跳转，或者记录并留存所提供相应服务的日志信息的；

（四）未登记核验移动互联网应用程序开发运营者的真实身份信息或者未核验应用程序的功能、用途，为其提供应用程序封装、分发服务的；

（五）未履行对涉诈互联网账号和应用程序，以及其他电信网络诈骗信息、活动的监测识别和处置义务的；

（六）拒不依法为查处电信网络诈骗犯罪提供技术支持和协助，或者未按规定移送有关违法犯罪线索、风险信息的。

主旨

本条是对电信业务经营者、互联网服务提供者违反本法规定具体行为方式和法律后果的规定。

本条规制的行为对象

本条规制的行为对象与第三十九条、第四十条相同都是特定领域的特殊主体，即电信业务经营者与互联网服务提供者。十分明显，本法第三十九条已经对电信业务经营者违法情形和法律责任进行了详细规定，尽管在规制主体范围上与本条存在交叉和重合，但是适用领域却完全不同，这也就导致所规制的行为以及应当承担的法定义务也会有所不同。就本条而言，在互联网领域，互联网服务提供者是该领域的最主要的行政相对人，但电信业务经营者也可能在互联网领域实施活动违反相关的义务规定。因此，本条与本法第三十九条并不是重复性立法。运用体系解释方法可知，本法第四章"互联网治理"以专章的形式对上述主体的法定义务进行了逐条列明，除此之外，也散见于本法的第六条、第十四条、第三十条等处。

电信业务经营者、互联网服务提供者违反本法的处罚措施

　　本条对电信业务经营者、互联网服务提供者违反本法的行为设置了两档处罚幅度，即针对情节较轻和情节严重两种不同情形，分别处以不同的处罚措施。但在具体的处罚措施实施之前，也设置了责令改正的处罚措施。在具体处罚措施的适用上，针对情节较轻的情形，具体采用了给予警告、通报批评、罚款；针对情节严重的情形，依然沿用了"双罚制"原则，具体措施包括责令暂停相关业务、停业整顿、关闭网站或者应用程序的责令罚、吊销相关业务许可证或者吊销营业执照的资格罚以及罚款等处罚措施，同时针对互联网服务提供者的特殊性质，本条出现"关闭网站或者应用程序"的特定处罚措施。

　　"关闭网站或者应用程序"也可认为是"责令罚"的具体形式，即以"责令"方式作出的具体行政行为，基于行政相对人违法行为事由，行政机关可以要求行政相对人在特定的期限内实施一定行为以纠正先前的违法行为，以防止损害后果进一步扩大。在互联网领域，网站或应用程序是电信网络诈骗行为人实施违法活动的最主要场所和载体，通过迅速、便捷的互联网网站和应用程序发布诈骗信息、取得被害人信任后骗取财物是当前电信网络诈骗最重要的行为方式。行政机关要求行政相对人及时关闭网站或者应用程序是从源头遏制电信网络诈骗活动的行政行为。

电信业务经营者、互联网服务提供者违反本法的具体情形

　　本条列举了六类电信业务经营者、互联网服务提供者违反本法规定的具体情形，继续沿用完全列举和消极不作为的方式对上述两类主体违反本法的情形进行表述，即未落实内部控制机制的义务、未履行网络服务实名制职责、未按照国家有关规定规范相关行为、未登记核验开发运营者的真实身份信息、未履行监测识别处置义务、拒不依法查处违法行为和移送信息等。以不作为的方式表明违法行为，即意味着上述主体负有实施上述行为的特定义务，且有能力履行这种特定义务，但却未履行从而引起危害社会结果的发生。遵循体系性解释方法，本条所列举的六类不作为行为类型，实质上是指主体对本法所规定的法定义务的违反。

具体而言：

情形一：未落实国家有关规定确定的反电信网络诈骗内部控制机制，对应违反本法第六条第五款"电信业务经营者……互联网服务提供者承担风险防控责任，建立反电信网络诈骗内部控制机制和安全责任制度"法定义务的规定；

情形二：未履行网络服务实名制职责，或者未对涉案、涉诈电话卡关联注册互联网账号进行核验，对应违反本法第二十一条、第二十二条"电信业务经营者、互联网服务提供者……应当依法要求用户提供真实身份信息""互联网服务提供者对监测识别的涉诈异常账号应当重新核验"法定义务的规定；

情形三：未按照国家有关规定，核验域名注册、解析信息和互联网协议地址的真实性、准确性，规范域名跳转，或者记录并留存所提供相应服务的日志信息，对应违反本法第二十四条"提供域名解析、域名跳转、网址链接转换服务的，应当按照国家有关规定，核验域名注册、解析信息和互联网协议地址的真实性、准确性，规范域名跳转，记录并留存所提供相应服务的日志信息，支持实现对解析、跳转、转换记录的溯源"法定义务的规定；

情形四：未登记核验移动互联网应用程序开发运营者的真实身份信息或者未核验应用程序的功能、用途，为其提供应用程序封装、分发服务，对应违反本法第二十三条第二款"为应用程序提供封装、分发服务的，应当登记并核验应用程序开发运营者的真实身份信息，核验应用程序的功能、用途"法定义务的规定；

情形五：未履行对涉诈互联网账号和应用程序，以及其他电信网络诈骗信息、活动的监测识别和处置义务，对应违反本法第二十二条第一款"互联网服务提供者对监测识别的涉诈异常账号应当重新核验，根据国家有关规定采取限制功能、暂停服务等处置措施"等法定义务的规定；

情形六：拒不依法为查处电信网络诈骗犯罪提供技术支持和协助，或者未按规定移送有关违法犯罪线索、风险信息，对应违反本法第二十六条第一款规定的"公安机关办理电信网络诈骗案件依法调取证据的，互联网服务提供者应当及时提供技术支持和协助"法定义务的规定。

条文

第四十二条 【非法制造、销售、提供或者使用专门或者主要用于电信网络诈骗的设备、软件的法律责任】违反本法第十四条、第二十五条第一款规定的，没收违法所得，由公安机关或者有关主管部门处违法所得一倍以上十倍以下罚款，没有违法所得或者违法所得不足五万元的，处五十万元以下罚款；情节严重的，由公安机关并处十五日以下拘留。

主旨

本条是针对违反本法第十四条、第二十五条第一款的法律后果的规定。

本条规制的行为类型

本条是专门针对违反本法第十四条、第二十五条第一款规定的法律责任。本法第十四条规定的内容是任何单位和个人不得非法制造、买卖、提供或者使用电信领域的设备、软件，如电话卡的批量插入设备，具有改变主叫号码、虚拟拨号、互联网电话违规接入公用电信网络的软件、设备以及批量账号、网络地址切换系统或者批量接收短信验证、语音验证等的平台等。第二十五条第一款规定的内容是任何单位和个人不得为他人实施电信网络诈骗活动非法提供公民个人信息以及通过虚拟货币交易等方式洗钱等。尽管上述行为具有不同的表现形态，但实际上具有同质性，即均是为实施电信网络诈骗行为提供帮助或支持，在此统称为"帮助行为"。以帮助行为性质为标准，可将上述行为归纳为两类：一类是第十四条规定的软件、设备的技术支持行为以及第二十五条第一款规定的出售、提供个人信息行为。在电信网络诈骗活动实施过程中，上述行为表现为客观的、物理性帮助。另一类是第二十五条第一款规定的帮助他人通过虚拟货币交易等方式洗钱，这类行为往往发生在电信网络诈骗行为既遂以后。需要明确的是，帮助行为必须发生在电信网络诈骗的实施过程中，即在行为既遂

条文注释

前的任何时间点加入都可以成立帮助行为。按照司法实践中的情形，洗钱类帮助行为是经过帮助者与诈骗行为人事前共谋，故在诈骗行为发生过程中，此类帮助行为仅仅起到了心理上的加工或强化作用，因此属于主观、心理上的帮助行为。

本条规制的行为类型

伴随网络技术的纵深发展，电信网络诈骗活动的分工日益细化，链条化特征是当前电信网络诈骗活动的典型征表，如从本条规定的提供个人信息原料，提供改号服务、虚拟拨号等技术支持，再到通过虚假交易的洗钱活动，已经形成联系紧密、相互独立、分工协作、利益共享的黑灰产生态圈。各类帮助行为是顺利实施电信网络诈骗活动不可或缺的要素。也可以说，离开了网络黑产链中的帮助行为，中、下游的违法犯罪活动无疑将难以为继。① 正因如此，全链条纵深打击是当前治理电信网络诈骗的基本要求，需要严格把关各个环节、落实相关主体责任。

实施第十四条、第二十五条中帮助行为的处罚措施

本条针对实施第十四条、第二十五条所规定的帮助行为设置了两档处罚措施。针对一般情形，以是否存在违法所得和违法所得数额为标准分为两种情况：第一种情况是有违法所得且违法所得数额不小于五万元的行政相对人，将被没收违法所得，并将由行政机关处以违法所得一倍以上十倍以下的罚款；第二种情况是没有违法所得或者违法所得不足五万元的行政相对人，将由行政机关直接处以五十万元以下罚款。针对情节严重的帮助行为，将由公安机关对行政相对人采取十五日以下的行政拘留。在认定本条所规定的"情节严重"时应当注意以下问题：

"情节严重"是对帮助行为"量"上的要求，但目前针对电信网络诈骗帮助行为"情节严重"的认定标准较为混乱，司法实践中也存在情节严重认定的难题与困境。根据最高人民法院、最高人民检察院《关于办理非法利用信息网络、帮助信息网络犯罪活

---

① 参见刘宪权："网络黑产链犯罪中帮助行为的刑法评价"，载《法学》2022年第1期，第66~79页。

动等刑事案件适用法律若干问题的解释》第十二条的规定，具有下列情形之一的，可认定为"情节严重"：(1) 为三个以上对象提供帮助的；(2) 支付结算金额二十万元以上的；(3) 以投放广告等方式提供资金五万元以上的；(4) 违法所得一万元以上的；(5) 二年内曾因非法利用信息网络、帮助信息网络犯罪活动、危害计算机信息系统安全受过行政处罚，又帮助信息网络犯罪活动的；(6) 被帮助对象实施的犯罪造成严重后果的；(7) 其他情节严重的情形。只要具有上述情形之一，即可认定帮助行为具有"情节严重"的性质。显而易见，司法解释所采取的"单一标准"模式存在部分缺陷，仅从行为数量、行为次数、危害结果、违法所得、主观恶性等因素进行考量，难免存在"挂一漏万"的情况，从而导致放纵违法犯罪行为。[1] 因此，有学者主张对电信网络诈骗帮助行为"情节严重"的认定应当采取"综合标准"，即在上述"单一标准"模式的基础上综合考量行为的社会危害性，即使未达到司法解释规定的任一情节标准，但经过综合考量，与单一标准具有相当的社会危害性的行为，应当认定为"情节严重"。[2] 但是，"综合标准"的模式可能扩张法官的自由裁量权，在司法适用上更是难以操作。尽管"单一标准"模式存在部分局限性，但其内容表述十分明确、具体，采用"单一标准"认定"情节严重"将会最大限度地降低法官主观因素的影响。

---

[1] 参见周明："'热'与'冷'：帮助信息网络犯罪活动罪的司法适用图景"，载《法律适用》2019年第15期，第23~32页。

[2] 同上。

条文

第四十三条 【未履行合理注意义务的法律责任】违反本法第二十五条第二款规定，由有关主管部门责令改正，情节较轻的，给予警告、通报批评，或者处五万元以上五十万元以下罚款；情节严重的，处五十万元以上五百万元以下罚款，并可以由有关主管部门责令暂停相关业务、停业整顿、关闭网站或者应用程序，对其直接负责的主管人员和其他直接责任人员，处一万元以上二十万元以下罚款。

主旨

本条是针对违反本法第二十五条第二款的法律后果的规定。

本条规制的行为对象

本法第二十五条第二款规定了电信业务经营者、互联网服务提供者应当依照国家有关规定，履行合理注意义务，对利用相关业务从事涉诈支持、帮助活动进行监测识别和处置。

一般意义上，本条所称的"合理注意义务"是私法上的概念，可理解为在合理的限度内履行注意义务。其中，注意义务系指行为人为避免造成损害而加以合理注意，谨慎小心行为而不使自己的行为（作为或不作为）给他人造成损害的义务。[1] 在本条语境下，"合理注意义务"，是指作为反电信网络诈骗工作"看门人"角色的扮演者，电信业务经营者、互联网服务提供者应该对电话用户、网络用户所实施的具体行为和所发布的信息尽到善良管理人的合理注意义务，如果用户的行为与信息涉嫌对电信网络诈骗行为进行帮助或支持，则应当及时采取必要且相当的处置措施。

合理注意义务因不同的服务类型和不同的服务提供者而存在差异，如本法第二十五条第二款共规定了四种行为，针对这四种行

---

[1] 参见龙卫球主编：《中华人民共和国民法典·人格权编与侵权责任编释义》，中国法制出版社2020年版，第188~190页。

本条规制的行为对象	为的监测强度、识别技术以及采取的具体处置措施都会有所不同，即电信业务经营者、互联网服务提供者所履行的合理注意义务标准不同。合理注意义务的标准是在网络服务提供者、网络用户、权利人和公众四者之间利益平衡的手段和表现，不同的注意义务标准意味着在利益相关者之间不同的利益分配和成本的负担。[①] 因此，采取何种合理注意义务标准，需要在实践与制度之间不断衡量。
违反本法第二十五条第二款的处罚措施	根据本条规定，针对违反本法第二十五条第二款规定的电信业务经营者、互联网服务提供者设置了两档处罚措施。在实施具体处罚措施前，行政机关将责令上述主体改正违法行为。针对情节较轻的违法行为，行政机关将给予警告、通报批评，或者罚款处罚；针对情节较重的违法行为，行政机关沿用了"双罚制"，同时对单位和其直接负责的主管人员、其他直接责任人员处以罚款，并采取责令暂停相关业务、停业整顿、关闭网站或者应用程序等责令罚。
本条意义	合理注意义务的设定能够督促和激励电信业务经营者、互联网服务提供者积极地对网络上的信息和内容进行管理和规制，并且通过善良管理人的合理注意义务标准的建立来促进网络环境中网络用户行为规范的建立。[②]

[①] 参见吴伟光："网络服务提供者对其用户侵权行为的责任承担——不变的看门人制度与变化的合理注意义务标准"，载《网络法律评论》2011年第1期，第17~32页。

[②] 同上。

条文 　第四十四条　【非法买卖、出租、出借电话卡等的法律责任】违反本法第三十一条第一款规定的，没收违法所得，由公安机关处违法所得一倍以上十倍以下罚款，没有违法所得或者违法所得不足二万元的，处二十万元以下罚款；情节严重的，并处十五日以下拘留。

主旨 　本条是针对违反本法第三十一条第一款的法律后果的规定。

本条规制的行为对象

本条是关于违反本法第三十一条第一款的法律责任。本法第三十一条第一款规定，任何单位和个人不得实施相关行为，此类行为对象具有一致性，即电话卡、物联网卡、电信线路、短信端口、银行账户、支付账户、互联网账号等。针对以上对象实施的相关行为具体包括以下三类：第一类是非法买卖、出租行为；第二类是提供虚假核验帮助行为；第三类是假冒他人身份或者虚构代理关系开立上述卡、账户、账号行为。第三十一条第一款明确禁止实施上述行为，并将主体划定为一般主体，即任何单位和个人。

针对第三十一条第一款所规定的卡、账户、账号所实施的非法买卖、出租、虚假核验、虚假开立等行为，本质上属于电信网络诈骗的帮助行为。最高人民法院、最高人民检察院、公安部制定出台了《关于办理电信网络诈骗等刑事案件适用法律若干问题的意见》，该意见以列举方式明确了当前为电信网络诈骗活动提供帮助的五大团伙的八种主要行为方式，"菜商"（提供公民个人信息）、"车商"（帮助转、取款）、"卡商"（提供银行卡、电话卡）、技术支持（提供网络、通信、资金结算等帮助）、生活保障（提供食宿、交通等帮助）。[①] 其中，"卡商"和技术支持即涉及本条所

---

① 参见李睿懿、王珂："惩治电信网络诈骗犯罪的主要法律适用疑难问题"，载《法律适用》2017年第9期，第44~49页。

本条规制的行为对象	规制的具体行为，这也意味着电信网络诈骗行为背后已经形成强大的黑灰产业链。黑灰产业链是电信网络诈骗屡打不绝的重要因素，由于防控电信网络诈骗涉及整条黑灰产业链，往往超出公检法机关的职权范围，结果就造成了"三难"：一是控制赃款难；二是抓捕犯罪分子难；三是工作协调难。① 正因如此，需要斩断黑灰产业链条、及时制止和遏制相关的帮助行为，从源头上防范电信网络诈骗的发生。
违反本法第三十一条第一款规定的处罚措施	根据本条规定，针对违反本法第三十一条第一款规定的行为设置了两档处罚措施。一般情况，以实施上述行为的行政相对人是否存在违法所得及其数额为标准，分为两类：一类是针对有违法所得且违法所得数额不少于二万元的行政相对人，将由公安机关没收违法所得，并处违法所得一倍以上十倍以下的罚款；另一类是针对没有违法所得或者违法所得数额不足二万元的行政相对人，由行政机关直接处以二十万元以下罚款。对情节严重的违法行为，将由公安机关并处十五日以下的行政拘留。 本条同样规定了"罚款""没收违法所得"两项财产类行政处罚方式，此类行政处罚的目的"主要是通过降低违法者自身拥有的财产数量来对其违法行为进行惩戒"②。如通过缴纳特定数量的金钱或剥夺原有财产，使行为人承受一定的经济财产损失，从而实现行政处罚的惩戒目的。考察本法第三十一条第一款规定的具体行为方式，持有一定数额的财物是实施该类行为的经济基础，如"非法买卖、出租、出借"卡、账户、账号等，通过处以财产罚的行政处罚措施，将从金钱来源上切断实施该类行为的可能性。

---

① 参见王洁："电信网络诈骗犯罪的独特属性与治理路径"，载《中国人民公安大学学报（社会科学版）》2019年第4期，第1~10页。

② 参见翟继光、王海阳：《中华人民共和国行政处罚法释义与典型案例分析》，中国民主法制出版社2021年版，第49页。

条文注释

条文 第四十五条 【反电信网络诈骗工作部门的法律责任】反电信网络诈骗工作有关部门、单位的工作人员滥用职权、玩忽职守、徇私舞弊，或者有其他违反本法规定行为，构成犯罪的，依法追究刑事责任。

主旨 本条是针对反电信网络诈骗工作有关部门、单位的工作人员渎职行为及其承担责任的规定。

本条规制的行为主体

本条所称的"反电信网络诈骗工作有关部门"，是指本法第六条规定的国务院反电信网络诈骗工作部门，地方各级人民政府，公安机关，人民法院，人民检察院，金融、电信、网信、市场监管等有关部门，电信业务经营者、银行业金融机构、非银行支付机构、互联网服务提供者等。"单位的工作人员"即上述部门和机构中从事相关工作的人员。

反电信网络诈骗工作有关部门、单位的工作人员滥用职权

这里所称的滥用职权，是指反电信网络诈骗工作有关部门、单位的工作人员超越职权，违法决定、处理其无权决定或者处理的事项，或者违反规定处理事务，致使公私财产、国家和人民的利益遭受重大损失的行为。例如，反电信网络诈骗工作有关部门、单位的工作人员违反《行政处罚法》的规定，违反实施行政拘留的条件和程序，对不应采取行政拘留的行政相对人擅自采取拘留措施，不当侵害公民的人身自由权利等。

反电信网络诈骗工作有关部门、单位的工作人员玩忽职守

本条所称的玩忽职守，是指反电信网络诈骗工作有关部门、单位的工作人员严重不负责任，不履行或者不认真履行法律或单位规章所规定的职责，致使公私财产、国家和人民的利益遭受重大损失的行为。玩忽职守行为一般表现为工作人员办事态度不端正、草率、不负责任的办事作风等。例如，反电信网络诈骗工作有关部门、单位的工作人员对电信业务经营者、互联网服务提供者所移送的涉诈风险信息不审核或未认真审核，未及时切断电信网络诈骗风险，导致电信网络诈骗行为发生，从而对公民的人身和财产造成重大损失。

135

反电信网络诈骗工作有关部门、单位的工作人员徇私舞弊	本条所称的徇私舞弊，是指反电信网络诈骗工作有关部门、单位的工作人员在工作中为了一己私利隐瞒、虚构事实真相，实施违反法定职责的违法违规行为。这里的"徇私"既包括为工作人员自己本人的利益，也包括为其亲友的利益；而利益既可以包括财产性的，也可以包括非财产性的。徇私舞弊是典型的渎职类行为，徇私作为犯罪的动机，包括为了追求与职责宗旨相违背的一切物质利益与精神利益；舞弊作为一种客观的构成要件要素，可以作为渎职行为的同位语使用。① 例如，反电信网络诈骗工作有关部门、单位的工作人员为了自己或亲友的利益，对不符合开立条件的银行账户进行开立；对不满足物联网卡开设的账户进行开设；对已识别具有涉诈风险的线索和信息不及时上报和采取处置措施；等等。
其他违反本法规定的行为	除上述三类具体行为外，本条还规定了"其他违反本法规定行为"作为本条的兜底行为。使用"其他"兜底行为的表述方式在我国法律规范中十分常见，即采用一种概然性方式所作的规定，以避免挂一漏万。兜底行为的扩张性、模糊性一直被学界诟病，因此在解释本条所称的"其他违反本法规定行为"时，应当采取审慎态度，避免两种错误倾向：一方面避免补充列举的不足，需通过解释探寻其补充内容，不可局限于列举事项，防止对法律漏洞的放任；另一方面避免脱离明确性要求，不能因过于拘谨而自说自话、含糊其词，应当在法律用语文本范围内进行合理解读。②
违反本条的刑事责任	反电信网络诈骗工作有关部门、单位的工作人员所实施的上述行为侵犯的客体既包括机关、单位正常的管理秩序，也可能侵犯公民人身和财产权利。正因如此，本条规定"构成犯罪的，依法追究刑事责任"，从我国目前《刑法》的规定来看，与本条规定有关的刑法罪名包括：第一百六十八条（国有公司、企业、事业单

---

　　① 参见张明楷："渎职罪中'徇私'、'舞弊'的性质与认定"，载《人民检察》2005年第23期，第5~10页。
　　② 参见王安异："对刑法兜底条款的解释"，载《环球法律评论》2016年第5期，第25~41页。

违反本条的刑事责任

位人员失职罪，国有公司、企业、事业单位人员滥用职权罪）、第三百九十七条（滥用职权罪、玩忽职守罪）等。在适用本条规定时，需要注意本法与《刑法》的衔接关系。违法性即行为被否定，基于特定理由给予某种事实、状态的否定性评价，按照本法"构成犯罪的，依法追究刑事责任"的规定，刑事违法性判断应当体现《刑法》的相对独立性，按照《刑法》自身具有独特的价值判断与规范保护目的进行评价[1]，即如果某种行为造成法益侵害后果，或者具有侵害法益的危险，就可以肯定其具有刑事违法性。

条文

第四十六条 【民事侵权责任】组织、策划、实施、参与电信网络诈骗活动或者为电信网络诈骗活动提供相关帮助的违法犯罪人员，除依法承担刑事责任、行政责任以外，造成他人损害的，依照《中华人民共和国民法典》等法律的规定承担民事责任。

电信业务经营者、银行业金融机构、非银行支付机构、互联网服务提供者等违反本法规定，造成他人损害的，依照《中华人民共和国民法典》等法律的规定承担民事责任。

主旨

本条是相关主体承担民事责任的规定。

---

[1] 参见吴锴飞："法秩序统一视域下的刑事违法性判断"，载《法学评论》2019年第3期，第47~57页。

第一款是对电信网络诈骗的行为人民事责任的规定。考察我国现行有效的法律规范，电信网络诈骗行为的主体责任已经由刑法、行政法与民法在相应条款进行附带规定，但本法作为以电信网络诈骗为规制对象的"小切口"法律，必然需要构建以电线网络诈骗为核心的全面且完整的法律规范体系。本款为实现综合治理、源头打击电信网络诈骗提供了专门的规范基础，明确电信网络诈骗行为人的主体责任，有效沟通了本法与刑法、行政法与民法的衔接适用关系。

按照本款内容，规制的对象包括了组织、策划、实施、参与电信网络诈骗活动的主要人员和为电信网络诈骗活动提供相关帮助的辅助人员。如果电信网络诈骗的行为人所实施的行为违反本法规定且符合其他法律规范的归责要件时，应当严格按照相关法律规范承担相应的刑事责任、行政责任和民事责任。按照体系性解释方法，针对第一款规定的行为，本法第三十八条已经明确规定，构成犯罪的，需依法追究刑事责任；尚不构成犯罪的，需依法追究行政责任。同时本款规定，"除依法承担刑事责任、行政责任以外，造成他人损害的，依照《中华人民共和国民法典》等法律的规定承担民事责任"。民事责任是我国私法领域的基础概念，是民事法律关系之构成要素[1]，我国学理认为，民事责任是指民事主体违反民事义务应当承担的民事法律后果[2]。在理论上，民事责任主要分为违约责任、侵权责任以及缔约过失责任、后合同义务等。违约责任也称为合同责任，是指合同当事人因违反合同义务所承担的责任[3]；侵权责任是指民事主体侵害他人权益应当承担的法律后果[4]。违约责任和侵权责任是相互独立的两类民事责任，违

从事电信网络诈骗活动或者提供相关帮助的违法犯罪人员的民事责任

---

[1] 参见梁慧星：《民法总论》（第5版），法律出版社2017年版，第84页。
[2] 参见魏振瀛主编：《民法》（第八版），北京大学出版社、高等教育出版社2021年版，第41页。
[3] 参见王利明：《合同法通则》，北京大学出版社2021年版，第447页。
[4] 参见黄薇主编：《中华人民共和国民法典侵权责任编解读》，中国法制出版社2020年版，第1页。

条文注释

从事电信网络诈骗活动或者提供相关帮助的违法犯罪人员的民事责任

约责任的承担者违反了约定义务,侵权责任的承担者违反了法定义务;违约行为所侵害的是相对权,侵权行为所侵害的是绝对权;前者当事人事先存在合同关系,后者当事人之间的损害赔偿关系自侵权行为实施时发生;违约损害赔偿仅限于财产损失,而侵权损害赔偿可包括精神赔偿。①

电信业务经营者、银行业金融机构、非银行支付机构、互联网服务提供者等违反本法规定的民事责任

本条第二款是针对反电信网络诈骗工作有关单位民事责任的规定。本款规制的主体是电信业务经营者、银行业金融机构、非银行支付机构、互联网服务提供者。当电信业务经营者、银行业金融机构、非银行支付机构、互联网服务提供者等主体,在提供服务或者进行反电信网络诈骗工作过程中,不当造成用户或其他公民正当权利受到侵害的,按照本款规定,将依照《民法典》承担民事责任。与本条第一款的民事责任不同,此处的民事责任既可能包括违约责任,也可能涉及侵权责任。因电信业务经营者、银行业金融机构、非银行支付机构、互联网服务提供者等与电信用户、银行用户、网络用户等之间是以签订民事合同的方式建立民事法律关系,当前述主体未依约履行合同义务造成后者损失时,应当承担违约责任。按照我国《民法典》第八章的规定,承担违约责任的方式有继续履行、采取补救措施或者赔偿损失等。

在适用本条第一款时,应当注意违约责任与侵权责任竞合问题。所谓合同责任与侵权责任的竞合,是指同一违反民事义务的行为,同时符合合同责任与侵权责任的构成要件,导致两种责任规

---

① 参见王利明:"违约责任和侵权责任的区分标准",载《法学》2002年第5期,第45~52页。

电信业务经营者、银行业金融机构、非银行支付机构、互联网服务提供者等违反本法规定的民事责任

范皆可适用的现象。① 随着合同之债与侵权之债的双向扩张，违约责任对绝对权的保护与侵权责任对利益的保护渐趋普遍，两者的中间领域和竞合范围亦不断扩大。② 正因如此，违约责任和侵权责任竞合成为当前承担民事责任必须讨论的问题。但需要明确的是，即使成立违约责任与侵权责任的竞合，也并非任何一种违约责任的方式与任何一种侵权责任的方式都能竞合，这种竞合关系只体现在赔偿损失方式上，其他方式既可以单独适用，也可以合并适用。按照我国《民法典》第一百八十六条的规定，因当事人一方的违约行为，损害对方人身权益、财产权益的，受损害方有权选择请求其承担违约责任或者侵权责任。故权利受到侵害的主体有权在二者间进行选择。

条文　　第四十七条　【公益诉讼】人民检察院在履行反电信网络诈骗职责中，对于侵害国家利益和社会公共利益的行为，可以依法向人民法院提起公益诉讼。

主旨　　本条是关于电信网络诈骗中检察公益诉讼的规定。

---

① 参见汪世虎："合同责任与侵权责任竞合问题研究"，载《现代法学》2002 年第 4 期，第 109~115 页。
② 参见谢鸿飞："违约责任与侵权责任竞合理论的再构成"，载《环球法律评论》2014 年第 6 期，第 5~26 页。

条文注释

本条规定人民检察院对于侵害国家和社会公共利益的行为有权提起公益诉讼。为了有效防范电信网络诈骗对国家利益和社会公共利益造成侵害,本法依法赋予人民检察院提起公益诉讼的权力,进一步完善了本法的权利保障体系,实现了与民事诉讼、行政诉讼的衔接。公益诉讼是程序法中的一项重要设计,是以法治方式维护社会公共利益的重要制度安排,对推动国家治理体系和治理能力现代化,推动政治、经济、社会、行政、司法的发展发挥了重要作用。①

本条所指的公益诉讼是与私益诉讼相对应的概念,起源于古罗马帝国时期,为保护社会公共利益的一项诉讼制度。所谓公益诉讼制度,是指国家、社会组织或者公民个人以原告的诉讼主体资格对侵犯社会公共利益的行为向法院提起民事诉讼或者行政诉讼,通过法院依法审理追究违法者法律责任、回复社会公共利益的诉讼制度。② 与私益诉讼相比,公益诉讼的核心标准在于保护公共利益。本条语境下,公共利益分为两个层次:第一层是国家利益;第二层是为社会全部或多数成员所共同享有的利益,即社会利益。也有学者将公共利益细化为三个层次:一为国家利益,此乃公共利益的核心;二为不特定多数人的利益,此乃公共利益常态化的存在形式;三为须特殊保护界别的利益,此乃公共利益的特殊存在形式,是社会均衡、可持续发展必须加以特殊保护的利益。③ 无论是二分法还是三分法,公共利益体现为不特定多数人的利益,与特定的少数人利益相对应。

与普通的民事诉讼、行政诉讼相比,公益诉讼具有以下几个方面的特征:首先,在制度设计的目的上,普通的民事诉讼、行政诉讼的原告人是为了私人利益;而公益诉讼是为国家或社会的公

<!-- 侧边栏 -->
针对电信网络诈骗活动的公益诉讼

---

① 参见靳昊、龚亮:"公益诉讼:保护公共利益的利器",载《光明日报》2018年4月1日07版。

② 参见赵许明:"公益诉讼模式比较与选择",载《比较法研究》2003年第2期,第68~74页。

③ 参见韩波:"公益诉讼制度的力量组合",载《当代法学》2013年第1期,第31~37页。

针对电信网络诈骗活动的公益诉讼

共利益。其次,在原告资格的要求上,普通的民事诉讼、行政诉讼的原告人必须与案件有直接的利害关系;公益诉讼则不要求原告与案件必须有利害关系,国家、社会组织或者公民个人都可以成为公益诉讼的原告。最后,在原告处分权限上,普通的民事诉讼、行政诉讼的原告人可以自由处分自己的诉讼权利和实体权利,但因公益诉讼是为了保护公共利益而提出,公共利益涉及不特定多数人,公益诉讼原告无权与无法自由处分公共利益。

本条所规定的提起公益诉讼的主体是人民检察院,针对其在履行反电信网络诈骗职责中发现的侵害国家利益和社会公共利益的行为提起。与其他诉讼主体相比,以检察机关作为本条公益诉讼的提出主体,具有以下明显优势:首先,检察机关以提起公益诉讼的方式进行监督,不同于行政体系内部的监察监督,也不同于具有政治属性的人大监督,其是常态化的、具体个案式的监督;其次,与行政机关相比,检察机关是独立于利害关系人的第三方主体,具有相对的独立性,更能客观公正地实现公益保护的目的;最后,检察机关具有丰富的司法实践经验,既能防止滥诉的风险,也能在能动司法背景下积极主动探索实践经验。[1]

条文 　第四十八条　【行政复议或行政诉讼】有关单位和个人对依照本法作出的行政处罚和行政强制措施决定不服的,可以依法申请行政复议或者提起行政诉讼。

主旨 　本条是关于对行政处罚和行政强制措施决定不服的行政救济措施的规定。

---

[1] 参见刘艺:"检察公益诉讼的司法实践与理论探索",载《国家检察官学院学报》2017年第2期,第3~18页、第170页。

条文注释

申请主体

在反电信网络诈骗工作中，打击和治理电信网络诈骗活动的有关部门和单位、个人被赋予决定行政处罚和实施行政强制措施的权力。但是，按照本法第四条和第五条规定的指导方针和基本原则，执法过程需要严格按照法定程序进行，一旦违反相关程序和条件，将会对行政相对人的权利造成不当侵害，因此需要为行政相对人提供相应的救济渠道。

本条规定的申请主体是指对依照本法作出的行政处罚和行政强制措施决定不服的行政相对人，包括有关单位和个人。

行政处罚和行政强制措施决定

行政处罚是指特定的行政主体依法对违反行政管理制度而尚未构成犯罪的行政相对人所给予的行政制裁[1]，以减损权益或者增加义务的方式予以惩戒的行为。具体包括：警告、通报批评；罚款、没收违法所得、没收非法财物；暂扣许可证件、降低资质等级、吊销许可证件；限制开展生产经营活动、责令停产停业、责令关闭、限制从业；行政拘留等。本法赋予行政机关对违反本法规定的行政相对人处以行政处罚的权力，如本法第四十二条规定，对违反本法第十四条、第二十五条第一款规定的行政相对人，行政机关可依照本法规定给予没收违法所得、罚款、行政拘留等行政处罚；第四十三条规定，对违反本法第二十五条第二款规定的行政相对人，行政机关可依照本法规定给予责令改止、警告、通报批评、罚款、责令暂停相关业务、停业整顿、关闭网站或者应用程序等行政处罚。

行政强制措施是指国家行政机关在行政管理过程中，为了维护和实施行政管理秩序，依法对当事人的人身自由或者财物实施暂时性限制或控制的行政行为[2]，目的是制止违法行为、防止证据损毁、避免危害发生、控制危险扩大等。具体包括：限制公民人身自由；查封场所、设施或者财物；扣押财物；冻结存款、汇款等。如本法第二十条规定，国务院公安部门可以会同有关部门建立

---

[1] 参见胡建淼：《行政法学》（第四版），法律出版社2015年版，第223页。
[2] 同上，第317页。

行政处罚和行政强制措施决定	完善电信网络诈骗涉案资金快速冻结制度，明确有关条件、程序和救济措施，其中快速冻结即一种行政强制措施。 需要说明的是，本法所规定的行政处罚和行政强制措施的执行，不仅需要按照本法的相关规定，也要符合《行政处罚法》和《行政强制法》的规定。如《行政处罚法》第五条规定："行政处罚遵循公正、公开的原则。设定和实施行政处罚必须以事实为依据，与违法行为的事实、性质、情节以及社会危害程度相当。对违法行为给予行政处罚的规定必须公布；未经公布的，不得作为行政处罚的依据。"第六条规定："实施行政处罚，纠正违法行为，应当坚持处罚与教育相结合，教育公民、法人或者其他组织自觉守法。"第七条规定："公民、法人或者其他组织对行政机关所给予的行政处罚，享有陈述权、申辩权；对行政处罚不服的，有权依法申请行政复议或者提起行政诉讼。公民、法人或者其他组织因行政机关违法给予行政处罚受到损害的，有权依法提出赔偿要求。"《行政强制法》第六条规定："实施行政强制，应当坚持教育与强制相结合。"第五条规定："行政强制的设定和实施，应当适当。采用非强制手段可以达到行政管理目的的，不得设定和实施行政强制。"第八条规定："公民、法人或者其他组织对行政机关实施行政强制，享有陈述权、申辩权；有权依法申请行政复议或者提起行政诉讼；因行政机关违法实施行政强制受到损害的，有权依法要求赔偿。公民、法人或者其他组织因人民法院在强制执行中有违法行为或者扩大强制执行范围受到损害的，有权依法要求赔偿。"
行政相对人可以采取的救济措施	根据本条规定，行政相对人可以采取的救济措施包括两类，即行政复议和行政诉讼。本条所称的行政复议，是指行政相对人（公民、法人和其他组织）不服行政主体的行政行为，依法向行政复议机关提出申请，请求重新审查并纠正原行政行为，行政复议机关据此对原行政行为是否合法、适当进行审查并作出决定的法律制度[1]。公民、法人或者其他组织认为依照本法所作出的行政处

---

[1] 参见胡建淼：《行政法学》（第四版），法律出版社2015年版，第740页。

条文注释

行政相对人可以采取的救济措施

罚或行政强制措施侵犯其合法权益的，可以自知道该具体行政行为之日起六十日内提出行政复议申请。申请行政复议既可以采取书面申请方式，也可以采取口头申请方式，但采取口头申请的，需要由行政复议机关当场记录申请人的基本情况、行政复议请求、申请行政复议的主要事实、理由和时间。接受行政复议的机关按照《行政复议法》的规定，受理行政复议，并对行政处罚或行政强制措施作出维持、变更或撤销的决定。

本条所称的行政诉讼，是指以法院的诉讼方式专门解决行政纠纷（争议）的活动及其制度的总称。[①] 具体而言，公民、法人或者其他组织认为行政机关和行政机关工作人员的行政处罚或行政强制措施侵犯其合法权益，在自知道或者应当知道作出该行政行为之日起六个月内，依照《行政诉讼法》直接向人民法院提起诉讼。提起行政诉讼应当符合法律规定的条件：（1）原告是符合《行政诉讼法》第二十五条规定的公民、法人或者其他组织；（2）有明确的被告；（3）有具体的诉讼请求和事实根据；（4）属于人民法院受案范围和受诉人民法院管辖。本法所规定的行政处罚和行政强制措施属于人民法院受理范围。

按照本条规定，行政相对人可以采取行政复议或行政诉讼任意一种救济渠道。根据《行政诉讼法》的规定，对属于人民法院受案范围的行政案件，公民、法人或者其他组织可以先向行政机关申请复议，对复议决定不服的，再向人民法院提起诉讼；也可以直接向人民法院提起诉讼。

[①] 参见马怀德：《行政法与行政诉讼法》（第三版），中国政法大学出版社2019年版，第277页。

145

第七章 附 则

条文

第四十九条 【适用规定】反电信网络诈骗工作涉及的有关管理和责任制度，本法没有规定的，适用《中华人民共和国网络安全法》、《中华人民共和国个人信息保护法》、《中华人民共和国反洗钱法》等相关法律规定。

主旨

本条是关于本法适用与衔接要求的规定。

本法与相关法律的适用衔接

本条规定，关于反电信网络诈骗工作涉及的有关管理和责任制度，在本法没有规定的情况下，应当适用《网络安全法》《个人信息保护法》《反洗钱法》等相关法律规定。这表明本法与其他相关法律规范的衔接适用关系，也说明本法与其他相关法律具有一般法与特别法的关系。

具体而言，当反电信网络诈骗工作中涉及网络安全问题时，在本法没有规定的情况下，应当适用《网络安全法》的相关规定。《网络安全法》是基于保障网络安全，维护网络空间主权和国家安全、社会公共利益，保护公民、法人和其他组织的合法权益的目的而设立。该法律的主要内容包括了网络安全支持与促进、网络运行安全、网络信息安全、监测预警与应急处置等内容，是以网络安全为核心构筑的法律规范体系。与现实空间平行，网络空间也是电信网络诈骗活动实施的重要场所。因网络空间特有的虚拟性、匿名性、自由开放性、跨时空性等特征，网络空间更受电信网络诈骗行为人的青睐。因电信网络诈骗行为实施的场域特征，导致本法与《网络安全法》存在交叉与衔接关系。如《网络安全法》

第四十六条直接规定:"任何个人和组织应当对其使用网络的行为负责,不得设立用于实施诈骗……等违法犯罪活动的网站、通讯群组,不得利用网络发布涉及实施诈骗……其他违法犯罪活动的信息。"利用网络空间实施电信网络诈骗的形式有多种,较为典型的是通过开设网站、通讯群组方式等进行诈骗,以此推动大量钓鱼网站、木马病毒、改号服务、伪基站等"黑灰化产业"的出现,这些内容也都属于《网络安全法》规制的范围。

当反电信网络诈骗工作中涉及公民个人信息问题时,在本法没有规定的情况下,应当适用《个人信息保护法》的相关规定。《个人信息保护法》是为了保护个人信息权益,规范个人信息处理活动,促进个人信息合理利用而制定。其主要内容包括了个人信息处理规则、个人信息跨境提供的规则、个人在个人信息处理活动中的权利、个人信息处理者的义务等内容,是围绕公民个人信息权益保护而建构的法律规范体系。公民个人信息为电信网络诈骗活动的实施提供了重要基础,只有行为人获取大量的公民个人信息,才能找到受骗对象,并基于所获取的公民个人信息,对受骗对象进行精准画像,寻找实施诈骗行为的突破口。可以说,个人信息对电信网络诈骗而言是必不可少的原料。为有效防范公民个人信息的非法处理,《个人信息保护法》系统规定了个人信息处理规则,赋予信息主体在个人信息处理活动中享有知情权、决定权,有权限制或者拒绝他人对其个人信息进行处理。同时明确个人信息处理者法律义务,如定期进行合规审计、个人信息保护影响评估以及在发生或者可能发生个人信息泄露、篡改、丢失时,立即采取补救措施等。《个人信息保护法》对个人信息处理活动进行了详细而周密的规定,为反电信网络诈骗工作的顺利开展提供了前提性保障。

当反电信网络诈骗工作中涉及犯罪所得处置问题时,在本法没有规定的情况下,应当适用《反洗钱法》的相关规定。《反洗钱法》是为了预防洗钱活动,维护金融秩序,遏制洗钱犯罪及相关犯罪而制定。其主要内容包括了反洗钱监督管理、金融机构反洗

本法与相关法律的适用衔接	钱义务、反洗钱调查、反洗钱国际合作等内容，是围绕规制犯罪所得及其收益而建构的法律规范体系。对电信网络诈骗活动而言，洗钱是犯罪所得及其收益合法化的必经阶段。《反洗钱法》第二条规定，通过各种方式掩饰、隐瞒金融诈骗等犯罪所得及其收益的来源和性质的洗钱活动，依照《反洗钱法》规定采取相关措施的行为。电信网络诈骗行为人通过各种方式掩饰、隐瞒犯罪所得及其收益的来源和性质的，可依据《反洗钱法》的规定进行反洗钱调查，经调查仍不能排除洗钱嫌疑的，应当立即向有管辖权的侦查机关报案。客户要求将调查所涉及的账户资金转往境外的，经国务院反洗钱行政主管部门负责人批准，可采取临时冻结措施。
本条意义	本条规定确立了反电信网络诈骗工作中的法律衔接思路。为了确保打击惩治电信网络诈骗活动的顺利开展，顺畅的法律衔接、高效的实施机制必不可少。《网络安全法》《个人信息保护法》和《反洗钱法》是网络安全、个人信息保护和反洗钱领域的专门性立法，针对特定的行为已形成翔实且周密的法律规范体系。针对电信网络诈骗行为而言，网络空间是行为实施的主要场域、个人信息是寻找被害人的必备原料、洗钱是合法化犯罪所得及其收益的必经路径。电信网络诈骗与上述法律所规制的行为存在千丝万缕的关联，故治理电信网络诈骗需要与各部门法衔接配合，形成相互支撑、相互维系、协同共治的高效格局。本条的设立，使本法与《网络安全法》《个人信息保护法》《反洗钱法》共同构筑了打击电信网络诈骗的严密法律规范体系，为侦查机关、司法机关和执法部门合力推进反诈工作提供了制度保障。

条文 　　第五十条　【施行日期】本法自 2022 年 12 月 1 日起施行。

主旨 　　本条明确了《反电信网络诈骗法》的正式施行时间。

本法的施行时间

　　法律的施行时间，是指法律的生效时间。法律的生效时间是法律时间效力中的重要范畴，不仅涉及法律施行的具体时间，还涉及法律在司法实践中的适用问题。我国《立法法》第五十七条规定："法律应当明确规定施行日期。"一般情况下，我国绝大部分的法律施行日期规定在该法的最后一条，并以附则单独一条的形式出现。总结我国当前的法律生效模式，大致可分为三种：第一种方式是法律条文中明确规定"本法自公布之日起施行"，如《海南自由贸易港法》第五十七条规定："本法自公布之日起施行。"第二种方式是公布之后并不立刻生效，需要经过一段时间后方可生效施行，如《反有组织犯罪法》第七十七条规定："本法自 2022 年 5 月 1 日起施行。"本法同样也是采用了此种生效方式。第三种方式是需要满足一定生效条件后才可以正式施行。相较于前两种生效模式，第三种在我国立法传统中较为少见。

　　本法采用了第二种生效方式，即本法公布后并没有立即生效施行。本法于 2022 年 9 月 2 日经第十三届全国人民代表大会常务委员会第三十六次会议通过，中华人民共和国主席令第一百一十九号公布，自 2022 年 12 月 1 日起施行。通过对本法公布时间和施行时间的考量，二者间隔时间仅有三个月，相较而言，短于我国其他法律规范，如我国《反有组织犯罪法》于 2021 年 12 月 24 日公布，自 2022 年 5 月 1 日起施行。本法的公布时间与施行时间间隔较短，主要考虑我国当前反电信网络诈骗工作的紧迫性和现实性，是及时遏制和打击电信网络诈骗活动的需要。但同时也为前期工作预留了较为充足的准备时间，以便更好地对本法进行宣传、普及，完善相关的配套措施以及与其他部门法的衔接工作。

本法施行后应注意的法律适用问题	在本法生效后，需要注意以下法律适用问题：一是本法自 2022 年 12 月 1 日起施行，全部法律条文即刻生效，意味着相关主体需要依照本法规定实施法律行为、履行法定义务，否则将根据本法规定承担相应的法律责任。二是根据法不溯及既往原则，本法只对生效日期以后的行为产生约束力，生效日期以前的行为仍然适用原有的法律规定。三是根据新法优于旧法原则，针对同一机关制定的法律，当新的规定与旧的规定出现不一致情况时，应当适用新的规定，即就同一事项，本法生效以后，旧法即丧失效力。
本条意义	法律的生命在于实施。自生效实施之日起，法律本身才具有了生命力。在立法程序上，一部法律需要从法律案的提出、法律草案的形成、审议到法律案的表决通过再到法律的公布，最后是法律的生效施行，每个环节都至关重要、不可或缺。本条规定了本法具体的生效日期，明确了法律施行时间，既是法律立法程序的结束，也是法律执行的开端。具有明确的法律施行时间，对国家机关、相关单位而言，是为了更好地推动相应的准备工作、完成配套措施和相关法律规范的衔接；对公民个人而言，可以充分知悉和熟悉本法的内容，对照法律文本所规定的权利、义务和责任来指导自身行为，并对将要实行的行为产生合理预期。自 2022 年 12 月 1 日起，本法即生效执行，自此打击治理电信网络诈骗有了专门的立法依托，为反电信网络诈骗工作提供了有力的法律支撑。

案例评析

案例评析

案例名称	张某某等 52 人电信网络诈骗案（检例第 67 号）①
核心问题	针对主要成员固定，其他人员有一定流动性的电信网络诈骗犯罪组织，可认定为犯罪集团。
基本案情	2015 年 6 月至 2016 年 4 月间，被告人张某某等 52 人先后在印度尼西亚共和国和肯尼亚共和国参加对中国大陆居民进行电信网络诈骗的犯罪集团。在实施电信网络诈骗过程中，各被告人分工合作，其中部分被告人负责利用电信网络技术手段对大陆居民的手机和座机电话进行语音群呼，群呼的主要内容为"有快递未签收，经查询还有护照签证即将过期，将被限制出境管制，身份信息可能遭泄露"等。当被害人按照语音内容操作后，电话会自动接通冒充快递公司客服人员的一线话务员。一线话务员以帮助被害人报案为由，在被害人不挂断电话时，将电话转接至冒充公安局办案人员的二线话务员。二线话务员向被害人谎称"因泄露的个人信息被用于犯罪活动，需对被害人资金流向进行调查"，欺骗被害人转账、汇款至指定账户。如果被害人对二线话务员的说法仍有怀疑，二线话务员会将电话转给冒充检察官的三线话务员继续实施诈骗。 至案发，张某某等被告人通过上述诈骗手段骗取 75 名被害人钱款共计人民币 2300 余万元。
裁判要点	被告人张某某等 50 人以非法占有为目的，参加诈骗犯罪集团，利用电信网络技术手段，分工合作，冒充国家机关工作人员或其他单位工作人员，诈骗被害人钱财，各被告人的行为均已构成诈骗罪，其中 28 人系主犯，22 人系从犯。

---

① "最高人民检察院第十八批指导性案例"，载中国法院网，https://www.chinacourt.org/article/detail/2020/04/id/4898289.shtml，最后访问时间：2022 年 11 月 16 日。

153

评析

　　本案是关于如何认定电信网络诈骗犯罪集团的典型案件。根据我国《刑法》第二十六条第二款的规定，三人以上为共同实施犯罪而组成的较为固定的犯罪组织，是犯罪集团。犯罪集团也称为特殊的共同犯罪、有组织的共同犯罪，是指各犯罪人之间建立起组织形式的共同犯罪。按照通说观点，构成犯罪集团必须具备以下条件：（1）由三人以上组成。所谓三人以上包括三人在内。这就是说二人共同进行犯罪活动的，是一般的共同犯罪；只有三人或超过三人共同进行犯罪活动的，才可能是犯罪集团。该案中，被告人数量已经达到52人，远远超过犯罪集团所要求的行为人数量。（2）为共同实施犯罪而组成。犯罪集团总是以实施某一种或者几种犯罪为目的而组成的，否则便不能称其为犯罪集团。该案中，被告人张某某等52人是为了实施电信网络诈骗活动而纠集在一起，即存在不同分工，如有固定人员负责窝点的组建管理、人员的召集培训，分工担任一线、二线、三线话务员，但共同目标都是为了侵犯他人财产权以获取财物。（3）属于较为固定的犯罪组织。所谓犯罪组织，是指以犯罪为目的而建立起来的较为固定的集体。组织意味着成员之间存在领导与被领导的关系，亦即既有组织者、领导者、指挥者，又有普通成员，后者服从于前者的领导和指挥，前者领导、指挥后者进行犯罪活动。该案中，被告人张某某等52人组织严密、层级分明、各个环节分工明确，有电信网络诈骗活动的组织者和领导者，也有专门负责管理、组建的主要成员，还有担任接打电话、发送诈骗短信的具体实施人员，互相之间存在明显的领导与被领导的主从关系。

　　关于犯罪集团认定的最后一个条件，即较为固定的犯罪组织，学界存在一定的争议，争议点是人员具有流动性是否影响犯罪集团的认定。主流观点认为，所谓较为固定，是指以实施多次犯罪为目的而组织起来，组织体准备长期存在，并非以实施一次具体犯罪为目的而纠集在一起，该具体犯罪实施完毕即行散伙。较为固定，是就准备长期存在而言的，并不以事实上长期存在为必要。所以，只要查明各共同犯罪人是以实施多次或不特定次数犯罪为目的而组织起来,即使没有来得及实施犯罪,也不影响成立犯罪集团。① 在该案中,有明显首要分子,主要成员固定,其他人员有一定流动性但并不影响诈骗犯罪集团的认定。被告人张某某等52人是以多次实施电信网络诈骗活动为目的而组织起来,该犯罪组织具有长期性,并非以仅实施一次具体的电信网络诈骗为目的而纠集在一起,尽管具体实施诈骗行为的话务员具有一定的流动性,但该犯罪组织的主要成员,即组织者、领导者、指挥者都十分固定。综上,该案中的诈骗犯罪组织符合刑法关于犯罪集团的规定,应当认定为犯罪集团。对出资筹建诈骗窝点、掌控诈骗所得资金、制订犯罪计划等起组织、指挥、管理作用的,依法可以认定为诈骗犯罪集团的首要分子,按照集团所犯的全部罪行处罚。对负责协助首要分子组建窝点、招募培训人员等起积极作用的,或者加入时间较长,通过接听拨打电话对受害人进行诱骗,次数较多、诈骗金额较大的,依法可以认定为主犯,按照其参与或组织、指挥的全部犯罪处罚。对诈骗次数较少、诈骗金额较小,在共同犯罪中起次要或者辅助作用的,依法可以认定为从犯,依法从轻、减轻或免除处罚。

进一步而言,该案中的诈骗集团采取的是分工式电信诈骗模式。在学理上,依据电信诈骗犯罪嫌疑人的分工不同,可以将诈骗犯罪集团分为平行式电信诈骗模式以及渐进式电信诈骗模式两种。所谓平行式电信诈骗模式,是指多个电信诈骗实施者共同预谋向不特定多数人实施诈骗,每一个电信诈骗实施者针对不同的受害人,均实施了骗取被害人向其指定银行账户转账的行为以及从该银行账户取款的行为②;而渐进式电信诈骗模式,又称分工式电信诈骗模式,是指犯罪集团内各行为人按照事先计划的诈骗方法,分别负责其中某一阶段的行为,分工合作,共同完成诈骗行

---

① 参见高铭暄、马克昌主编:《刑法学》(第十版),北京大学出版社、高等教育出版社2022年版,第168页。

② 参见叶秀雄、李小龙:"电信诈骗犯罪取款行为的定性研究",载《政法学刊》2021年第6期,第12~20页。

| 评析 | 为，渐进式诈骗模式是当前电信网络诈骗犯罪的新趋势。[1] 该案的犯罪集团采用的是渐进式电信诈骗模式，内部形成层级十分明显的分工格局：第一层级为组织、策划、领导层，有固定人员负责该犯罪集团的组建管理、人员的召集培训等工作；第二层为话务员，该犯罪组织内部有大量人员担任一线、二线、三线话务员，一线、二线、三线话务员还有不同的角色分工；第三层为帮助取款层，犯罪组织内部有专门人员负责将被害人打到指定账户的款项转出。 |

| 案例名称 | 朱某等人诈骗案[2] |

| 核心问题 | 行为人利用网上交易平台，以提供虚假内幕交易信息为由，骗取客户进入平台交易，以高买低卖的形式牟取大额客损，构成诈骗罪。 |

| 基本案情 | 2013年5月，被告人朱某出资组建榆林农惠现货交易平台，纠集和聘用被告人艾某、陈某、姚某某加入，与代理商勾结，先以可提供所谓的内幕交易信息为由，诱骗客户进入电子商务平台进行交易，后通过指令操盘手，采用抛单卖出或用虚拟资金购进产品的手段，控制产品大盘行情向客户期望走势相反的方向发展，通过虚假的产品行情变化，达到使被诱骗加入平台交易的客户亏 |

---

[1] 参见魏静华、陆旭："电信网络诈骗共同犯罪的司法认定"，载《中国检察官》2018年第6期，第20~24页。
[2] 载中国法院网，https://www.chinacourt.org/article/detail/2019/11/id/4644119.shtml，最后访问时间：2022年11月16日。

基本案情

损的目的。朱某等人有时也刻意在客户小额投资后，促其盈利，以骗其投入大额资金，牟取大额客损。2013年9月至2014年2月期间，朱某、艾某、陈某、姚某某通过上述以虚拟资金操控交易平台的手段，共骗取客户资金215余万元。按照事先与代理商约定的比例计算，朱某、艾某、陈某、姚某某从中获得诈骗资金约75万元。

裁判要点

被告人朱某以非法占有为目的，纠集和聘用被告人艾某、陈某、姚某某，利用电子商务平台，操纵农产品行情诱骗客户交易，从客损中获利，数额特别巨大，其行为均已构成诈骗罪。在共同犯罪中，朱某纠集人员参与犯罪，发起、组织和统筹运作交易活动，艾某通过给操盘手下达指令控制平台虚拟行情走势，实施欺诈行为，均系主犯。

评析

本案是关于如何认定电信网络诈骗客观行为的典型案件。我国传统的犯罪构成理论认为，诈骗罪的客观行为表现为两种形式，即虚构事实和隐瞒真相。虚构事实，是指捏造客观上并不存在或者根本不可能发生的事实。虚构的事实可以是全部，也可以是部分；可以是过去或者现在的事实，也可以是将来的事实。隐瞒真相是指行为人有义务告知对方某种事实，而故意不告知，使对方在受蒙蔽的情况下"自愿"交付财物，如隐瞒他人已履行债务的事实，再次接收他人财物的行为，或者隐瞒财产抵押的事实而将其出卖的，都可能构成诈骗罪。[①] 但随着社会情势的变更，诈骗罪的犯罪手段和方式也在不断地翻新变化，新型犯罪方式可能无法被虚构事实和隐瞒真相两类具体形式容纳，这将导致具有法益侵害性的诈骗行为因无法实现与客观行为类型的契合而出罪，在一定程度上不当限缩了诈骗罪的处罚范围。因此，便有学者提出，诈骗罪的行为方式不限于虚构事实、隐瞒真相两种，还应包括"致

---

① 参见陈兴良主编：《刑法学》，复旦大学出版社2003年版，第427—428页。

他人产生错误认识"的方法,因诈骗犯罪的核心就在于主观上具有非法占有的目的,客观上实施了能够致使他人产生错误认识从而骗取他人财物的行为,欺骗的方法可以是虚构事实,可以是隐瞒真相,也可以是利用现代技术手段使他人产生错误认识的行为等。①

除以明文形式增加诈骗罪的客观行为样态外,还可以选择在保证条文稳定性的前提下进行扩大解释。按照扩大解释方法,以不超越用语本身可能具有的含义、范围为前提,对虚构事实和隐瞒真相进行适度扩张。虚构事实,是指所指向的内容具有不真实性、虚假性,往往是行为人出于一定的主观目的,为骗取被害人而故意伪造的虚假事实,虚构事实一定是以行为人作为的方式构成;与此相反,除了以作为方式形成的虚构事实外,还存在以不作为方式构成的隐瞒真相,隐瞒真相是指行为人刻意掩盖事实真相,应当履行告知义务而不履行的行为,既包括应当告知真相而故意不告知、应当告全部真相却只告知一部分的情况。具体而言,隐瞒真相可以细分为两种类型:一种是从小到大的隐瞒真相,即存在部分事实,依靠部分事实隐瞒并不存在的整体事实。另一种是从有到无地隐瞒真相,即存在某种客观事实,并对该事实负有说明的义务,行为人却刻意隐瞒该事实真相的行为。② 在该案中,被告人朱某等人,先以提供内幕交易信息为由,诱骗客户进入电子商务平台进行交易,后通过指令操盘手,控制产品大盘行情向客户期望走势相反的方向发展,通过虚假的产品行情变化,达到使被诱骗加入平台交易的客户亏损的目的。行为人通过虚构事实的方式诱骗受害人进行平台交易,又以隐瞒真相的方式故意不告知受害人产品的行情变化。

无论是在形式上采取增加诈骗行为类型的方式,还是在实质上扩大解释虚构事实和隐瞒真相的含义,都需要注意把握诈骗实行

---

① 参见卢建平:"诈骗行为并不限于'虚构事实隐瞒真相'",载《法治研究》2011年第11期,第22~24页。
② 参见肖志珂:"诈骗罪虚构事实教义学研究",载《北方法学》2021年第3期,第49~58页。

评析

行为即欺诈行为的本质。认识欺诈的本质，需要厘清以下两个问题：首先，并非所有的以取得财产为目的的虚构事实或隐瞒真相的行为都属于诈骗罪中的欺骗行为，诈骗罪中欺骗行为的内容必须指向受骗人的财产处分行为。① 其次，并不是所有的欺诈行为都表现为虚构事实或隐瞒真相两种具体形式，需要深入挖掘二者的真实含义。因诈骗罪的欺骗行为是作为取得财物、财产上利益的手段而实施的，因此，有使受骗者实施交付或者其他财产处分行为的可以认定为诈骗行为。更为确切地说，诈骗罪中的欺骗行为是旨在使对方产生能够引起财产处分行为的认识错误的虚构事实或隐瞒真相的行为。这个定义包含了财产处分行为，其功能在于对诈骗罪中欺骗行为的内容进行限定。②

电信网络诈骗案件的犯罪手法隐蔽性强，花样翻新快。本案中，被告人先成立网上交易平台，利用业务员及代理商吸收客户，以提供虚假内幕交易信息为由，骗取客户进入平台交易，当客户高价买入相关产品后，再指令操盘手运作人为造成跌势，迫使客户低价卖出，以牟取大额客损。此种新型网络诈骗犯罪手段更加隐蔽，迷惑性强，容易使人上当受骗。虽然被告人是借助电子商务平台进行交易，但其行为本质仍在于虚构事实、隐瞒真相，以达到非法占有他人财物的目的，其行为完全符合诈骗罪特征。

---

① 参见［日］西田典之：《日本刑法各论》（第7版），［日］桥爪隆补订，王昭武、刘明祥译，法律出版社2020年版，第227页。
② 参见邹兵建："诈骗罪中处分行为的体系位置与内容构成"，载《政治与法律》2022年第4期，第57~73页。

案例名称	陈某某等 7 人诈骗、侵犯公民个人信息案①
核心问题	实施电信网络诈骗犯罪，造成被害人死亡的，酌情从重处罚。
基本案情	2015 年 11 月至 2016 年 8 月，被告人陈某某、黄某某、陈某某 1、郑某某、熊某、郑某某 1、陈某某 2 等人交叉结伙，通过网络购买学生信息和公民购房信息，分别在江西省九江市、新余市、广西壮族自治区钦州市、海南省海口市等地租赁房屋作为诈骗场所，分别冒充教育局、财政局、房产局的工作人员，以发放贫困学生助学金、购房补贴为名，以高考学生为主要诈骗对象，拨打诈骗电话 2.3 万余次，骗取他人钱款共计 56 万余元，并造成被害人徐某某死亡。
裁判要点	被告人陈某某等人以非法占有为目的，结成电信诈骗犯罪团伙，冒充国家机关工作人员，虚构事实，拨打电话骗取他人钱款，其行为均构成诈骗罪。陈某某还以非法方法获取公民个人信息，其行为又构成侵犯公民个人信息罪。陈某某在江西省九江市、新余市的诈骗犯罪中起组织、指挥作用，系主犯。陈某某冒充国家机关工作人员，骗取在校学生钱款，并造成被害人徐某某死亡，酌情从重处罚。
评析	本案是关于认定电信网络诈骗从重处罚情节的典型案件。我国《刑法》分则对犯罪分类的依据主要是犯罪的同类客体，即把那些侵犯同一方面或者同一部分社会关系的犯罪划为一类。每一种犯罪行为所侵犯的社会关系，都有其特殊的一面。② 按照我国《刑法》分则各罪的归类体系，电信网络诈骗属于诈骗类犯罪，被

---

① 载中国法院网，https：//www.chinacourt.org/article/detail/2019/11/id/4644078.shtml，最后访问时间：2022 年 11 月 16 日。

② 参见郭自力主编：《中国刑法论》（第六版），北京大学出版社 2016 年版，第 207 页。

规定在刑法第五章"侵犯财产罪"一章,由此可知,电信网络诈骗是以侵犯公民财产权为犯罪本质。一般情况下,电信网络诈骗犯罪的危害结果表现为公私财产的损失,即对公民财产权的侵犯,但也存在特殊或偶然情况,电信网络诈骗活动造成了被害人自杀或死亡等危害结果,即对公民人身权的侵犯。在本案中,被告人陈某某等人以非法占有为目的,实施电信网络诈骗行为,不仅骗取他人钱款,还造成了被害人徐某某的死亡结果。

遵循罪刑法定原则,我国《刑法》第二百六十六条明文规定,诈骗公私财物,数额较大的,处三年以下有期徒刑、拘役或者管制,并处或者单处罚金;数额巨大或者有其他严重情节的,处三年以上十年以下有期徒刑,并处罚金;数额特别巨大或者有其他特别严重情节的,处十年以上有期徒刑或者无期徒刑,并处罚金或者没收财产。本条对诈骗罪设置了三个法定刑幅度,并与三种犯罪样态"数额较大""数额巨大或者有其他严重情节""数额特别巨大或者有其他特别严重情节"分别对应。

如何认定本条规定的三种犯罪形态,从而确定行为人的量刑幅度,2011年"两高"制定的《关于办理诈骗刑事案件具体应用法律若干问题的解释》和2016年"两高"与公安部联合制定的《关于办理电信网络诈骗等刑事案件适用法律若干问题的意见》对此作出了明确规定。

其中,《关于办理诈骗刑事案件具体应用法律若干问题的解释》第一条对《刑法》第二百六十六条中的"数额较大""数额巨大""数额特别巨大"作出明确规定,即诈骗公私财物价值三千元至一万元以上、三万元至十万元以上、五十万元以上的,应当分别认定为《刑法》第二百六十六条规定的数额较大、数额巨大、数额特别巨大,并且明确各省、自治区、直辖市高级人民法院、人民检察院可以结合本地区经济社会发展状况,在前述数额幅度内,共同研究确定本地区执行的具体数额标准。该解释第二条规定:"诈骗公私财物达到本解释第一条规定的数额标准,具有下列情形之一的,可以依照刑法第二百六十六条的规定酌情从严惩处:(一)通过发送短信、拨打电话或者利用互联网、广播电视、报刊杂志等发布虚假信息，对不特定多数人实施诈骗的；（二）诈骗救灾、抢险、防汛、优抚、扶贫、移民、救济、医疗款物的；（三）以赈灾募捐名义实施诈骗的；（四）诈骗残疾人、老年人或者丧失劳动能力人的财物的；（五）造成被害人自杀、精神失常或者其他严重后果的。诈骗数额接近本解释第一条规定的'数额巨大'、'数额特别巨大'的标准，并具有前款规定的情形之一或者属于诈骗集团首要分子的，应当分别认定为刑法第二百六十六条规定的'其他严重情节'、'其他特别严重情节'。"

《关于办理电信网络诈骗等刑事案件适用法律若干问题的意见》对酌情从重处罚情节进行补充，除《关于办理诈骗刑事案件具体应用法律若干问题的解释》第二条规定的五类情形外，新增规定了下列情形：（1）造成被害人近亲属自杀、死亡或者精神失常等严重后果的；（2）冒充司法机关等国家机关工作人员实施诈骗的；（3）组织、指挥电信网络诈骗犯罪团伙的；（4）在境外实施电信网络诈骗的；（5）曾因电信网络诈骗犯罪受过刑事处罚或者二年内曾因电信网络诈骗受过行政处罚的；（6）诈骗未成年人、在校学生的财物，或者诈骗重病患者及其亲属财物的；（7）利用电话追呼系统等技术手段严重干扰公安机关等部门工作的；（8）利用"钓鱼网站"链接、"木马"程序链接、网络渗透等隐蔽技术手段实施诈骗的。

两部司法解释同样强调造成被害人自杀、精神失常或者其他严重后果的属于酌情从严惩处、从重处罚情节，《关于办理电信网络诈骗等刑事案件适用法律若干问题的意见》特别新增冒充司法机关等国家机关工作人员实施诈骗，诈骗未成年人、在校学生的财物为酌情从重处罚情节。在该案中，被告人陈某某等人结成电信诈骗犯罪团伙，以高考学生为主要诈骗对象，且冒充教育局、财政局、房产局的工作人员，并造成被害人徐某某死亡的严重结果，按照上述两部司法解释的规定，应当对其酌情从重处罚。本案是适用《关于办理电信网络诈骗等刑事案件适用法律若干问题的意见》审理的第一例大要案，在罪责刑相适应原则的前提下，对被告人陈某某顶格判处，充分体现了对电信网络诈骗犯罪分子依法从严惩处的精神。

案例名称	被告人罗某、郑某某等21人诈骗案①
核心问题	跨境电信网络诈骗是指与诈骗活动有关的全部或部分环节在中国以外的国家或地区完成。针对跨境电信网络诈骗，应当按照我国刑法规定依法追究刑事责任。
基本案情	2018年以来，黄某某组织数百人在柬埔寨、蒙古等实施跨境电信网络诈骗犯罪并形成犯罪集团，该诈骗集团设立业务、技术、后勤、后台服务等多个部门。其中，业务部门负责寻找被害人，通过微信聊天等方式，诱骗被害人到虚假交易平台投资。后台服务部门接单后，通过制造行情下跌等方式骗取被害人钱款。该犯罪集团诈骗被害人钱财共计6亿余元。2019年3月至10月，被告人罗某、王某某等19人先后加入该集团的后台服务部门，罗某任后台服务部门负责人，负责全面工作；王某某系后台服务部门的骨干成员，负责安排代理和接单人员对接等工作；其余被告人分别负责钱款统计、客服、接单等工作。罗某等人涉案诈骗金额1.7亿余元。被告人郑某某、郑某2人系地下钱庄人员，明知罗某等人实施诈骗，仍长期将银行卡提供给罗某等人使用，并对罗某等人诈骗钱款进行转移。
裁判要点	被告人罗某等21人明知犯罪集团组织实施电信网络诈骗犯罪，仍积极参加，参与诈骗数额特别巨大，其行为均已构成诈骗罪。

---

① "人民法院依法惩治电信网络诈骗犯罪及其关联犯罪典型案例"，载最高人民法院网，https://www.court.gov.cn/zixun-xiangqing-371131.html，最后访问时间：2022年11月16日。

评析

　　本案是关于打击跨境电信网络诈骗的典型案件。随着国内电信网络诈骗打击力度的逐渐增大，许多电信网络诈骗行为人开始向国外、境外转移，充分利用当地的劳动力资源发展壮大电信网络诈骗犯罪集团，既降低了犯罪活动成本，又躲避了国内惩治电信网络诈骗的侦查。相关数据显示，我国境内的电信网络诈骗行为人前往的境外地区主要集中在柬埔寨、老挝、缅甸、泰国、菲律宾、马来西亚、蒙古国等国家，这些国家往往具有劳动力资源丰富、地形地势复杂、电信网络诈骗打击力度较小等共同特点。跨境电信网络诈骗是以"境外"为特征，涉境外因素案件主要分为以下几类：一是诈骗行为人通过在境外设立"伪基站"或通过改号平台向中国大陆行骗；二是境外相关人士向行为人教授电信诈骗方法；三是租用境外房屋或基地专门从事电信网络诈骗活动以规避大陆电信系统管制；四是与境外专业诈骗团伙合作，或者为其提供帮助。在该案中，被告人黄某某、罗某、王某、施某等人即选择在柬埔寨、蒙古国等实施跨国电信网络诈骗犯罪活动。

　　目前，跨境电信网络诈骗犯罪同样是我国打击和治理电信网络诈骗工作的重点，之所以对跨境电信网络诈骗犯罪进行惩治，主要原因有二：一是实施跨境电信网络诈骗犯罪活动的行为人是我国公民，基于属人管辖原则，无论电信网络诈骗的行为实施地是否在我国境内，都需要依照我国法律追究电信网络诈骗行为人的相关责任；二是即使电信网络诈骗的行为实施地在其他国家或地区，但是电信网络诈骗的行为对象为我国公民，即侵犯了我国公民的人身和财产权利，依据《宪法》，应当对我国公民的合法权利进行保护，对侵犯我国公民合法权利的行为进行打击。在该案中，电信网络诈骗犯罪集团的组织者黄某某为我国公民，骨干成员罗某、王某、施某等人也是我国公民，其诈骗行为是针对我国股民实施，因此需要依照我国刑法追究上述人员的刑事责任。

　　跨境电信网络诈骗作为电信网络诈骗犯罪的一种特殊形式，其最主要特征就是与诈骗活动有关的全部或部分环节在中国以外的国家或地区完成，随着跨境电信网络诈骗数量不断增多，其特征也越发显著：第一，跨境电信网络诈骗集团经常假借公司外壳从事犯罪活动；第二，逐渐突破地域和空间限制，利用网络、电信等通信工具在各国、各地区招兵买马，实施犯罪活动；第三，充分利用电信网络技术，借助电信、网络等技术，实现"非接触性"作案；第四，各环节高度分离，具有明显的职业化特征，诈骗的各个环节呈现越来越强的专业化趋势。① 该案中的电信网络诈骗犯罪集团设立业务、技术、后勤、后台服务等多个职能部门，各部门之间分工明确、专业化特征明显，如业务部门负责寻找有意向炒股的股民（潜在被害人）并拉进微信聊天群，按照预设的诈骗话术发送信息、开设直播平台，由诈骗集团成员在微信群内扮演"老师"讲授股票知识、扮演"股民"虚构投资获利情况，骗取被害人信任，进而诱骗被害人在诈骗集团控制的虚假平台进行投资；后台服务部门根据业务部门发来的被害人转账截图等信息，核查钱款到账情况，并通过地下钱庄将钱款非法占有；技术部门负责调整虚假投资平台的参数，制造行情下跌、被害人在平台的钱款全部亏损的假象，让被害人误以为系投资失败造成亏损。

依法从严打击跨境电信网络诈骗犯罪，维护人民群众财产安全等合法权益，事关改革发展、社会稳定的大局。2019年10月29日，蒙古国警方在其首都乌兰巴托市抓获了790余名中国籍电信诈骗犯罪嫌疑人，并将其中759人移交我国。近几年，我国在打击跨境电信网络诈骗犯罪工作中取得重大成效，依法对跨境电信网络诈骗犯罪分子予以严惩，体现了我国对维护公民权利的坚定决心。

---

① 参见王小洪、陈鸿："浅论跨境电信诈骗案件证据体系的构建"，载《公安研究》2012年第12期，第37~44页。

案例名称	邵某某诈骗案[①]
核心问题	明知赃款是诈骗犯罪所得，仍为诈骗分子转移犯罪赃款提供帮助和支持的，以诈骗罪的共犯论处。
基本案情	2014年底，被告人邵某某受他人纠集，明知是通过电信诈骗活动收取的赃款，仍然从银行取出汇入上线指定的银行账户，并从中收取取款金额10%作为报酬。之后，邵某某发展张某作为下线，向张某提供了数套银行卡，承诺支付取款金额的5%作为报酬，同时要求张某继续发展多名下线参与取款。通过上述方式，邵某某逐步形成了相对固定的上下线关系。自2014年12月至2015年7月，被告人邵某某参与作案38起，涉案金额48.44万元。2016年2月，邵某某到公安机关投案。
裁判要点	被告人邵某某以非法占有为目的，伙同他人利用电信网络采取虚构事实的方法，骗取他人财物，数额巨大，其行为已构成诈骗罪。本案系通过拨打电话、发短信对不特定的人进行诈骗，且系多次诈骗，酌情对被告人邵某某从重处罚。本案系共同犯罪，在犯罪过程中，邵某某仅参与了转移诈骗赃款的过程，起辅助作用，系从犯，可从轻处罚，且邵某某有自首情节，可依法从轻处罚。
评析	本案是以帮助取款行为构成电信网络诈骗共同犯罪的典型案件。按照我国传统的刑法学理论，构成共同犯罪需要满足以下条件：（1）行为人为二人以上。共同犯罪的主体，必须是两个以上达到刑事责任年龄、具有刑事责任能力的人或单位。（2）共同的犯罪行为。从犯罪的客观方面来看，构成共同犯罪必须二人以上具有共同的犯罪行为。所谓共同的犯罪行为，是指各行为人的行

[①] 载中国法院网，https://www.chinacourt.org/article/detail/2019/11/id/4644122.shtml，最后访问时间：2022年11月16日。

为都指向同一犯罪，互相联系，互相配合，形成一个统一的犯罪活动整体。（3）共同的犯罪故意。从犯罪的主观方面来看，构成共同犯罪必须二人以上具有共同的犯罪故意。所谓共同的犯罪故意，是指各共同犯罪人认识他们的共同犯罪行为和行为会发生的危害结果，并希望或者放任这种结果发生的心理态度。即为了成立共同犯罪，共同犯罪人之间必须存在意思联络（或称意思疏通）。意思联络是共同犯罪人双方在犯罪意思上互相沟通。[①]

该案中，被告人邵某某受他人纠集，与电信网络诈骗的其他行为人组成电信网络诈骗团伙，电信网络诈骗团伙中的行为人人数已超过二人，并且各行为人均达到刑事责任年龄、具有刑事责任能力，故满足传统刑法理论共同犯罪主体方面的要求。从本案的客观行为角度来看，被告人邵某某所在的电信网络诈骗团伙各行为人的行为均指向电信网络诈骗，各行为人之间互相联系、分工配合，已形成统一的电信网络诈骗犯罪活动整体，故也满足传统刑法理论在共同犯罪客观方面的要求。从本案的主观目的角度来看，被告人邵某某等人均具有实施电信网络诈骗的犯罪故意，即各行为人之间已经存在实施电信网络诈骗的意思联络，故也满足传统刑法理论在共同犯罪主观方面的要求。

综上，按照我国的传统刑法学理论，被告人邵某某等人构成电信网络诈骗的共同犯罪。但需要进一步说明的是，被告人邵某某是以帮助取出诈骗犯罪所得赃款的行为参与共同犯罪，此类行为需要与掩饰、隐瞒犯罪所得、犯罪所得收益罪进行严格区分。也就是说，在电信网络诈骗案件中，根据帮助取款行为的性质，帮助取款者既可能构成电信网络诈骗犯罪的共犯，也可能构成独立意义上的掩饰、隐瞒犯罪所得、犯罪所得收益罪。二者区分的关键在于帮助取款行为主观意思的形成时间。换言之，确定电信网络诈骗帮助取款者参与电信网络诈骗活动的时间节点，对电信

[①] 参见高铭暄、马克昌主编：《刑法学》（第十版），北京大学出版社、高等教育出版社 2022 年版，第 162~164 页。

<table>
<tr><td>评析</td><td>网络诈骗帮助取款行为共犯的认定具有重要作用。① 具体而言，当帮助取款行为主观意思形成于电信网络诈骗既遂之前，即学理上所称"事前共谋、事后取款"行为，此时帮助取款行为人虽然未对电信网络诈骗的实行行为起到客观、物理上的帮助，但为电信网络诈骗犯罪的正犯提供了心理上的加工，增强了其实施电信网络诈骗的犯意，此种行为应当认定为电信网络诈骗的帮助行为，构成电信网络诈骗的共同犯罪。相应地，当帮助取款行为主观意思形成于电信网络诈骗既遂之后，即电信网络诈骗行为人在实施完毕电信网络诈骗活动，诈骗犯罪所得已经到达指定银行账户后，寻找电信网络诈骗团伙以外的人员帮助取款，此类行为只能单纯认定为赃款类犯罪，即构成掩饰、隐瞒犯罪所得、犯罪所得收益罪。
  该案中，被告人邵某某等人在明知是通过电信网络诈骗活动收取的赃款，仍然从银行取出汇入上线指定的银行账户，并从中收取一定比例的金额作为报酬，逐步与电信网络诈骗活动形成了相对固定的上下线关系，被告人邵某某帮助转移诈骗赃款行为已然成为电信网络诈骗活动的一部分，应以诈骗罪的共犯论处。</td></tr>
</table>

案例名称	被告人隆某某帮助信息网络犯罪活动案[2]
核心问题	明知他人实施电信网络诈骗犯罪，仍为其提供大量银行卡的，其行为构成帮助信息网络犯罪活动罪。

---

[1] 参见李会彬："电信诈骗帮助取款行为的共犯认定"，载《国家检察官学院学报》2017年第1期，第105~113页、第174~175页。
[2] "人民法院依法惩治电信网络诈骗犯罪及其关联犯罪典型案例"，载最高人民法院网，https://www.court.gov.cn/zixun-xiangqing-371131.html，最后访问时间：2022年11月16日。

基本案情	2021年4月，被告人隆某某通过微信与他人联系，明知对方系用于实施信息网络犯罪，仍商定以每张每月100元的价格将自己的银行卡出租给对方使用。之后，隆某某将其办理的9张银行卡的账号、密码等信息提供给对方，其中6张银行卡被对方用于接收电信网络诈骗等犯罪资金，隆某某获利共计5000余元。
裁判要点	被告人隆某某明知他人利用信息网络实施犯罪，仍为他人提供帮助，其行为已构成帮助信息网络犯罪活动罪。隆某某经公安人员电话通知到案，如实供述自己的罪行，构成自首，且自愿认罪认罚并积极退赃，依法予以从轻处罚。
评析	本案是电信网络诈骗犯罪中帮助犯正犯化的典型案件。根据《刑法》第二百八十七条之二第一款的规定，明知他人利用信息网络实施犯罪，为其犯罪提供互联网接入、服务器托管、网络存储、通信传输等技术支持，或者提供广告推广、支付结算等帮助，构成帮助信息网络犯罪活动罪。遵循罪刑法定原则，依照本条的明文规定，成立帮助信息网络犯罪活动罪，必须符合以下主客观条件：首先，在客观上，行为人必须是为他人犯罪而实施帮助行为，即为帮助他人犯罪而提供互联网接入、服务器托管、网络存储、通信传输等技术支持或者提供广告推广、支付结算等。其次，在主观上，行为人必须明知他人利用信息网络实施犯罪，即要求行为人主观上必须具有故意，明知自己是在为他人提供帮助，同时明知所帮助的对象在利用信息网络实施犯罪。在该案中，被告人隆某某客观上实施了支付结算等帮助行为，将自己的银行卡出租给对方使用，用于接收电信网络诈骗等犯罪资金；在主观上，被告人隆某某明知对方系用于实施信息网络犯罪，且明知自己在为对方提供帮助。 "两高一部"《关于办理电信网络诈骗等刑事案件适用法律若干问题的意见（二）》第七条规定，为他人利用信息网络实施犯罪而实施下列行为，可以认定为《刑法》第二百八十七条之二规定的"帮助"行为：（1）收购、出售、出租信用卡、银行账户、非银行支付账户、具有支付结算功能的互联网账号密码、网络支

付接口、网上银行数字证书的；（2）收购、出售、出租他人手机卡、流量卡、物联网卡的。在该案中，被告人隆某某通过微信与他人联系，将自己的银行卡出租给对方使用，后隆某某将其办理的9张银行卡的账号、密码等信息提供给对方，其中6张银行卡被对方用于接收电信网络诈骗等犯罪资金，即本条规定的第一类帮助行为。《关于办理电信网络诈骗等刑事案件适用法律若干问题的意见（二）》第八条第一款规定："认定刑法第二百八十七条之二规定的行为人明知他人利用信息网络实施犯罪，应当根据行为人收购、出售、出租前述第七条规定的信用卡、银行账户、非银行支付账户、具有支付结算功能的互联网账号密码、网络支付接口、网上银行数字证书，或者他人手机卡、流量卡、物联网卡等的次数、张数、个数，并结合行为人的认知能力、既往经历、交易对象、与实施信息网络犯罪的行为人的关系、提供技术支持或者帮助的时间和方式、获利情况以及行为人的供述等主客观因素，予以综合认定。"在该案中，被告人隆某某在明知对方系用于实施信息网络犯罪的情况下，仍以每张每月固定价格的方式将自己的银行卡出租给对方使用，并多次与电信网络诈骗行为人进行租卡交易，所出租的银行卡数量超过9张，其中6张被用于接收电信网络诈骗等犯罪资金，被告人隆某某从中获利共计5000余元，就此可以认定被告人隆某某主观上"明知"他人利用信息网络实施犯罪。

被告人隆某某明知他人利用信息网络实施犯罪，为他人提供帮助，其行为已构成帮助信息网络犯罪活动罪。但关于本罪的性质，学界一直存在较大争议，有学者认为，帮助信息网络犯罪活动罪，并不是帮助犯的正犯化，只是帮助犯的量刑规则，当刑法分则条文对帮助犯设置了独立法定刑，并不意味着就是帮助犯的正犯化。[①] 但也有学者认为，网络提供商的服务具有日常性，且网络提供商主观上至少是未必的故意，这决定了该行为属于典型的

[①] 参见张明楷："论帮助信息网络犯罪活动罪"，载《政治与法律》2016年第2期，第2~16页。

中立帮助行为，因此该罪名的设立实际上意味着网络犯罪帮助行为的正犯化。[①] 帮助信息网络犯罪活动罪客观上要求为他人犯罪提供帮助，与其他帮助性质的正犯一样，该罪的罪状自然要求依附于他人的犯罪，起码他人实施了侵害法益的行为，才能对该帮助行为人予以处罚，这是由该罪的实质帮助犯性质决定的，不能以此否定该罪是独立的罪名。[②] 因此，关于帮助信息网络犯罪活动的性质，学界形成了帮助犯正犯化和帮助犯量刑规则两种不同立场。

综合当前打击治理电信网络诈骗上下游关联犯罪行为的实践情况，将帮助信息网络犯罪活动罪认定为帮助犯正犯化更具有实际意义。随着电信网络诈骗案件数量的不断增加，其帮助行为具有传统帮助行为的不同特征也逐渐显现，对于正犯行为的从属性较为松弛，越来越表现为专业性、职业性，甚至形成网络犯罪帮助行为的黑灰产业链。在这种情况下，立法机关通过帮助犯正犯化设立独立罪名，对于惩治网络犯罪的帮助行为具有重要作用。[③] 所谓帮助犯的正犯化，是指刑法分则条文直接将某种帮助行为规定为正犯行为，并且设置独立的法定刑，即一种拟制的正犯。也就是说，如果刑法分则未设置帮助信息网络犯罪活动罪，对相关行为只能认定为正犯的帮助行为，按照《刑法》总则第二十七条的规定，对于从犯，应当从轻、减轻处罚或者免除处罚。但因为《刑法》分则已设置帮助信息网络犯罪活动罪，对本条所列举的共犯行为不再适用《刑法》总则关于共犯的定罪处罚规则，而是直接按照本条定罪量刑。

---

① 参见刘艳红："网络犯罪帮助犯正犯化之批判"，载《法商研究》2016年第3期，第18~22页。

② 参见孙运梁："帮助信息网络犯罪活动罪的核心问题研究"，载《政法论坛》2019年第2期，第80~91页。

③ 参见陈兴良："共犯行为的正犯化：以帮助信息网络犯罪活动罪为视角"，载《比较法研究》2022年第2期，第44~58页。

案例名称	被告人薛某某帮助信息网络犯罪活动案①
核心问题	明知他人利用信息网络实施犯罪,为他人犯罪提供通讯传输等技术支持和帮助,情节严重,其行为已构成帮助信息网络犯罪活动罪。
基本案情	2020年9月初,被告人薛某从淘宝上以13000元的价格购买了一套"多卡宝"设备,并通过其亲朋办理或购买电话卡26张。后薛某通过聊天软件联系他人租用"多卡宝"设备,并约定租金和支付渠道。2020年9月8日至11日,薛某先后在湖北省襄阳市襄城区、樊城区等地架设"多卡宝"设备供他人拨打网络电话,非法获利28310元。不法分子利用薛某架设的"多卡宝"设备,实施电信网络诈骗犯罪6起,诈骗财物共计16万余元。
裁判要点	被告人薛某明知他人利用信息网络实施犯罪,为他人犯罪提供通信传输等技术支持和帮助,情节严重,其行为已构成帮助信息网络犯罪活动罪。薛某到案后自愿认罪认罚,并退赔全部违法所得,依法予以从轻处罚。
评析	本案是提供技术支持等物理性帮助行为的典型案件。《关于办理电信网络诈骗等刑事案件适用法律若干问题的意见》第四条规定,明知他人实施电信网络诈骗犯罪,具有下列情形之一的,以共同犯罪论处,但法律和司法解释另有规定的除外:(1)提供信用卡、资金支付结算账户、手机卡、通信工具的;(2)非法获取、出售、提供公民个人信息的;(3)制作、销售、提供"木马"程序和"钓鱼软件"等恶意程序的;(4)提供"伪基站"设备或相关服务的;(5)提供互联网接入、服务器托管、网络存储、通信传输等技术支持,或者提供支付结算等帮助的;(6)在提供改号

---

① "人民法院依法惩治电信网络诈骗犯罪及其关联犯罪典型案例",载最高人民法院网,https://www.court.gov.cn/zixun-xiangqing-371131.html,最后访问时间:2022年11月16日。

软件、通话线路等技术服务时，发现主叫号码被修改为国内党政机关、司法机关、公共服务部门号码，或者境外用户改为境内号码，仍提供服务的；（7）提供资金、场所、交通、生活保障等帮助的；（8）帮助转移诈骗犯罪所得及其产生的收益，套现、取现的。本条所列举的八类具体行为，均是以提供技术支持或帮助的方式对电信网络诈骗活动进行物理性帮助。在该案中，被告人薛某通过架设"多卡宝"设备，供电信网络诈骗行为人拨打网络电话，属于本条规定的第六类帮助行为，即提供通话线路技术服务。

在共犯教义学中，帮助行为可以分为物理性帮助与心理性帮助两种情形。所谓物理性帮助，是指所提供的帮助具有物质的、技术的或者智力的性质。[1] 该案中，被告人薛某所提供的"多卡宝"设备，在外观形式上表现为物质性、技术性，对电信网络诈骗活动而言起到物理性帮助作用。因信息网络技术的不断发展，电信网络诈骗活动的帮助行为也在不断升级，各类物理性帮助行为在诈骗活动中所起到的作用越发重要。物理性帮助行为的专业性、技术性突破了传统犯罪在时间、空间上的限制，深刻改变了犯罪的实施模式和路径，甚至可以说，部分技术性的帮助行为的危害性已超越电信网络诈骗正犯行为本身，成为顺利开展犯罪活动的关键行为。当前的一些网络犯罪表现为利用信息网络大量实施低危害或微量危害行为，这些行为不直接引起法益危害的后果或危险，却为传统网络犯罪提供关键环境条件和技术支持。[2] 换言之，一些技术帮助行为已然超越了单纯的辅助、协助属性，成为决定犯罪实施成功与否的重要因素，这使得共同犯罪中正犯行为与共犯行为的关系评价标准发生了深刻变化。信息网络技术释放了传统共同犯罪中"一对一"行为结构对帮助行为的限制。借助互联网技术，网络帮助行为可以同时实现"一对多"行为互动，网

---

[1] 参见陈兴良："论中立的帮助行为"，载《东方法学》2022年第4期，第132~145页。

[2] 参见皮勇：《论新型网络犯罪立法及其适用》，载《中国社会科学》2018年第10期，第126~150页、第207页。

评析	络帮助行为提供者可以同时对多个法益侵害行为提供技术帮助。① 　　由于电信网络诈骗犯罪的分工日益精细化，催生了大量为不法分子实施诈骗提供帮助并从中获利的黑灰产业，此类黑灰产业又反向作用，成为电信网络诈骗犯罪多发高发的重要推手。打击电信网络诈骗犯罪，必须依法惩处其上下游关联犯罪，斩断电信网络诈骗犯罪的帮助链条，铲除其赖以滋生的土壤，实现打击治理同步推进。本案中，被告人薛某为电信网络诈骗犯罪提供技术支持，对其以帮助信息网络犯罪活动罪定罪处罚，体现了人民法院全面惩处电信网络诈骗关联犯罪的立场。

案例名称	吴某等3人电信网络诈骗案②
核心问题	明知他人实施电信网络诈骗，仍为其提供"猫池"设备等技术支持的，构成诈骗罪。
基本案情	2020年9月，被告人吴某在某市通过QQ聊天与"上家"认识，发现可以利用"猫池"设备帮助"上家"实施诈骗获取非法利益，遂积极参与其中。根据上家安排，吴某主要负责在"猫池"设备插入、更换电话卡，上家按每张成功使用的电话卡150元的标准向其支付报酬。为逃避打击，吴某联系被告人吴某晶参与，后吴某晶又邀约被告人张某参与。 　　3名被告人利用"上家"提供的资金购买电话卡、无线卡路由器、电瓶等与上家提供的"猫池"设备进行组装后，分别于2020

---

① 参见黄现清：「正犯化的帮助信息网络犯罪活动罪问题研究」，载《法律适用》2022年第7期，第70~78页。

② "贵州法院审理电信网络诈骗犯罪典型案例"，载贵州省高级人民法院，http://www.guizhoucourt.gov.cn/gzdt/236674.jhtml，最后访问时间：2022年11月16日。

基本案情

年10月17日、18日和21日，在某县一村民组烤烟房内将电话卡插入"猫池"帮助"上家"实施诈骗，插入电话卡共计22张。同月18日，被害人孙某丽、陈某飞分别接到通过上述设备拨打的电话，被以网络购物产品质量有问题、退赔赔偿金等为由分别骗走人民币6302元、1998.56元。

裁判要点

3名被告人明知他人实施电信网络诈骗，仍为其提供技术支持，骗取他人财物，数额较大，其行为已构成诈骗罪。

评析

本案是利用"猫池"为电信网络诈骗犯罪提供帮助的典型案件。"猫池"是一种插上手机卡就可以模拟手机进行收发短信、接打电话、上网等功能的设备。因此，实施电信网络诈骗犯罪的行为人需要先从"猫池"厂商处购置"猫池"，将先前非法持有的大量手机黑卡插入"猫池"，并将"猫池"和计算机连接，在计算机上通过"猫池"控制软件，获取短信验证码，然后通过客户端送至接码平台。对电信网络诈骗活动而言，"猫池"属于工具类物料，其主要作用是通过自动化手段整合各种可供诈骗的非法资源和信息，从而大大提高电信网络诈骗的实施效率。

一般情况下，"猫池"的使用场景常与手机黑卡有关。由此形成以手机黑卡为源头的黑灰化产业链条，主要涉及如下几个环节：(1) 卡源卡商，其掌握大量手机黑卡货源，加价转卖给卡商。(2) "猫池"厂家，其负责生产"猫池"设备，并将设备出售给卡商使用。(3) 卡商，其通过从卡源卡商购买大量手机黑卡，将黑卡插入"猫池"设备并接入卡商平台，然后通过卡商平台接各种验证码业务，以牟取利益。(4) 接码平台，其负责连接卡商和羊毛党、号商等有手机验证码需求的群体。(5) 羊毛党、号商。羊毛党主要靠批量注册账号以获取企业特定活动时的奖励。号商则靠批量注册和维护账号，并通过出售账号获取收益。[①] 在该案中，被告人吴

---

① 参见喻海松："网络犯罪黑灰产业链的样态与规制"，载《国家检察官学院学报》2021年第1期，第41~54页。

评析

某等人使用电信网络诈骗行为人提供的资金购买电话卡、无线卡路由器、电瓶等,并与从"猫池"厂商处购买的"猫池"设备进行组装,帮助电信网络诈骗行为人实施诈骗获取非法利益。根据电信网络诈骗行为人的安排,被告人吴某等人主要负责在"猫池"设备插入、更换电话卡,并按照每张成功使用的电话卡150元的标准获取报酬。

近年来,电信网络诈骗犯罪团伙化、链条化特征明显。其团伙成员较多,各层级人员地位、作用各不相同。为有效打击电信网络诈骗犯罪,应当坚持综合治理、源头治理、系统治理,对不同层级、不同环节的涉案人员进行区别对待,根据各自的层级、地位和作用,准确定性、科学量刑,确保罚当其罪。本案中,3被告人虽然没有直接对被害人实施诈骗,但3名被告人将大量电话卡插入"猫池"设备并运行、操作,为犯罪分子通过拨打大量诈骗电话对不特定被害人实施诈骗提供了帮助,其行为均已构成诈骗罪。

案例名称 | 上官某某、上官某某1等诈骗案[①]

核心问题 | 与电信网络诈骗团伙共谋,商定为诈骗犯罪团伙提取、转账诈骗所得赃款,以牟取非法利益的行为,已构成诈骗罪。

[①] 福建省厦门市中级人民法院(2015)厦刑初字第7号刑事判决书,来源于中国裁判文书网,最后访问时间:2022年11月16日。

案例评析

基本案情

2013年11月至2014年1月，被告人上官某某与诈骗团伙共谋后，商定帮助诈骗团伙提取诈骗所得的赃款，以牟取非法利益。其后，上官某某提供食宿，并支付每日数百元报酬，雇佣被告人上官某某1、上官某某2取款。上官某某与诈骗团伙事先联系后，带领上官某某1等人前往广东省深圳市、惠州市、东莞市等地，在银行ATM机上为诈骗团伙取款或转账，一人取款时，其他人在旁望风。上官某某等人参与为诈骗团伙提取、转账诈骗赃款共计8954413.78元。此外，2013年3月至8月，上官某某还采用向不特定人发放虚假兑奖卡的手段，骗取他人财物共计88671.09元。

裁判要点

被告人上官某某以非法占有为目的，采用向不特定人发放虚假兑奖卡的手段，骗取他人财物，并伙同被告人上官某某1、上官某某2为诈骗犯罪团伙提取、转账诈骗所得赃款，其行为已构成诈骗罪。其中，上官某某负责与诈骗团伙的上线联系取款、交款等事宜，雇佣上官某某1、上官某某2等人取款，在共同犯罪中起主要作用，系主犯。上官某某还系累犯，依法应当从重处罚。

评析

本案是关于"事前约定，事后帮助取款"心理性帮助行为的典型案例。在共犯参与理论体系中，帮助犯除了提供凶器这种物理性帮助之外，还存在诸如提供信息、传授犯罪方法等技术性建言、激励以及约定给付报酬等心理性帮助，这种心理性帮助就是通过作用于行为人的心理而贡献于结果的发生。[1] 所谓心理性帮助，是指所提供的帮助具有精神的、观念的性质，具体分为受认识性心理影响的技术性助言与受意欲性心理影响的狭义心理性帮助两类[2]。该案中，被告人上官某某等人在电信网络诈骗活动的实施过程中，即在犯罪既遂前，尚未起到帮助或支持电信网络诈骗

---

[1] 参见［日］松原芳博：《刑法总论重要问题》，王昭武译，中国政法大学出版社2014年版，第312页。

[2] 参见［日］高桥则夫：《刑法总论》，李世阳译，中国政法大学出版社2020年版，第434页。

177

犯罪活动的作用，但却在既遂前与诈骗团伙共谋，商定在诈骗行为既遂后帮助诈骗团伙提取诈骗所得的赃款，以牟取非法利益。此类帮助行为强化了诈骗正犯者的犯罪意志，可谓提供心理性帮助行为。

关于心理性帮助行为因果关系的认定，一直备受学界争议，形成正犯行为促进说和正犯结果促进说不同立场。按照正犯行为促进说的观点，帮助行为仅需要对正犯行为起到促进作用即可。这种观点将直接瓦解因果关系所构筑的"行为与结果"体系，成为一种"行为与行为"之间的联系。正犯行为促进说将帮助犯的因果性限于帮助行为与实行行为之间，这无疑是对既定的因果范畴的修订，然而这种修订无任何存在根据。[1] 而与之不同，正犯结果促进说认为，通过促进正犯实行的帮助行为来促进正犯行为，必须产生正犯行为危险性现实化的构成要件结果[2]，即帮助行为必须对犯罪结果具有实际的帮助效果，并且帮助行为能够在构成要件结果中显现。综合来看，以正犯结果促进说为心理性帮助行为因果关系的认定立场更为合理。首先，正犯结果促进说是在肯定犯罪本质是对法益侵害的前提下，要求帮助行为与正犯结果之间存在因果关系。其次，正犯结果促进说关注帮助行为对正犯结果的引起作用，并以此为标准判断帮助犯因果关系的有无，体现出正犯结果在帮助犯归责体系中的决定性作用，可以防止落入不法共犯论和责任共犯论的窠臼。最后，在正犯结果促进说中，正犯既遂结果与未遂结果均有将其解释为"帮助结果"的空间，故通过对"帮助结果"的多角度解读，可以将刑法所不处罚的未遂帮助，以及对既遂的帮助和对未遂的帮助作出区分。

一般而言，成立帮助犯要求帮助行为的介入必须在正犯者形成犯罪决议后、犯罪终了前，如果正犯者的行为已经实行终了，如

---

[1] 参见张伟："试论帮助犯的因果关系"，载《海峡法学》2010年第2期，第82~88页。

[2] 参见[日]山口厚：《刑法总论》（第3版），付立庆译，中国人民大学出版社2018年版，第334页。

案例评析

评析

电信网络诈骗犯罪的正犯者已经既遂，此时行为人为其提供销赃渠道的，并不构成诈骗罪的帮助犯，只能以掩饰、隐瞒犯罪所得罪单独定罪处罚。针对事前通谋、事后取款的帮助行为，即使在犯罪既遂前未提供物理上的帮助，但是在犯罪过程中正犯者已明知在犯罪既遂后，有人帮助实施转移与处置赃款的行为，可以将其评价为维持或强化了电信网络诈骗正犯者的犯罪意志，应当承认此类帮助行为与正犯结果间具备因果关系。即使是以心理上的帮助作为途径，但在本质上仍然可以体现为对构成要件结果的促进。

随着电信网络诈骗犯罪的蔓延，社会上出现了专门为诈骗团伙转取赃款而牟取非法利益的"职业取款人"。这类犯罪分子通过频繁更换银行卡、身份证和手机号码，辗转各地为诈骗犯罪团伙转取款，作案手段极为隐蔽，严重干扰、阻碍了司法机关打击电信网络诈骗犯罪活动。本案中，被告人上官某某在与诈骗团伙共谋后，使用700余张银行卡，纠集、雇佣人员，专门为诈骗团伙转取赃款，其取款的行为直接关系到诈骗目的能否实现，已构成诈骗罪的共犯。本案的公布，在于说明为诈骗团伙转取赃款，依法属于共同诈骗犯罪，同样要受到法律的惩处。

案例名称	河北省兴隆县谢某某、谢某某1等人推销假冒保健产品诈骗案[1]
核心问题	以非法占有为目的，采取虚构事实、隐瞒真相的方法，以推销假冒保健产品的手段骗取他人财物，构成诈骗罪。

---

[1] 载中国法院网，https://www.chinacourt.org/article/detail/2016/03/id/1815939.shtml，最后访问时间：2022年11月16日。

基本案情

被告人谢某某、谢某某1系堂兄弟，二人商议在河北省兴隆县推销假冒保健产品。2012年10月至2013年7月间，谢某某、谢某某1利用从网络上非法获取的公民个人信息，聘用多个话务员，冒充中国老年协会、保健品公司工作人员等身份，以促销、中奖为诱饵，向一些老年人推销无保健品标志、未经卫生许可登记的"保健产品"。如话务员联系的受话对象确定购买某个产品后，则由负责核单的人进行核实、确认，再采取货到付款方式，通过邮政速递有限公司寄出货物，回收货款。谢某某等人通过上述手段，共销售3000余人次，涉及全国20余省份，涉案金额共计1886689.84元。

裁判要点

被告人谢某某、谢某某1等人以非法占有为目的，采取虚构事实、隐瞒真相的方法，以推销假冒保健产品的手段骗取他人财物，其行为均已构成诈骗罪。被告人谢某某、谢某某1系本案的发起人，谢某某出资租赁从事诈骗活动的房屋，购买从事诈骗的器材、设备，组织进货，谢某某1提供熟悉推销方法的话务员，二被告人均系主犯。

评析

本案是以中老年人为诈骗对象的典型案件。网络信息技术深刻改变和影响着人们的生活习惯，在便捷人们社会生活的同时，所带来的风险也是广泛存在的。伴随着网络技术的迅速发展，电信网络诈骗的手段和方式也在不断更新升级，使得电信网络诈骗行为的隐蔽性更强、范围更广泛、社会危害性也更严重。在通常意义上，电信网络诈骗是对社会一般公众无差别化实施，相同结果所造成的社会危害性也是等价的，但对电信网络诈骗行为人而言，未成年人、在校学生、中老年人等弱势群体有更高的成功概率。尤其是中老年人群体，据考察，以中老年人为对象的电信网络诈骗案件数量在不断增加且占比较高，事实证明，中老年人已经成为电信网络诈骗最主要的群体。

结合已发生的电信网络诈骗案件分析，中老年人群体之所以成为电信网络诈骗主要对象原因在于：首先，伴随着我国老龄化程

案例评析

度的加深，中老年人的总体数量也在不断增加。同时，相关数据显示，到2021年上半年，中老年网民在网民总数中占比达到了28.0%，环比增长了5.2%，意味着中老年网民数量将会不断增加。中老年群体网民数量增加，便利中老年群体的同时，也带来了潜在的被害风险，使这一特殊群体个人信息具有了开放性特征，为犯罪分子的犯罪目标选择提供了数量庞大的"潜在客户"。① 其次，结合当前我国中老年人生活的实际情况，《中国老年人防诈骗指南》中提到，老年人容易上当受骗与家庭和社会对老年人关爱不够，特别是子女对老年人关爱不够有关，因子女长期不在身边，而又迫切需要交流，十分容易被电信网络诈骗行为人的花言巧语迷惑，这类空巢老人更容易成为被骗对象。② 再次，电信网络诈骗行为人能够顺应中老年人的生活需求。尤其是已退休的老年人，更加关注自己的身体健康状况，对养生、体检、治病、药物等宣传信息十分关注，电信网络诈骗行为人往往利用中老年人这一特殊需求，使用统一话术对中老年人进行虚假的推销活动，诱骗中老年人消费、充值等。最后，中老年人识别判断诈骗行为的能力较弱，防范电信网络诈骗的意识较低，由于中老年人对电信科技、实事热点、银行、公职机关等了解相对较少，辨别真假能力低下，且容易轻信他人，使中老年人成了高科技诈骗的目标人群。

本案是以中老年人为对象、以推销假冒保健品为手段实施诈骗的典型案件。目前，我国老年人数量不断攀升。随着生活水平的提高，老年人日益注重养生和保健，社会上针对老年人推销保健品的情况较为常见。在该案中，被告人谢某某等人选择以中老年人为诈骗对象，利用中老年人对身体健康的特殊关注，冒充中国老年协会、保健品公司工作人员等身份，以促销、中奖为诱饵，向一些老年人推销无保健品标志、未经卫生许可登记的"保健产品"，诈骗巨额钱财，且被骗老年人人数众多，分布范围广，社会影响极为恶劣。

---

① 参见万桥："大数据背景下针对中老年人群体电信网络诈骗防控对策研究"，载《网络安全技术与应用》2022年第3期，第156~158页。
② 参见全国老龄工作委员会办公室、中华人民共和国公安部编：《中国老年人防诈骗指南》，华龄出版社2014年版。

案例名称	被告人琚某中利用"在校大学生、毕业生"帮助信息网络犯罪活动案①
核心问题	针对在校学生、毕业生为犯罪主体实施电信网络诈骗的案件，应当秉持宽严相济刑事政策；针对故意招揽在校学生、毕业生实施电信网络诈骗犯罪的行为人，应当依法从重惩处。
基本案情	2021年5月至7月21日，被告人琚某中等人明知他人从事网络犯罪活动，仍先后在九江市濂溪区网罗、招募人员，使用本人或他人银行账户专门从事非法资金流转，从中牟取暴利。该团伙以公司化模式运作，设客服部、操作部，成员共计20余人，2021年7月1日至7月17日，16天内该团伙共流转资金10396.8285万元。 其间，被告人琚某中管理团伙全部事务，负责与上线联络商谈具体事项。被告人计某为操作部主管，与被告人周某轮班，负责现场监督管理、安排操作部人员，统计每天资金流转情况，确保每天24小时不间断运作；被告人周某为客服部主管，负责管理、安排客服部人员。被告人计某、周某在担任主管期间，均直接参与转账，经核实，两人分别流转资金12.9487万元、30.2746万元，同时二人均将个人名下的6张银行卡卖给团伙用于转账，各获利1800元。被告人杨某金、凌某程等7人均为操作部成员，具体实施转账事宜，其中凌某程为在校大学生，其余6人为刚毕业大学生，经核实，上述7名操作人员每人分别流转资金632万元至328万元不等，凌某程还将其个人名下7张银行卡卖给团伙用于转账，获利2100元。

① 载江西法院网，http://jxgy.jxfy.gov.cn/article/detail/2022/09/id/6899663.shtml，最后访问时间：2022年11月16日。

裁判要点	被告人琚某中、计某、周某等10人明知他人利用信息网络实施犯罪活动，仍提供支付结算帮助，情节严重，均构成帮助信息网络犯罪活动罪。在共同犯罪中，被告人琚某中、计某、周某系主犯，被告人杨某金、凌某程等7人系从犯。
评析	本案是关于在校学生、毕业生为犯罪主体实施电信网络诈骗的典型案件。相关资料表明，当前的犯罪主体呈现低龄化、年轻化态势，尤其是在网络犯罪领域，犯罪主体年轻化的趋势更加明显，在电信网络诈骗领域也是如此。探究其根源，互联网属于新生事物，创新发展快，年轻人熟知网络软件运用，碎片化时间多，接触网络时间长，但因社会阅历少、防范意识差，容易成为被害人，同时也容易被发展成为下线参与诈骗。实施电信网络诈骗的行为人及电信网络诈骗的被害人不少为"90后"甚至"00后"，很多为在校学生和没有稳定工作的年轻人，故涉案群体呈现低龄化、年轻化趋势。① 从电信网络诈骗犯罪活动涉案被告人的年龄特征分析，"80后""90后"被告人占比近90%，18周岁至28周岁被告人占比超过55%，特别是一些未成年人、在校学生、刚毕业大学生涉案占比更多。② 在校大学生一般社会阅历较浅、生活经验较少，防诈、反诈意识淡薄，极其容易被电信网络诈骗犯罪的行为人利用，成为电信网络诈骗犯罪活动的"工具人"，甚至有的大学生为了追求经济利益，主动出租、出借自己的银行卡、电话卡等，成为电信网络诈骗犯罪活动的帮助犯。该案中，凌某程即在校大学生，其余6人为刚毕业大学生，7人均为该电信网络诈骗犯罪团伙的操作部成员，具体实施转账事宜，每人分别流转资金632万元至328万元不等，凌某程还将其个人名下7张银行卡卖给团伙用于转账，以此获利。

---

① 参见吴晓敏："电信网络诈骗案件办理实践问题初探"，载《人民检察》2021年第14期，第16~20页。
② 参见王丽丽："坚持依法严惩电信网络诈骗犯罪，切实维护人民群众合法权益"，载《人民法院报》2022年9月7日第003版。

评析

　　针对在校大学生等年轻化的犯罪群体，应当秉持宽严相济刑事政策。最高人民法院《关于贯彻宽严相济刑事政策的若干意见》中规定，宽严相济刑事政策是我国的基本刑事政策。贯彻宽严相济刑事政策，要根据犯罪的具体情况，实行区别对待，做到该宽则宽，当严则严，宽严相济，罚当其罪。宽严相济刑事政策中的从"严"，主要是指对于罪行十分严重、社会危害性极大，依法应当判处重刑或死刑的，要坚决地判处重刑或死刑；对于社会危害大或者具有法定、酌定从重处罚情节，以及主观恶性深、人身危险性大的被告人，要依法从严惩处。宽严相济刑事政策中的从"宽"，主要是指对于情节较轻、社会危害性较小的犯罪，或者罪行虽然严重，但具有法定、酌定从宽处罚情节，以及主观恶性相对较小、人身危险性不大的被告人，可以依法从轻、减轻或者免除处罚；对于具有一定社会危害性，但情节显著轻微危害不大的行为，不作为犯罪处理；对于依法可不监禁的，尽量适用缓刑或者判处管制、单处罚金等非监禁刑。宽严相济刑事政策中的"相济"，主要是指在对各类犯罪依法处罚时，要善于综合运用宽和严两种手段，对不同的犯罪和犯罪分子区别对待，做到严中有宽、宽以济严；宽中有严、严以济宽。因此，针对在校学生、毕业生实施的电信网络诈骗行为，应当在法律规定的范围内从宽处罚；而针对电信网络诈骗犯罪的行为人故意招揽在校学生、毕业生，利用其社会经历较少、法治意识淡薄等特征，采用社会兼职、网络刷单等借口哄骗其加入电信网络诈骗犯罪团伙的，应当依法从重惩处。

　　犯罪行为人年轻化是当前网络犯罪的显著特点之一。本案中的被告人有的是在校学生，有的则是刚刚毕业正在找工作的大学生。法院在审理过程中，充分考虑到部分被告人对当前诈骗手法难以辨别的真实情况，以及各被告人在犯罪中的地位、作用、情节等，本着教育、感化和挽救的目的，对大学生依法从宽处罚，并适用缓刑。银行卡、电话卡是电信网络新型违法犯罪活动的重要工具，在校大学生及部分刚刚毕业求职的学生由于涉世未深，很容易被身边的犯罪分子盯上，被"兼职""低成本、高收入""赚钱快"等话术欺骗、引诱，成为电信网络诈骗犯罪的帮助犯。

案例名称	冯某某诈骗未成年人案
核心问题	利用电信网络技术以多名未成年人作为犯罪对象，多次实施诈骗犯罪活动，其行为已构成诈骗罪，依法应从重处罚。
基本案情	冯某某与江某共谋实施网络诈骗活动，冯某某等人通过"短视频"App以"送手机、发福利"为诱饵，将多名未成年被害人拉入群内，诱骗被害人使用支付软件扫提前备好的付款码骗取钱财，共计骗取未成年被害人王某某等人共计6.2万余元。
裁判要点	冯某某以非法占有为目的，伙同他人利用电信网络，针对不特定未成年人多次实施诈骗，数额巨大，其行为已构成诈骗罪。冯某某利用电信网络技术以多名未成年人作为犯罪对象，多次实施诈骗犯罪活动，其主观恶性较深、社会危害性较大，依法应从重处罚。
评析	本案是以未成年人为诈骗对象的典型案件。根据《关于办理电信网络诈骗等刑事案件适用法律若干问题的意见》第一条的规定，实施电信网络诈骗犯罪，达到相应数额标准，具有诈骗残疾人、老年人、未成年人、在校学生、丧失劳动能力人的财物，或者诈骗重病患者及其亲属财物情节的，酌情从重处罚。该规定明确，以未成年人为电信网络诈骗犯罪对象的，应当依法酌情从重处罚。网络技术的普及，使更大范围的未成年人享受到互联网技术的红利，但其中也潜藏着未成年人被诈骗的广泛风险，尤其是寒暑假期间，未成年人上网的时间较平时更长，其接触的电信网络诈骗风险信息也在增多。相关数据显示，自2022年以来，国家网信办会同公安部已处置涉未成年人电信网络诈骗案件1.2万余起。暑假期间，国家网信办反诈中心监测发现多起针对未成年人的电信网络诈骗事件。

评析

综合目前的实践情况，针对中老年人、未成年人、在校大学生等弱势群体的电信网络诈骗活动越来越多，甚至针对上述特定群体已形成具有针对性的诈骗手法、方式和统一话术。因此，有学者提出电信网络诈骗犯罪场的概念，电信网络诈骗犯罪场是一个基于内部诸因素互动而整体地激发犯罪的作用机制，而根据犯罪场的利用主体（潜在犯罪人）的不同，可以将其分为未成年人犯罪场、女性犯罪场、老年人犯罪场、白领犯罪场等。[1] 按照电信网络诈骗犯罪场理论，电信网络诈骗犯罪的行为人按照不同的诈骗对象已形成相配套的诈骗思路，按照统一诈骗话术针对未成年人、女性、中老年人已形成精准的诈骗犯罪机制。

以满足不同犯罪对象的需求为目的，电信网络诈骗犯罪的行为人会采取不同的诈骗方法。就针对未成年人的诈骗活动而言，从受骗领域分析，未成年人受骗主要集中在直播打赏、网络游戏、网络购物等。[2] 例如，直播打赏类的诈骗形式，未成年人打赏的目的往往是获得主播赠与的游戏装备、游戏皮肤或者其他有吸引力的产品。在观看视频直播时，未成年人缺乏分辨意识，盲目添加主播微信，容易受到主播花言巧语的蒙骗、恐吓以及游戏装备、游戏"皮肤"等的诱惑，进而对主播实施打赏[3]。又如网络购物类的诈骗形式，这类诈骗方式是伴随着"饭圈"文化发展滋生出现，诈骗犯罪行为人利用未成年人追星的盲从心理，以明星周边为噱头实施诈骗活动。在该案中，冯某某、江某等人利用"短视频"网络平台以"送手机、发福利"为诱饵，将多名未成年被害人拉入群内，诱骗被害人使用支付软件扫提前备好的付款码骗取钱财，利用未成年人贪图小利的心理，以及防范意识薄弱的缺陷，对多名未成年人实施多次电信网络诈骗。

---

[1] 参见叶良芳："犯罪场理论视角下电信网络诈骗犯罪的治理对策"，载《犯罪研究》2021年第6期，第2~10页。

[2] 参见孙风娟："三问电信网络诈骗犯罪"，载《检察日报》2022年7月19日第005版。

[3] 参见许琨："网络直播诱导打赏类诈骗犯罪脚本分析及预防对策"，载《网络安全技术与应用》2022年第8期，第148~149页。

评析	随着手机、电脑等互联网终端使用的低龄化，涉世未深的未成年人更多更早地接触到网络购物、网络游戏，诈骗犯罪分子专盯未成年人下手，设置了"免费领红包""免费领皮肤游戏道具""解除防沉迷系统""低价购买游戏装备和账号""饭圈福利"等骗局。由于未成年人辨别能力不强，面对有针对性的诈骗手段，极易掉入诈骗陷阱。本案冯某某等人利用未成年人涉世未深、社会经验欠缺、容易轻信对方、易受威胁等特点实施诈骗，严重侵害未成年人合法权益，犯罪情节恶劣。"两高一部"《关于办理电信网络诈骗等刑事案件适用法律若干问题的意见》规定，诈骗未成年人财物的，将酌情从重处罚。人民法院对被告人冯某某等人依法从重处罚，充分体现了人民法院坚决保护未成年人合法权益，严厉惩处针对未成年人犯罪的鲜明立场。

案例名称	福建省晋江市吴某某等人发送医保卡出现异常虚假语音信息诈骗案[①]
核心问题	以发送医保卡出现异常的虚假语音信息的方式对不特定多人实施电信诈骗的，构成诈骗罪。
基本案情	2013年7月，中国台湾地区人员"阿水"（另案处理）组织被告人吴某某等人前往老挝万象进行电信诈骗活动。该团伙在万象设置窝点，将事先编辑好的诈骗语音包通过网络电话向中国大陆各省市固定电话用户群发送语音信息，谎称被害人"医保卡出现异常，有疑问则回拨电话"。待被害人回拨时，电话转到冒充医保中心工作人员的团伙一线人员，谎称被害人的医保卡涉嫌盗刷违禁药品，要求被害人向公安机关"报案"，并引导被害人同意由

[①] 载中国法院网，https://www.chinacourt.org/article/detail/2016/03/id/1815948.shtml，最后访问时间：2022年11月16日。

187

基本案情	其转接公安机关的报案电话，后一线人员将电话转接给冒充公安人员的团伙二线人员接听。其间，二线人员以预先更改好来电显示号码的"公安局号码"与被害人通话以取得被害人信任，后套取被害人个人信息，谎称被害人银行账户存在安全问题，并将电话转至冒充检察院工作人员的团伙三线人员，要求被害人将银行卡内的存款转到指定账户，进行所谓的"资金清查比对"，以此手段骗取被害人钱财。吴某某等人诈骗金额共计 10192500 元。
裁判要点	被告人吴某某等人以非法占有为目的，通过互联网等电信技术方式发布虚假信息，对不特定多人实施诈骗，其行为已构成诈骗罪。其中，吴某某负责召集、管理、培训人员，起主要作用，系主犯。
评析	本案是以发送医保卡出现异常的虚假语音信息实施诈骗的典型案件。目前，以医保卡出现异常情况为理由的电信诈骗行为频繁发生。通常情况下，诈骗行为人常常使用以下三类事由：一是医保卡不能正常使用；二是医保卡存在外地刷卡使用情况；三是医保卡被用于购买违禁药品。该案中，电信诈骗行为人即使用的是第三类事由，谎称被害人的医保卡涉嫌盗刷违禁药品，要求被害人向公安机关"报案"。 　　如今，医保卡即社会医疗保险卡，是公民医疗保险个人账户的专用卡，以个人身份证为识别码，储存记载着个人身份证号码、姓名、性别以及账户金的拨付、消费情况等详细资料信息。随着我国医疗保险制度的逐步完善，参保人员已逐步实现全覆盖，医保卡已成为人们经常使用的卡种，与人们生活息息相关。医保卡关乎每个个体的生活利益，是人们看病、买药、住院报销不可或缺的电子卡片，因其本身还与居民身份证号码、姓名、性别、消费记录等极其重要的公民个人信息绑定，可以说，医保卡对公民个人的重要性仅次于身份证。正因如此，医保卡逐渐被诈骗行为人发现，并将其作为实施电信诈骗活动的新的行为对象，常以医保卡不能正常使用或存在违规使用情况为由对公众实施电信诈骗。

在这类电信诈骗中，诈骗行为人首先冒充社保、医保中心工作人员，谎称被害人医保、社保出现异常，可能被他人冒用、透支，涉嫌犯罪，对被害人进行恐吓，之后冒充公检法机关工作人员，谎称可以帮助被害人洗脱罪名，并以核查为由，诱骗被害人向所谓的"安全账户"汇款，实施诈骗，这类诈骗已成为较为常见的诈骗手法。[①] 通常，诈骗行为人在告知医保卡使用异常之前，还会与被害人反复确认个人信息，包括医保卡的常用情况，公民个人的姓名、性别、家庭住址、工作情况等，使得被害人对诈骗行为人的谎言深信不疑；然后再利用技术手段伪装成公检法人员，告知违规使用医保卡的法律后果。

在该案中，被告人吴某某等人在境外设立窝点，设置三线人员分别冒充医保中心工作人员、公安人员、检察院工作人员。先大规模地发送"医保卡出现异常，有疑问则回拨电话"的虚假语音信息；待被害人回拨时，电话将被转到冒充医保中心工作人员的团伙一线话务员，谎称被害人的医保卡涉嫌盗刷违禁药品，一线话务员将引导被害人同意由其转接公安机关的报案电话；再由冒充公安人员的团伙二线话务员接听，二线话务员以预先更改好来电显示号码的"公安局号码"与被害人通话以取得被害人信任，后套取被害人个人信息，谎称被害人银行账户存在安全问题；后将电话转至冒充检察院工作人员的团伙三线话务员，要求被害人将银行卡内的存款转到指定的"安全账户"，以此手段骗取被害人钱财。此类电信网络诈骗的行为人充分利用医保卡对人们社会生活的重要性和不可或缺性，以及对诈骗事由的恐惧心理，尤其在技术的伪装之下使得被骗者难以区分电话内容的真假，在相关信息正确与时间紧迫中十分容易上当受骗。

---

① 参见"34种常见诈骗手法案例解析及安全提示"，载《中国防伪报道》2021年第12期，第78~101页。

案例名称	被告人黄某等 3 人诈骗案①
核心问题	以网络购物、物流递送、直播打赏等方式进行多环节包装实施连环诈骗的行为，以诈骗罪论处。
基本案情	被告人黄某、刘某某、许某在湖北省武汉市成立"武汉××电子商务有限公司"，招聘业务员从事诈骗犯罪活动。3 人分工配合共同完成诈骗，并按诈骗金额比例提成，同时还发展"代理公司"，提供诈骗话术、培训诈骗方法、提供各种技术支持和资金结算服务，并从"代理公司"诈骗金额中提成。该公司由业务员冒充美女主播等身份，按照统一的诈骗话术在网络社交平台诱骗被害人交友聊天，谎称送礼物得知被害人收货地址后，制造虚假发货信息以诱骗被害人在黄某管理的微店购买商品回送业务员，微店收款后安排邮寄假名牌低价物品给被害人博取信任。之后，业务员再将被害人信息推送至刘某某等人负责的直播平台，按诈骗话术以直播打赏 PK 为由，诱骗被害人在直播平台充值打赏。2020 年 4 月至 9 月，黄某和刘某某诈骗涉案金额 365.2 万元，许某诈骗涉案金额 454.2 万元。审判阶段许某退缴赃款 8.1 万余元。
裁判要点	被告人黄某、刘某某、许某以非法占有为目的，伙同他人利用电信网络实施诈骗，数额特别巨大，其行为均已构成诈骗罪。在共同犯罪中，黄某、刘某某、许某均系主犯。
评析	本案是将传统的"杀猪盘"诈骗方式，与当下流行的网络购物、物流递送、直播打赏等相结合实施电信网络诈骗的典型案件。近年来，"杀猪盘"案件成为较为流行的电信网络诈骗犯罪形式，伴随着网络信息技术的迅猛发展，传统的"杀猪盘"诈骗方式与

---

① "人民法院依法惩治电信网络诈骗犯罪及其关联犯罪典型案例"，载最高人民法院网，https://www.court.gov.cn/zixun-xiangqing-371131.html，最后访问时间：2022 年 11 月 16 日。

信息技术紧密融合，逐渐形成以网络购物、物流递送、直播打赏为外衣的电信网络诈骗新形式。但实际上，此类新型电信网络诈骗方式仍表现为传统"杀猪盘"式电信网络诈骗犯罪的行为构造。

通常情况下，"杀猪盘"式的电信网络诈骗对象十分明确具体，与一般类型的诈骗行为不同，"杀猪盘"式的电信网络诈骗并非以广撒网的形式寻找被骗对象，而是十分明确地针对具体对象展开诈骗活动，但是在选定具体被害人之前，电信网络诈骗行为人会对不同的被骗对象进行全面综合分析从而确定最容易实现犯罪目的的对象。因此，有观点将"杀猪盘"式电信网络诈骗行为形象描述为：诈骗分子把受害人像"养猪"一样，将感情沟通作为"饲料"，"养"的时间越长，受害人就越"肥"，最后"宰杀"的"收获"就越大，此种诈骗方式称为"杀猪盘"。①

"杀猪盘"式的电信网络诈骗常以"交友""恋爱"等手段为噱头与被害人建立关系，按照统一的诈骗话术逐步取得被害人的信任后，引诱被害人在电信网络诈骗团伙已事先控制的网络购物平台、直播打赏平台进行虚假购物、投资打赏等，从而骗取被害人钱财。该案中，电信网络诈骗的犯罪团伙先安排业务员冒充美女主播等身份，按照统一的诈骗话术在网络社交平台诱骗被害人交友聊天，在逐步取得被害人信任之后，以送礼物为由获取被害人的收货地址，再制造虚假发货信息以诱骗被害人在犯罪团伙事前控制的微店购买商品回送业务员，微店收款后安排邮寄假名牌低价物品给被害人。之后，业务员再将被害人信息推送至犯罪团伙的其他成员负责的直播平台，按诈骗话术以直播打赏PK为由，诱骗被害人在直播平台充值打赏。该案就是典型的"杀猪盘"式的电信网络诈骗。

从"杀猪盘"式电信网络诈骗行为的作案手法可以看出，作为一种新型网络犯罪，不同于传统骗局的"短、平、快"，"杀猪盘"式网络诈骗犯罪呈现出犯罪周期长、话术更加周延、迷惑性

---

① 参见毛俊达："'杀猪盘'式电信网络诈骗犯罪的侦防对策研究"，载《河北公安警察职业学院学报》2020年第3期，第24~27页。

评析　更强、受害人更精准、危害叠加升级等新情况、新特点。① "杀猪盘"式电信网络诈骗行为的典型流程包括：（1）寻找诈骗目标。诈骗行为人往往通过国内著名的婚恋网站或其他类型的社交平台挑选诈骗对象，本案中犯罪分子是冒充美女主播等身份，在社交网络平台诱骗被害人交友聊天。（2）通过聊天等方式取得对方信任。即进入"感情培养"阶段，在这一阶段诈骗团伙的话务员将使用统一话术与被害人进行聊天，往往编造虚假的聊天背景，给予对方关心和爱护等。（3）诱骗消费、投资。在建立信任之后，话务员将诱骗受害人在诈骗团伙事先建立的购物网站、赌博网站、打赏平台进行消费、投资。该案是以虚假购物、平台打赏的方式诱骗受害人处分财产。（4）关闭网站、失去联系。当诈骗既遂后，诈骗团伙将以系统故障、活动结束等理由切断与被害人的联系。电信网络诈骗的手法持续演变升级，犯罪分子紧跟社会热点，随时变化诈骗手法和"话术"，令人防不胜防。本案被告人将传统的结婚交友类"杀猪盘"诈骗与当下流行的网络购物、物流递送、直播打赏等相结合，多环节包装实施连环诈骗，迷惑性很强，"杀猪盘"式电信网络诈骗行为已经成为主流的电信网络诈骗类型之一。

案例名称	朱某某、郑某某等假借代办信用卡名义实施诈骗案
核心问题	以代办信用卡为名，假借验资等理由欺骗被害人开通网银，并利用"钓鱼"网站获取被害人银行卡号和密码，借此将被害人银行卡内资金转移据为己有，构成诈骗罪。

---

① 参见王枫语："'杀猪盘'式网络诈骗行为的脚本分析"，载《山东警察学院学报》2021年第1期，第109~116页。

案例评析

基本案情

某年年初,朱某某先后召集被告人郑某某、邱某某、汪某某等人,由朱某某冒充某某投资担保有限公司等单位的名义雇请他人在互联网上发布虚假信息,并购买多张银行卡用于诈骗收款。郑某某、邱某某等人负责信用卡诈骗网站的推广和维护,从网站后台获取被害人的个人信息后,分发给汪某某等人,由上述人员冒充某某投资担保有限公司等单位的工作人员电话联系被害人,骗取被害人代办信用卡的"材料费""服务费""手续费"等费用,并将被害人的信息提供给郑某某、邱某某等人,郑某某、邱某某等人再冒充担保公司或者银行工作人员,以检验被害人还款能力的名义进行验资,要求被害人在自己的银行卡内存入一定数额的人民币并开通网银。当被害人把验资的钱存入自己的银行账户并开通网银后,郑某某、邱某某等人给被害人手机发送一个"钓鱼"网站,被害人在"钓鱼"网站输入自己的银行卡号和密码后,郑某某、邱某某等人则在该网站后台获取被害人的银行卡号和密码,然后通过网银对被害人银行卡内的存款进行转账。在转账期间,被害人手机会收到银行发送的短信验证码,郑某某、邱某某等人便打电话给受害人谎称是担保公司或者银行的工作人员,要求被害人将验证码告诉他们。在获知验证码后,郑某某、邱某某等人随即在网银上输入验证码,将被害人的钱款转至作案所用的银行卡账户内,再由甲、乙等人取现后交给朱某某。通过上述方式,朱某某等人骗取几十个被害人共计人民币60余万元。

裁判要点

朱某某、郑某某、邱某某等人以非法占有为目的,采取虚构事实、隐瞒真相的方法,利用互联网骗取他人钱财,数额特别巨大,其行为均已构成诈骗罪。

评析

本案是以代办信用卡名义利用互联网进行诈骗的典型案件。以代办信用卡名义进行电信网络诈骗犯罪方式的出现具有一定的时代和社会背景,人们的生活方式逐渐从线下转移到线上,对银行卡、信用卡的需求逐步增加，加之就业压力，使得信用卡需求远超同期，由此导致代办信用卡、银行卡业务的出现，也为电信网络诈骗犯罪行为人"拓宽"了诈骗思路。相关数据显示，贷款、代办信用卡类的电信网络诈骗案件数量在部分基层法院位居首位，成为侵犯公民财产权利的主要诈骗方式。

通常情况下，以代办信用卡名义实施电信网络诈骗的行为人会通过网页、微信群、QQ 群等大范围扩散发布可以提升信用卡额度、信用卡套现、办理大额信用卡或办理大额低息贷款等虚假信息，甚至有的诈骗行为人会假冒银行发送短信或拨打电话，主动请求信用卡持卡人提额，从而诱导持卡人按照其要求操作，骗取公民个人信息；有的以办理大额低息贷款为诱饵，通过收取受害人中介费、预付利息、保证金等方式实施诈骗。① 因此，此类诈骗方式的流程大致为：（1）诱骗受害人通过各种途径下载贷款、办理信用卡类 App；（2）受害人注册 App 并提交个人身份证号、银行卡号、手机号等基本信息；（3）以保障金、手续费、解冻金、违约金、认证金等名义让受害人缴纳费用；（4）受害人通过银行卡、手机银行或者第三方平台转账到对方提供的银行账户；（5）受害人发现上当报警。②

该案中，被告人朱某某等人在互联网上广泛散布虚假信息，并从预先控制的网站骗取被害人代办信用卡的"材料费""服务费""手续费"等费用，并以检验被害人还款能力的名义进行验资，要求被害人往自己的银行卡内存入一定数额的人民币并开通网银。当被害人将用于验资的钱存入自己的银行账户并开通网银后，诈骗行为人将通过具有非法获取公民个人信息的"钓鱼"网站，哄骗被害人输入自己的银行卡号和密码，再通过网银对被害人银行卡内的存款进行转账。以被告人朱某某为首的诈骗团伙，相互之间分工合作，行骗伎俩环环相扣，以代办信用卡为名，假借验资等理由欺骗被害人开通网银，并利用"钓鱼"网站获取被害人银行卡号和密码，借此将被害人银行卡内资金转移据为己有。

---

① 参见："公安部刑侦局实例解读十类高发电信网络诈骗手段"，载《中国防伪报道》2019 年第 5 期，第 49~53 页。
② 参见李玲玲、牛军生、蔡政："涉虚假 App 的电信网络诈骗犯罪侦查难点与对策研究"，载《中国人民公安大学学报（自然科学版）》2021 年第 2 期，第 56~61 页。

案例评析

案例名称	张某某等 14 人诈骗案①
核心问题	以非法占有为目的，利用网络平台，以挂机、刷单为名发布虚假招聘信息，诱骗他人缴纳会费骗取财物，其行为构成诈骗罪。
基本案情	2018 年 9 月，被告人张某某招募被告人刘某某等 13 人，通过在社交平台及语音平台上发布挂机、刷单等虚假招聘信息，夸大收益，诱导他人缴纳 620 元至 820 元不等会费成为会员，并由张某某收取会费后按一定比例分成。该团伙为会员提供的刷单或挂机任务极难获利，在会员要求退会费时，该团伙拒不退还，以此来骗取他人会费。截至案发，共骗取 2000 余被害人财物共计 17 万余元。
裁判要点	被告人张某某等 14 人以非法占有为目的，利用网络平台，以挂机、刷单为名发布虚假招聘信息，诱骗他人缴纳会费骗取财物，其行为均已构成诈骗罪。其中，张某某等 7 人犯罪数额特别巨大，杨某某等 5 人犯罪数额巨大，豆某某等 2 人犯罪数额较大。张某某在共同犯罪中起主要作用，系主犯；刘某某等 13 人在共同犯罪中起次要作用，系从犯，应当依法从轻或减轻处罚。
评析	本案是以挂机、刷单为名实施电信网络诈骗的典型案件。在电信网络诈骗犯罪领域，"刷单"是一种十分宽泛的概念，并且随着诈骗形式的新增变化，"刷单"的外延范畴还会不断扩展。换言之，"刷单"只是在网络环境下的一个笼统的称呼，在不同的领域有不同的含义，其外延随着网络时代的发展也在不断扩张。② 在司法实践中，较为常见的网络刷单行为是指一种十分独特的破坏网络

---

① "山西省高院发布 6 起电信诈骗典型案例"，载新华网，http://sx.news.cn/2022-07/13/c_1128826566.htm，最后访问时间：2022 年 11 月 16 日。

② 参见阴建峰、刘雪丹："网络刷单行为的刑法规制研究"，载《知与行》2016 年第 8 期，第 53~61 页。

交易秩序的行为。其中，网络刷单可以分为正向刷单和反向刷单。正向刷单是指采用虚假交易的方式为店家增加商业信用，这种行为具有虚假宣传的性质；而反向刷单是指采用下单购物然后退货的方式，致使商家遭受财产或信誉损失。① 在此类网络刷单概念下，刷单行为的核心在于刷团或刷手以买者身份付款购买商品或服务，形成未实际履行交货或提供服务的不真实交易②。相对于真实存在的买卖交易行为而言，这是一种十分常见的刷单诈骗方式。

评析　而另一种刷单诈骗方式即刷单返利类诈骗。在此类诈骗犯罪实施过程中，诈骗行为人将刷单返利作为话术圈套，利用"兼职""轻松赚""免费送"等引流信息进行精准诈骗，并与网络赌博、网络色情等多种网络黑灰产捆绑作案，作案手段的隐蔽性、迷惑性极强，给人民群众造成了严重的财产损失。③ 电信网络诈骗行为人经常假冒为需要刷单的卖家或中介，以虚假招募兼职"网络刷手"的名义来骗取被害人的钱财，此类诈骗一般被称为虚假兼职诈骗。一般情况下，电信网络诈骗行为人会通过短信、QQ、微信、知名招聘网站等渠道，发布虚假招聘信息。这类信息以时间自由、高薪来吸引被骗人（目标群体主要以大学生和全职妈妈为主），然后以各种借口收取押金、报名费、培训费和材料费等费用，等被骗人交完钱后骗子立即消失。④ 在该案中，被告人张某某招募被告人刘某某等13人，通过在社交平台及语音平台上发布挂机、刷单等虚假招聘信息，夸大收益，诱导他人缴纳620元至820元不等会费成为会员，并由张某某收取会费后按一定比例分成。该团伙为会员提供的刷单或挂机任务极难获利，在会员要求退会费时，该团伙拒不退还，以此来骗取他人会费。

---

① 参见陈兴良："网络犯罪的刑法应对"，载《中国法律评论》2020年第1期，第88~95页。

② 参见汪恭政："网络交易平台刷单行为的类型梳理与刑法评价"，载《北京邮电大学学报（社会科学版）》2018年第3期，第18~24页、第32页。

③ 参加张杰策、刘云霄、漆晨航："刷单返利类诈骗被害特征与防控对策研究"，载《江西警察学院学报》2022年第4期，第31~38页。

④ 参见顾海艳："网络刷单引发的诈骗行为及其防控措施"，载《中国人民公安大学学报（社会科学版）》2020年第1期，第22~28页。

案例评析

评析

近年来,刷单返利式诈骗由于返利周期短、引流成功率高、变种日渐增多、变化日渐复杂,是电信网络诈骗中多发、高发的犯罪形式。诈骗犯罪分子利用被害人想兼职刷单赚钱的想法,打着"足不出户、高额佣金"的旗号,通过网页、社交软件等渠道发布兼职广告,通过"新手任务"返利小额佣金骗取被害人信任,诱导被害人下载虚假App,缴纳会费、进行充值、先行垫资做"进阶任务",非法占有被害人财物,继而完成诈骗,对公民的财产权利造成极大损害。

案例名称

被告人邓某某等6人诈骗、侵犯公民个人信息案①

核心问题

使用非法获取的公民个人信息,实施电信网络诈骗犯罪,构成数罪的,应按照诈骗罪和侵犯公民个人信息罪实行数罪并罚。

基本案情

2018年5月、6月,被告人邓某某、林某某共谋采用"猜猜我是谁"的方式骗取他人钱财。二人共同出资,邓某某购买手机、电话卡等作案工具,纠集被告人陈某、张某某等人,利用邓某某购买的涉及姓名、电话、住址等内容的公民个人信息,拨打诈骗电话,让被害人猜测自己的身份,当被害人误以为其系自己的某个熟人后,被告人即冒充该熟人身份,编造理由让被害人转账。2018年6月至8月,邓某某等人采用此种方式大量拨打诈骗电话,骗取被害人罗某某等5人共计39.2万元。案发后,从邓某某处查获其购买的公民个人信息39482条。

---

① "人民法院依法惩治电信网络诈骗犯罪及其关联犯罪典型案例",载最高人民法院网,https://www.court.gov.cn/zixun-xiangqing-371131.html,最后访问时间:2022年11月16日。

197

裁判要点

被告人邓某某、林某某等人以非法占有为目的，虚构事实，隐瞒真相，采用冒充熟人拨打电话的手段骗取他人财物，其行为均已构成诈骗罪；被告人邓某某非法获取公民个人信息，情节严重，其行为还构成侵犯公民个人信息罪，依法应当数罪并罚。在共同犯罪中，邓某某、林某某等人均系主犯。

评析

本案是诈骗罪和侵犯公民个人信息罪数罪并罚的典型案件。据考察，我国审判实践中频繁发生的侵犯公民个人信息的案件多与其他不法行为相关联，其中与电信网络诈骗犯罪的结合最为紧密，公民个人信息已经成为电信网络诈骗犯罪的基本原料。电信网络诈骗行为人利用所获得的公民个人信息对被害人进行精准画像，了解被害人的基本情况后，有针对性地实施诈骗措施，从而提高诈骗成功的概率。基于公民个人信息与电信网络诈骗行为的紧密关联性，促使非法买卖、提供个人信息的行为激增。根据目前的现实情况，公民个人信息已成为犯罪黑市中流动的"商品"，由此也形成了完整的黑灰产业链条，上游负责利用黑客技术来获取信息原料，中游是专业从事信息买卖的中间商，下游负责利用获取的信息实施敲诈勒索、电信诈骗、信用卡诈骗等犯罪活动。[①] 非法交易公民个人信息市场的繁荣在一定程度上又刺激了电信网络诈骗行为的出现。

公民个人信息成为实施电信网络诈骗不可缺少的重要组成部分。一般而言，电信网络诈骗行为人非法获取公民个人信息的渠道有两种：一种渠道是通过黑市交易获得。目前存在专门非法买卖、提供公民个人信息的职业群体，即"料农"，此类群体通过非法途径将收集到的大量公民个人信息出售或提供给他人，其行为已经构成我国《刑法》第二百五十三条之一的侵犯公民个人信息罪。另一种渠道是电信网络诈骗行为人自身通过非法手段直接获取公民个人信息，如通过侵入他人的计算机窃取公民个人信息，通过欺诈、隐瞒等方式获取公民个人信息等。在此种情况下，电信

[①] 参见最高人民检察院检察理论研究所课题组、王守安："互联网领域侵犯公民个人信息犯罪问题研究"，载《人民检察》2017年第2期，第9~13页。

案例评析

网络诈骗行为既实施了非法获取公民个人信息的行为,后续又实施了电信网络诈骗行为。换言之,如果电信网络诈骗行为人是基于诈骗的目的非法获取公民个人信息的,除侵犯公民财产权利外,也势必对公民个人的人格尊严与自由造成损害。非法获取、提供、使用公民个人身份信息对公民个人尊严与个人自由造成了极大的侵害,而后续的信用卡诈骗行为,进一步侵害了公民的财产权。①

该案中,被告人邓某某是通过上述第二种途径获得公民个人信息,即以实施电信网络诈骗的目的购买的涉及姓名、电话、住址等内容的公民个人信息,其行为同时造成公民人身法益和财产法益的双重侵害。根据"两高一部"《关于办理电信网络诈骗等刑事案件适用法律若干问题的意见》第三条的规定,违反国家有关规定,向他人出售或者提供公民个人信息,窃取或者以其他方法非法获取公民个人信息,符合《刑法》第二百五十三条之一规定的,以侵犯公民个人信息罪追究刑事责任。使用非法获取的公民个人信息,实施电信网络诈骗犯罪行为,构成数罪的,应当依法予以并罚。故按照我国的罪数理论,被告人邓某某应当以诈骗罪和侵犯公民个人信息罪实行数罪并罚。

本案被告人借助非法获取的公民个人信息,拨打诈骗电话,通过准确说出被害人个人信息的骗术,骗得被害人信任,实施精准诈骗。侵犯公民个人信息系电信网络诈骗的上游关联犯罪,二者合流后,使得电信网络诈骗犯罪更易得逞,社会危害性更重。侵犯公民个人信息已经成为电信网络诈骗犯罪上游黑色产业链中极其重要的一环。电信网络诈骗犯罪对个人信息的强烈需求不断诱发上游侵犯公民个人案件的发生,两者互为依托,密切关联。电信网络诈骗人员通过黑色渠道获得各种各样的个人信息数据资料,然后再通过人工或电脑软件做一些清洗和关联,并依据事先精心编排的脚本实施精准诈骗,犯罪的成功率一直较高。②

---

① 参见高富平、王文祥:"出售或提供公民个人信息入罪的边界——以侵犯公民个人信息罪所保护的法益为视角",载《政治与法律》2017年第2期,第46~55页。

② 参见赵连庆:"公民个人信息安全的刑法保护——以电信网络诈骗案件频发为视角",载《学习与探索》2017年第9期,第80~84页。

案例名称	被告人连某昇等4人"黄金交易"掩饰、隐瞒犯罪所得案[1]
核心问题	明知是犯罪所得仍以购买实物黄金等方式予以转移的,构成掩饰、隐瞒犯罪所得、犯罪所得收益罪。
基本案情	2020年8月底,被告人王某伟、余某二人为了谋取非法利益,经人介绍与郭某光(另案处理)成为微信好友,在郭某光的帮助下注册成立了东方某1实业有限公司(以下简称东方某1公司)和东方方某实业有限公司(以下简称东方方某公司),王某伟、余某分别担任法定代表人,并在银行办理了相应的对公账户。二人明知郭某光购买对公账户是用于信息网络犯罪,仍将对公账户售卖给郭某光,分别非法获利2800元及2500元。之后,郭某光将上述两个对公账户转给黄某光(另案处理)使用,并由被告人连某昇负责对接。2020年9月16日,东方某1公司和东方方某公司与深圳市翠绿金某有限公司(以下简称翠绿金某)签订贵金属代理交易合同,并于同月21日成为上海黄金交易所的客户。 2020年9月22日至10月13日,黄某光将自己控制的东方某1公司、东方方某公司对公账户向翠绿金某进行转款并购买黄金,同时在其要求下,被告人连某昇伙同被告人钟某武多次带领被告人王某伟、余某二人以东方某1公司、东方方某公司名义到深圳市罗湖区水贝大楼翠绿金某提取黄金(实物)。其间,在连某昇、钟某武的带领下,余某以东方方某公司的名义6次从翠绿金某提取净重439千克黄金,王某伟10次以东方某1公司的名义从翠绿金某提取净重1223.3千克的黄金。被告人王某伟、余某因提取黄金各自从连某昇处获取非法报酬15000元。

---

[1] "江西高院发布打击治理电信网络诈骗及其关联犯罪典型案例",载江西省高级人民法院, http://jxgy.jxfy.gov.cn/article/detail/2022/09/id/6899663.shtml,最后访问时间:2022年11月16日。

基本案情

经查,东方某1公司账户、东方方某公司账户均与多个用于电信网络诈骗资金结算的银行卡有资金往来,其中,东方某1实业有限公司账户的入账总流水50284.4277万元,出账总流水50284.408万元,其间有14名被害人被诈骗金额共计198.178万元转入东方某1公司账户后再转入翠绿金某账户内用于购买黄金,所购黄金已被连某昇、钟某武、王某伟提取。东方方某公司的入账总流水17853.165万元、出账总流水17852.158万元,其间,3名被害人被诈骗资金共计3.7193万元转入东方方某公司账户,其后再转入翠绿金某账户内用于购买黄金,所购黄金已被连某昇、钟某武、余某提取。

裁判要点

被告人连某昇、钟某武、王某伟、余某明知是犯罪所得还共同以购买黄金的方式予以转移,其中,被告人连某昇、钟某武、王某伟应认定为情节严重,4名被告人均应以掩饰、隐瞒犯罪所得、犯罪所得收益罪追究其刑事责任。

评析

本案是以掩饰、隐瞒犯罪所得、犯罪所得收益罪认定电信网络诈骗下游犯罪的典型案件。掩饰、隐瞒犯罪所得、犯罪所得收益罪,是指行为人明知是犯罪所得及其产生的收益而予以窝藏、转移、收购、代为销售或者以其他方法掩饰、隐瞒的行为。本罪是以犯罪所得及其产生的收益为犯罪对象,客观行为方式具体表现为窝藏、转移、收购、代为销售或者以其他方法掩饰、隐瞒犯罪所得及其产生的收益的行为。其中,窝藏是指行为人为犯罪分子藏匿犯罪所得及其产生的收益;转移是指行为人把犯罪分子犯罪所得及其产生的收益由一地运往另一地;收购是指行为人购买犯罪分子犯罪所得及其产生的收益;代为销售是指行为人代犯罪分子将犯罪所得及其产生的收益卖出;以其他方法掩饰、隐瞒,是指采用窝藏、转移、收购、代为销售以外的方法掩盖犯罪所得及其收益的性质的行为。[1]根据最高人民法院《关于审理掩饰、隐

---

[1] 参见高铭暄、马克昌主编:《刑法学》(第十版),北京大学出版社、高等教育出版社2022年版,第569~570页。

瞒犯罪所得、犯罪所得收益刑事案件适用法律若干问题的解释》第十条第二款的规定，明知是犯罪所得及其产生的收益而采取窝藏、转移、收购、代为销售以外的方法，如居间介绍买卖，收受，持有，使用，加工，提供资金账户，协助将财物转换为现金、金融票据、有价证券，协助将资金转移、汇往境外等，应当认定为刑法第三百一十二条规定的"其他方法"。

该案中，被告人连某昇、钟某武、王某伟、余某等人为谋取非法利益，帮助电信网络诈骗行为人利用东方某1公司、东方方某公司对公账户向翠绿金某进行转款并购买黄金。在此期间，有多名电信网络诈骗行为人将诈骗犯罪所得及其收益转入东方某1公司账户后再转入翠绿金某账户内用于购买黄金，所购黄金被连某昇、钟某武、王某伟提取。该案中，被告人连某昇、钟某武、王某伟、余某等人采用《关于审理掩饰、隐瞒犯罪所得、犯罪所得收益刑事案件适用法律若干问题的解释》第十条第二款所规定"将财物转换为现金"方式，即通过将诈骗犯罪所得及其收益转换为实物黄金的方式协助诈骗行为人掩饰、隐瞒犯罪所得及其收益。

本罪的主观方面为故意，即必须是行为人明知是犯罪所得及其产生的收益而予以掩饰、隐瞒。根据《关于审理洗钱等刑事案件具体应用法律若干问题的解释》第一条的规定，《刑法》第一百九十一条、第三百一十二条规定的"明知"，应当结合被告人的认知能力，接触他人犯罪所得及其收益的情况，犯罪所得及其收益的种类、数额，犯罪所得及其收益的转换、转移方式以及被告人的供述等主、客观因素进行认定。具有下列情形之一的，可以认定被告人明知系犯罪所得及其收益，但有证据证明确实不知道的除外：（1）知道他人从事犯罪活动，协助转换或者转移财物的；（2）没有正当理由，通过非法途径协助转换或者转移财物的；（3）没有正当理由，以明显低于市场的价格收购财物的；（4）没有正当理由，协助转换或者转移财物，收取明显高于市场的"手续费"的；（5）没有正当理由，协助他人将巨额现金散存于多个银行账户或者在不同银行账户之间频繁划转的；（6）协助近亲属或者其他关系密切的人转换或者转移与其职业或者财产状况明显不符的财物的;(7)其他可以认定行为人明知的情形。该案中,被告人连某昇、钟某武、王某伟、余某等人主观上明知郭某光等人实施电信网络诈骗行为,仍然协助将诈骗犯罪所得及其收益转化为黄金实物,并从中收取较大数额报酬,符合《关于审理洗钱等刑事案件具体应用法律若干问题的解释》第一条第一项规定的"明知"情形。

评析 　国内电信网络诈骗案件目前保持高发、多发态势,随着网络贷款、金融投资、博彩杀猪盘等诈骗手段不断涌现,诈骗金额亦日趋庞大,对于下游犯罪的打击特别是涉案资金的转移问题不容小觑。为顺利地将诈骗所得资金"洗白"提现,诈骗犯罪集团往往通过分工协作、相互配合的方式,收买对公账户、个人银行卡,或者专门成立空壳公司设立对公账户等方式,将到账资金通过多级银行卡层层转账汇入诈骗犯罪集团控制的银行卡内,再进行提现。在本案中,以被告人连某昇为首的犯罪团伙,分工明确,设立所谓的公司法人组和跑腿办卡组、交易黄金组、提取黄金后装车转运组等,采取利用空壳公司设立对公账户,与黄金珠宝公司签订贵金属交易合同,到黄金交易市场交易黄金的方式,将涉案资金经过黄金市场交易提取黄金的方式来提现,诈骗活动以及衍生下游犯罪紧密结合。

法律适用

一、综　　合

中华人民共和国反电信网络诈骗法

（2022年9月2日第十二届全国人民代表大会常务委员会第三十六次会议通过　2022年9月2日中华人民共和国主席令第119号公布　自2022年12月1日起施行）

第一章　总　　则

第一条　为了预防、遏制和惩治电信网络诈骗活动，加强反电信网络诈骗工作，保护公民和组织的合法权益，维护社会稳定和国家安全，根据宪法，制定本法。

第二条　本法所称电信网络诈骗，是指以非法占有为目的，利用电信网络技术手段，通过远程、非接触等方式，诈骗公私财物的行为。

第三条　打击治理在中华人民共和国境内实施的电信网络诈骗活动或者中华人民共和国公民在境外实施的电信网络诈骗活动，适用本法。

境外的组织、个人针对中华人民共和国境内实施电信网络诈骗活动的，或者为他人针对境内实施电信网络诈骗活动提供产品、服务等帮助的，依照本法有关规定处理和追究责任。

第四条 反电信网络诈骗工作坚持以人民为中心，统筹发展和安全；坚持系统观念、法治思维，注重源头治理、综合治理；坚持齐抓共管、群防群治，全面落实打防管控各项措施，加强社会宣传教育防范；坚持精准防治，保障正常生产经营活动和群众生活便利。

第五条 反电信网络诈骗工作应当依法进行，维护公民和组织的合法权益。

有关部门和单位、个人应当对在反电信网络诈骗工作过程中知悉的国家秘密、商业秘密和个人隐私、个人信息予以保密。

第六条 国务院建立反电信网络诈骗工作机制，统筹协调打击治理工作。

地方各级人民政府组织领导本行政区域内反电信网络诈骗工作，确定反电信网络诈骗目标任务和工作机制，开展综合治理。

公安机关牵头负责反电信网络诈骗工作，金融、电信、网信、市场监管等有关部门依照职责履行监管主体责任，负责本行业领域反电信网络诈骗工作。

人民法院、人民检察院发挥审判、检察职能作用，依法防范、惩治电信网络诈骗活动。

电信业务经营者、银行业金融机构、非银行支付机构、互联网服务提供者承担风险防控责任，建立反电信网络诈骗内部控制机制和安全责任制度，加强新业务涉诈风险安全评估。

第七条 有关部门、单位在反电信网络诈骗工作中应当密切协作，实现跨行业、跨地域协同配合、快速联动，加强专业队伍建设，有效打击治理电信网络诈骗活动。

第八条 各级人民政府和有关部门应当加强反电信网络诈骗宣传，普及相关法律和知识，提高公众对各类电信网络诈骗方式的防骗意识和识骗能力。

教育行政、市场监管、民政等有关部门和村民委员会、居民委员会，应当结合电信网络诈骗受害群体的分布等特征，加强对老年人、青少年等群体的宣传教育，增强反电信网络诈骗宣传教育的针对性、精准性，开展反电信网络诈骗宣传教育进学校、进企业、进社区、进农村、进家庭等活动。

各单位应当加强内部防范电信网络诈骗工作，对工作人员开展防范电信网络诈骗教育；个人应当加强电信网络诈骗防范意识。单位、个人应当协助、配合有关部门依照本法规定开展反电信网络诈骗工作。

第二章 电信治理

第九条 电信业务经营者应当依法全面落实电话用户真实身份信息登记制度。

基础电信企业和移动通信转售企业应当承担对代理商落实电话用户实名制管理责任，在协议中明确代理商实名制登记的责任和有关违约处置措施。

第十条 办理电话卡不得超出国家有关规定限制的数量。

对经识别存在异常办卡情形的，电信业务经营者有权加强核查或者拒绝办卡。具体识别办法由国务院电信主管部门制定。

国务院电信主管部门组织建立电话用户开卡数量核验机制和风险信息共享机制，并为用户查询名下电话卡信息提供便捷渠道。

第十一条 电信业务经营者对监测识别的涉诈异常电话卡用户应当重新进行实名核验，根据风险等级采取有区别的、相应的核验措施。对未按规定核验或者核验未通过的，电信业务经营者可以限制、暂停有关电话卡功能。

第十二条　电信业务经营者建立物联网卡用户风险评估制度，评估未通过的，不得向其销售物联网卡；严格登记物联网卡用户身份信息；采取有效技术措施限定物联网卡开通功能、使用场景和适用设备。

单位用户从电信业务经营者购买物联网卡再将载有物联网卡的设备销售给其他用户的，应当核验和登记用户身份信息，并将销量、存量及用户实名信息传送给号码归属的电信业务经营者。

电信业务经营者对物联网卡的使用建立监测预警机制。对存在异常使用情形的，应当采取暂停服务、重新核验身份和使用场景或者其他合同约定的处置措施。

第十三条　电信业务经营者应当规范真实主叫号码传送和电信线路出租，对改号电话进行封堵拦截和溯源核查。

电信业务经营者应当严格规范国际通信业务出入口局主叫号码传送，真实、准确向用户提示来电号码所属国家或者地区，对网内和网间虚假主叫、不规范主叫进行识别、拦截。

第十四条　任何单位和个人不得非法制造、买卖、提供或者使用下列设备、软件：

（一）电话卡批量插入设备；

（二）具有改变主叫号码、虚拟拨号、互联网电话违规接入公用电信网络等功能的设备、软件；

（三）批量账号、网络地址自动切换系统，批量接收提供短信验证、语音验证的平台；

（四）其他用于实施电信网络诈骗等违法犯罪的设备、软件。

电信业务经营者、互联网服务提供者应当采取技术措施，及时识别、阻断前款规定的非法设备、软件接入网络，并向公安机关和相关行业主管部门报告。

第三章 金融治理

第十五条 银行业金融机构、非银行支付机构为客户开立银行账户、支付账户及提供支付结算服务，和与客户业务关系存续期间，应当建立客户尽职调查制度，依法识别受益所有人，采取相应风险管理措施，防范银行账户、支付账户等被用于电信网络诈骗活动。

第十六条 开立银行账户、支付账户不得超出国家有关规定限制的数量。

对经识别存在异常开户情形的，银行业金融机构、非银行支付机构有权加强核查或者拒绝开户。

中国人民银行、国务院银行业监督管理机构组织有关清算机构建立跨机构开户数量核验机制和风险信息共享机制，并为客户提供查询名下银行账户、支付账户的便捷渠道。银行业金融机构、非银行支付机构应当按照国家有关规定提供开户情况和有关风险信息。相关信息不得用于反电信网络诈骗以外的其他用途。

第十七条 银行业金融机构、非银行支付机构应当建立开立企业账户异常情形的风险防控机制。金融、电信、市场监管、税务等有关部门建立开立企业账户相关信息共享查询系统，提供联网核查服务。

市场主体登记机关应当依法对企业实名登记履行身份信息核验职责；依照规定对登记事项进行监督检查，对可能存在虚假登记、涉诈异常的企业重点监督检查，依法撤销登记的，依照前款的规定及时共享信息；为银行业金融机构、非银行支付机构进行客户尽职调查和依法识别受益所有人提供便利。

第十八条 银行业金融机构、非银行支付机构应当对银行账户、支付账户及支付结算服务加强监测，建立完善符合电信网络诈骗活动特征的异常账户和可疑交易监测机制。

中国人民银行统筹建立跨银行业金融机构、非银行支付机构的反洗钱统一监测系统，会同国务院公安部门完善与电信网络诈骗犯罪资金流转特点相适应的反洗钱可疑交易报告制度。

对监测识别的异常账户和可疑交易，银行业金融机构、非银行支付机构应当根据风险情况，采取核实交易情况、重新核验身份、延迟支付结算、限制或者中止有关业务等必要的防范措施。

银行业金融机构、非银行支付机构依照第一款规定开展异常账户和可疑交易监测时，可以收集异常客户互联网协议地址、网卡地址、支付受理终端信息等必要的交易信息、设备位置信息。上述信息未经客户授权，不得用于反电信网络诈骗以外的其他用途。

第十九条 银行业金融机构、非银行支付机构应当按照国家有关规定，完整、准确传输直接提供商品或者服务的商户名称、收付款客户名称及账号等交易信息，保证交易信息的真实、完整和支付全流程中的一致性。

第二十条 国务院公安部门会同有关部门建立完善电信网络诈骗涉案资金即时查询、紧急止付、快速冻结、及时解冻和资金返还制度，明确有关条件、程序和救济措施。

公安机关依法决定采取上述措施的，银行业金融机构、非银行支付机构应当予以配合。

第四章　互联网治理

第二十一条 电信业务经营者、互联网服务提供者为用户提供下列服务，在与用户签订协议或者确认提供服务时，应当依法要求用户提供真实身份信息，用户不提供真实身份信息的，不得提供服务：

（一）提供互联网接入服务；

（二）提供网络代理等网络地址转换服务；

（三）提供互联网域名注册、服务器托管、空间租用、云服务、内容分发服务；

（四）提供信息、软件发布服务，或者提供即时通讯、网络交易、网络游戏、网络直播发布、广告推广服务。

第二十二条 互联网服务提供者对监测识别的涉诈异常账号应当重新核验，根据国家有关规定采取限制功能、暂停服务等处置措施。

互联网服务提供者应当根据公安机关、电信主管部门要求，对涉案电话卡、涉诈异常电话卡所关联注册的有关互联网账号进行核验，根据风险情况，采取限期改正、限制功能、暂停使用、关闭账号、禁止重新注册等处置措施。

第二十三条 设立移动互联网应用程序应当按照国家有关规定向电信主管部门办理许可或者备案手续。

为应用程序提供封装、分发服务的，应当登记并核验应用程序开发运营者的真实身份信息，核验应用程序的功能、用途。

公安、电信、网信等部门和电信业务经营者、互联网服务提供者应当加强对分发平台以外途径下载传播的涉诈应用程序重点监测、及时处置。

第二十四条 提供域名解析、域名跳转、网址链接转换服务的，应当按照国家有关规定，核验域名注册、解析信息和互联网协议地址的真实性、准确性，规范域名跳转，记录并留存所提供相应服务的日志信息，支持实现对解析、跳转、转换记录的溯源。

第二十五条 任何单位和个人不得为他人实施电信网络诈骗活动提供下列支持或者帮助：

213

（一）出售、提供个人信息；

（二）帮助他人通过虚拟货币交易等方式洗钱；

（三）其他为电信网络诈骗活动提供支持或者帮助的行为。

电信业务经营者、互联网服务提供者应当依照国家有关规定，履行合理注意义务，对利用下列业务从事涉诈支持、帮助活动进行监测识别和处置：

（一）提供互联网接入、服务器托管、网络存储、通讯传输、线路出租、域名解析等网络资源服务；

（二）提供信息发布或者搜索、广告推广、引流推广等网络推广服务；

（三）提供应用程序、网站等网络技术、产品的制作、维护服务；

（四）提供支付结算服务。

第二十六条 公安机关办理电信网络诈骗案件依法调取证据的，互联网服务提供者应当及时提供技术支持和协助。

互联网服务提供者依照本法规定对有关涉诈信息、活动进行监测时，发现涉诈违法犯罪线索、风险信息的，应当依照国家有关规定，根据涉诈风险类型、程度情况移送公安、金融、电信、网信等部门。有关部门应当建立完善反馈机制，将相关情况及时告知移送单位。

第五章 综合措施

第二十七条 公安机关应当建立完善打击治理电信网络诈骗工作机制，加强专门队伍和专业技术建设，各警种、各地公安机关应当密切配合，依法有效惩处电信网络诈骗活动。

公安机关接到电信网络诈骗活动的报案或者发现电信网络诈骗

活动，应当依照《中华人民共和国刑事诉讼法》的规定立案侦查。

第二十八条 金融、电信、网信部门依照职责对银行业金融机构、非银行支付机构、电信业务经营者、互联网服务提供者落实本法规定情况进行监督检查。有关监督检查活动应当依法规范开展。

第二十九条 个人信息处理者应当依照《中华人民共和国个人信息保护法》等法律规定，规范个人信息处理，加强个人信息保护，建立个人信息被用于电信网络诈骗的防范机制。

履行个人信息保护职责的部门、单位对可能被电信网络诈骗利用的物流信息、交易信息、贷款信息、医疗信息、婚介信息等实施重点保护。公安机关办理电信网络诈骗案件，应当同时查证犯罪所利用的个人信息来源，依法追究相关人员和单位责任。

第三十条 电信业务经营者、银行业金融机构、非银行支付机构、互联网服务提供者应当对从业人员和用户开展反电信网络诈骗宣传，在有关业务活动中对防范电信网络诈骗作出提示，对本领域新出现的电信网络诈骗手段及时向用户作出提醒，对非法买卖、出租、出借本人有关卡、账户、账号等被用于电信网络诈骗的法律责任作出警示。

新闻、广播、电视、文化、互联网信息服务等单位，应当面向社会有针对性地开展反电信网络诈骗宣传教育。

任何单位和个人有权举报电信网络诈骗活动，有关部门应当依法及时处理，对提供有效信息的举报人依照规定给予奖励和保护。

第三十一条 任何单位和个人不得非法买卖、出租、出借电话卡、物联网卡、电信线路、短信端口、银行账户、支付账户、互联网账号等，不得提供实名核验帮助；不得假冒他人身份或者虚构代理关系开立上述卡、账户、账号等。

对经设区的市级以上公安机关认定的实施前款行为的单位、个人和相关组织者，以及因从事电信网络诈骗活动或者关联犯罪受过刑事处罚的人员，可以按照国家有关规定记入信用记录，采取限制其有关卡、账户、账号等功能和停止非柜面业务、暂停新业务、限制入网等措施。对上述认定和措施有异议的，可以提出申诉，有关部门应当建立健全申诉渠道、信用修复和救济制度。具体办法由国务院公安部门会同有关主管部门规定。

第三十二条 国家支持电信业务经营者、银行业金融机构、非银行支付机构、互联网服务提供者研究开发有关电信网络诈骗反制技术，用于监测识别、动态封堵和处置涉诈异常信息、活动。

国务院公安部门、金融管理部门、电信主管部门和国家网信部门等应当统筹负责本行业领域反制技术措施建设，推进涉电信网络诈骗样本信息数据共享，加强涉诈用户信息交叉核验，建立有关涉诈异常信息、活动的监测识别、动态封堵和处置机制。

依据本法第十一条、第十二条、第十八条、第二十二条和前款规定，对涉诈异常情形采取限制、暂停服务等处置措施的，应当告知处置原因、救济渠道及需要提交的资料等事项，被处置对象可以向作出决定或者采取措施的部门、单位提出申诉。作出决定的部门、单位应当建立完善申诉渠道，及时受理申诉并核查，核查通过的，应当即时解除有关措施。

第三十三条 国家推进网络身份认证公共服务建设，支持个人、企业自愿使用，电信业务经营者、银行业金融机构、非银行支付机构、互联网服务提供者对存在涉诈异常的电话卡、银行账户、支付账户、互联网账号，可以通过国家网络身份认证公共服务对用户身份重新进行核验。

第三十四条 公安机关应当会同金融、电信、网信部门组织银行业金融机构、非银行支付机构、电信业务经营者、互联网服务提供者等建立预警劝阻系统，对预警发现的潜在被害人，根据情况及时采取相应劝阻措施。对电信网络诈骗案件应当加强追赃挽损，完善涉案资金处置制度，及时返还被害人的合法财产。对遭受重大生活困难的被害人，符合国家有关救助条件的，有关方面依照规定给予救助。

第三十五条　经国务院反电信网络诈骗工作机制决定或者批准，公安、金融、电信等部门对电信网络诈骗活动严重的特定地区，可以依照国家有关规定采取必要的临时风险防范措施。

第三十六条　对前往电信网络诈骗活动严重地区的人员，出境活动存在重大涉电信网络诈骗活动嫌疑的，移民管理机构可以决定不准其出境。

因从事电信网络诈骗活动受过刑事处罚的人员，设区的市级以上公安机关可以根据犯罪情况和预防再犯罪的需要，决定自处罚完毕之日起六个月至三年以内不准其出境，并通知移民管理机构执行。

第三十七条　国务院公安部门等会同外交部门加强国际执法司法合作，与有关国家、地区、国际组织建立有效合作机制，通过开展国际警务合作等方式，提升在信息交流、调查取证、侦查抓捕、追赃挽损等方面的合作水平，有效打击遏制跨境电信网络诈骗活动。

第六章　法 律 责 任

第三十八条　组织、策划、实施、参与电信网络诈骗活动或者为电信网络诈骗活动提供帮助，构成犯罪的，依法追究刑事责任。

前款行为尚不构成犯罪的，由公安机关处十日以上十五日以下拘留，没收违法所得，处违法所得一倍以上十倍以下罚款，没有违法所得或者违法所得不足一万元的，处十万元以下罚款。

第三十九条　电信业务经营者违反本法规定，有下列情形之一的，由有关主管部门责令改正，情节较轻的，给予警告、通报批评，或者处五万元以上五十万元以下罚款；情节严重的，处五十万元以上五百万元以下罚款，并可以由有关主管部门责令暂停相关业务、停业整顿、吊销相关业务许可证或者吊销营业执照，对其直接负责的主管人员和其他直接责任人员，处一万元以上二十万元以下罚款：

（一）未落实国家有关规定确定的反电信网络诈骗内部控制机制的；

（二）未履行电话卡、物联网卡实名制登记职责的；

（三）未履行对电话卡、物联网卡的监测识别、监测预警和相关处置职责的；

（四）未对物联网卡用户进行风险评估，或者未限定物联网卡的开通功能、使用场景和适用设备的；

（五）未采取措施对改号电话、虚假主叫或者具有相应功能的非法设备进行监测处置的。

第四十条 银行业金融机构、非银行支付机构违反本法规定，有下列情形之一的，由有关主管部门责令改正，情节较轻的，给予警告、通报批评，或者处五万元以上五十万元以下罚款；情节严重的，处五十万元以上五百万元以下罚款，并可以由有关主管部门责令停止新增业务、缩减业务类型或者业务范围、暂停相关业务、停业整顿、吊销相关业务许可证或者吊销营业执照，对其直接负责的主管人员和其他直接责任人员，处一万元以上二十万元以下罚款：

（一）未落实国家有关规定确定的反电信网络诈骗内部控制机制的；

（二）未履行尽职调查义务和有关风险管理措施的；

（三）未履行对异常账户、可疑交易的风险监测和相关处置义务的；

（四）未按照规定完整、准确传输有关交易信息的。

第四十一条 电信业务经营者、互联网服务提供者违反本法规定，有下列情形之一的，由有关主管部门责令改正，情节较轻的，给予警告、通报批评，或者处五万元以上五十万元以下罚款；情节严重的，处五十万元以上五百万元以下罚款，并可以由有关主管部门责令暂停相关业务、停业整顿、关闭网站或者应用程序、吊销相关业务许可证或者吊销营业执照，对其直接负责的主管人员和其他直接责任人员，处一万元以上二十万元以下罚款：

（一）未落实国家有关规定确定的反电信网络诈骗内部控制机制的；

（二）未履行网络服务实名制职责，或者未对涉案、涉诈电话卡关联注册互联网账号进行核验的；

（三）未按照国家有关规定，核验域名注册、解析信息和互联网协议地址的真实性、准确性，规范域名跳转，或者记录并留存所提供相应服务的日志信息的；

（四）未登记核验移动互联网应用程序开发运营者的真实身份信息或者未核验应用程序的功能、用途，为其提供应用程序封装、分发服务的；

（五）未履行对涉诈互联网账号和应用程序，以及其他电信网络诈骗信息、活动的监测识别和处置义务的；

（六）拒不依法为查处电信网络诈骗犯罪提供技术支持和协助，或者未按规定移送有关违法犯罪线索、风险信息的。

第四十二条 违反本法第十四条、第二十五条第一款规定的，没收违法所得，由公安机关或者有关主管部门处违法所得一倍以上十倍以下罚款，没有违法所得或者违法所得不足五万元的，处五十万元以下罚款；情节严重的，由公安机关并处十五日以下拘留。

第四十三条 违反本法第二十五条第二款规定，由有关主管部门责令改正,情节较轻的,给予警告、通报批评,或者处五万元以上五十万元以下罚款;情节严重的,处五十万元以上五百万元以下罚款,并可以由有关主管部门责令暂停相关业务、停业整顿、关闭网站或者应用程序,对其直接负责的主管人员和其他直接责任人员,处一万元以上二十万元以下罚款。

第四十四条 违反本法第三十一条第一款规定的,没收违法所得,由公安机关处违法所得一倍以上十倍以下罚款,没有违法所得或者违法所得不足二万元的,处二十万元以下罚款;情节严重的,并处十五日以下拘留。

第四十五条 反电信网络诈骗工作有关部门、单位的工作人员滥用职权、玩忽职守、徇私舞弊,或者有其他违反本法规定行为,构成犯罪的,依法追究刑事责任。

第四十六条 组织、策划、实施、参与电信网络诈骗活动或者为电信网络诈骗活动提供相关帮助的违法犯罪人员,除依法承担刑事责任、行政责任以外,造成他人损害的,依照《中华人民共和国民法典》等法律的规定承担民事责任。

电信业务经营者、银行业金融机构、非银行支付机构、互联网服务提供者等违反本法规定,造成他人损害的,依照《中华人民共和国民法典》等法律的规定承担民事责任。

第四十七条 人民检察院在履行反电信网络诈骗职责中,对于侵害国家利益和社会公共利益的行为,可以依法向人民法院提起公益诉讼。

第四十八条 有关单位和个人对依照本法作出的行政处罚和行政强制措施决定不服的,可以依法申请行政复议或者提起行政诉讼。

第七章 附 则

第四十九条 反电信网络诈骗工作涉及的有关管理和责任制度，本法没有规定的，适用《中华人民共和国网络安全法》、《中华人民共和国个人信息保护法》、《中华人民共和国反洗钱法》等相关法律规定。

第五十条 本法自2022年12月1日起施行。

中华人民共和国个人信息保护法（节录）

（2021年8月20日第十三届全国人民代表大会常务委员会第三十次会议通过 2021年8月20日中华人民共和国主席令第91号公布 自2021年11月1日起施行）

第一章 总 则

第一条 为了保护个人信息权益，规范个人信息处理活动，促进个人信息合理利用，根据宪法，制定本法。

第二条 自然人的个人信息受法律保护，任何组织、个人不得侵害自然人的个人信息权益。

第三条 在中华人民共和国境内处理自然人个人信息的活动，适用本法。

在中华人民共和国境外处理中华人民共和国境内自然人个人信息的活动，有下列情形之一的，也适用本法：

（一）以向境内自然人提供产品或者服务为目的；

(二)分析、评估境内自然人的行为;

(三)法律、行政法规规定的其他情形。

第四条 个人信息是以电子或者其他方式记录的与已识别或者可识别的自然人有关的各种信息,不包括匿名化处理后的信息。

个人信息的处理包括个人信息的收集、存储、使用、加工、传输、提供、公开、删除等。

第五条 处理个人信息应当遵循合法、正当、必要和诚信原则,不得通过误导、欺诈、胁迫等方式处理个人信息。

第六条 处理个人信息应当具有明确、合理的目的,并应当与处理目的直接相关,采取对个人权益影响最小的方式。

收集个人信息,应当限于实现处理目的的最小范围,不得过度收集个人信息。

第七条 处理个人信息应当遵循公开、透明原则,公开个人信息处理规则,明示处理的目的、方式和范围。

第八条 处理个人信息应当保证个人信息的质量,避免因个人信息不准确、不完整对个人权益造成不利影响。

第九条 个人信息处理者应当对其个人信息处理活动负责,并采取必要措施保障所处理的个人信息的安全。

第十条 任何组织、个人不得非法收集、使用、加工、传输他人个人信息,不得非法买卖、提供或者公开他人个人信息;不得从事危害国家安全、公共利益的个人信息处理活动。

第十一条 国家建立健全个人信息保护制度,预防和惩治侵害个人信息权益的行为,加强个人信息保护宣传教育,推动形成政府、企业、相关社会组织、公众共同参与个人信息保护的良好环境。

第十二条 国家积极参与个人信息保护国际规则的制定,促进个人信息保护方面的国际交流与合作,推动与其他国家、地区、国际组织之间的个人信息保护规则、标准等互认。

第二章　个人信息处理规则

第一节　一般规定

第十三条　符合下列情形之一的，个人信息处理者方可处理个人信息：

（一）取得个人的同意；

（二）为订立、履行个人作为一方当事人的合同所必需，或者按照依法制定的劳动规章制度和依法签订的集体合同实施人力资源管理所必需；

（三）为履行法定职责或者法定义务所必需；

（四）为应对突发公共卫生事件，或者紧急情况下为保护自然人的生命健康和财产安全所必需；

（五）为公共利益实施新闻报道、舆论监督等行为，在合理的范围内处理个人信息；

（六）依照本法规定在合理的范围内处理个人自行公开或者其他已经合法公开的个人信息；

（七）法律、行政法规规定的其他情形。

依照本法其他有关规定，处理个人信息应当取得个人同意，但是有前款第二项至第七项规定情形的，不需取得个人同意。

第十四条　基于个人同意处理个人信息的，该同意应当由个人在充分知情的前提下自愿、明确作出。法律、行政法规规定处理个人信息应当取得个人单独同意或者书面同意的，从其规定。

个人信息的处理目的、处理方式和处理的个人信息种类发生变更的，应当重新取得个人同意。

第十五条　基于个人同意处理个人信息的，个人有权撤回其同意。个人信息处理者应当提供便捷的撤回同意的方式。

个人撤回同意,不影响撤回前基于个人同意已进行的个人信息处理活动的效力。

第十六条 个人信息处理者不得以个人不同意处理其个人信息或者撤回同意为由,拒绝提供产品或者服务;处理个人信息属于提供产品或者服务所必需的除外。

第十七条 个人信息处理者在处理个人信息前,应当以显著方式、清晰易懂的语言真实、准确、完整地向个人告知下列事项:

(一)个人信息处理者的名称或者姓名和联系方式;

(二)个人信息的处理目的、处理方式,处理的个人信息种类、保存期限;

(三)个人行使本法规定权利的方式和程序;

(四)法律、行政法规规定应当告知的其他事项。

前款规定事项发生变更的,应当将变更部分告知个人。

个人信息处理者通过制定个人信息处理规则的方式告知第一款规定事项的,处理规则应当公开,并且便于查阅和保存。

第十八条 个人信息处理者处理个人信息,有法律、行政法规规定应当保密或者不需要告知的情形的,可以不向个人告知前条第一款规定的事项。

紧急情况下为保护自然人的生命健康和财产安全无法及时向个人告知的,个人信息处理者应当在紧急情况消除后及时告知。

第十九条 除法律、行政法规另有规定外,个人信息的保存期限应当为实现处理目的所必要的最短时间。

第二十条 两个以上的个人信息处理者共同决定个人信息的处理目的和处理方式的,应当约定各自的权利和义务。但是,该约定不影响个人向其中任何一个个人信息处理者要求行使本法规定的权利。

个人信息处理者共同处理个人信息，侵害个人信息权益造成损害的，应当依法承担连带责任。

第二十一条 个人信息处理者委托处理个人信息的，应当与受托人约定委托处理的目的、期限、处理方式、个人信息的种类、保护措施以及双方的权利和义务等，并对受托人的个人信息处理活动进行监督。

受托人应当按照约定处理个人信息，不得超出约定的处理目的、处理方式等处理个人信息；委托合同不生效、无效、被撤销或者终止的，受托人应当将个人信息返还个人信息处理者或者予以删除，不得保留。

未经个人信息处理者同意，受托人不得转委托他人处理个人信息。

第二十二条 个人信息处理者因合并、分立、解散、被宣告破产等原因需要转移个人信息的，应当向个人告知接收方的名称或者姓名和联系方式。接收方应当继续履行个人信息处理者的义务。接收方变更原先的处理目的、处理方式的，应当依照本法规定重新取得个人同意。

第二十三条 个人信息处理者向其他个人信息处理者提供其处理的个人信息的，应当向个人告知接收方的名称或者姓名、联系方式、处理目的、处理方式和个人信息的种类，并取得个人的单独同意。接收方应当在上述处理目的、处理方式和个人信息的种类等范围内处理个人信息。接收方变更原先的处理目的、处理方式的，应当依照本法规定重新取得个人同意。

第二十四条 个人信息处理者利用个人信息进行自动化决策，应当保证决策的透明度和结果公平、公正，不得对个人在交易价格等交易条件上实行不合理的差别待遇。

通过自动化决策方式向个人进行信息推送、商业营销，应当同时提供不针对其个人特征的选项,或者向个人提供便捷的拒绝方式。

通过自动化决策方式作出对个人权益有重大影响的决定,个人有权要求个人信息处理者予以说明,并有权拒绝个人信息处理者仅通过自动化决策的方式作出决定。

第二十五条 个人信息处理者不得公开其处理的个人信息,取得个人单独同意的除外。

第二十六条 在公共场所安装图像采集、个人身份识别设备,应当为维护公共安全所必需,遵守国家有关规定,并设置显著的提示标识。所收集的个人图像、身份识别信息只能用于维护公共安全的目的,不得用于其他目的;取得个人单独同意的除外。

第二十七条 个人信息处理者可以在合理的范围内处理个人自行公开或者其他已经合法公开的个人信息;个人明确拒绝的除外。个人信息处理者处理已公开的个人信息,对个人权益有重大影响的,应当依照本法规定取得个人同意。

第二节 敏感个人信息的处理规则

第二十八条 敏感个人信息是一旦泄露或者非法使用,容易导致自然人的人格尊严受到侵害或者人身、财产安全受到危害的个人信息,包括生物识别、宗教信仰、特定身份、医疗健康、金融账户、行踪轨迹等信息,以及不满十四周岁未成年人的个人信息。

只有在具有特定的目的和充分的必要性,并采取严格保护措施的情形下,个人信息处理者方可处理敏感个人信息。

第二十九条 处理敏感个人信息应当取得个人的单独同意;法律、行政法规规定处理敏感个人信息应当取得书面同意的,从其规定。

第三十条 个人信息处理者处理敏感个人信息的,除本法第十七条第一款规定的事项外,还应当向个人告知处理敏感个人信息的必要性以及对个人权益的影响;依照本法规定可以不向个人告知的除外。

第三十一条 个人信息处理者处理不满十四周岁未成年人个人信息的,应当取得未成年人的父母或者其他监护人的同意。

个人信息处理者处理不满十四周岁未成年人个人信息的,应当制定专门的个人信息处理规则。

第三十二条 法律、行政法规对处理敏感个人信息规定应当取得相关行政许可或者作出其他限制的,从其规定。

……

第三章 个人信息跨境提供的规则

第三十八条 个人信息处理者因业务等需要,确需向中华人民共和国境外提供个人信息的,应当具备下列条件之一:

(一)依照本法第四十条的规定通过国家网信部门组织的安全评估;

(二)按照国家网信部门的规定经专业机构进行个人信息保护认证;

(三)按照国家网信部门制定的标准合同与境外接收方订立合同,约定双方的权利和义务;

(四)法律、行政法规或者国家网信部门规定的其他条件。

中华人民共和国缔结或者参加的国际条约、协定对向中华人民共和国境外提供个人信息的条件等有规定的,可以按照其规定执行。

个人信息处理者应当采取必要措施,保障境外接收方处理个人信息的活动达到本法规定的个人信息保护标准。

第三十九条　个人信息处理者向中华人民共和国境外提供个人信息的，应当向个人告知境外接收方的名称或者姓名、联系方式、处理目的、处理方式、个人信息的种类以及个人向境外接收方行使本法规定权利的方式和程序等事项，并取得个人的单独同意。

第四十条　关键信息基础设施运营者和处理个人信息达到国家网信部门规定数量的个人信息处理者，应当将在中华人民共和国境内收集和产生的个人信息存储在境内。确需向境外提供的，应当通过国家网信部门组织的安全评估；法律、行政法规和国家网信部门规定可以不进行安全评估的，从其规定。

第四十一条　中华人民共和国主管机关根据有关法律和中华人民共和国缔结或者参加的国际条约、协定，或者按照平等互惠原则，处理外国司法或者执法机构关于提供存储于境内个人信息的请求。非经中华人民共和国主管机关批准，个人信息处理者不得向外国司法或者执法机构提供存储于中华人民共和国境内的个人信息。

第四十二条　境外的组织、个人从事侵害中华人民共和国公民的个人信息权益，或者危害中华人民共和国国家安全、公共利益的个人信息处理活动的，国家网信部门可以将其列入限制或者禁止个人信息提供清单，予以公告，并采取限制或者禁止向其提供个人信息等措施。

第四十三条　任何国家或者地区在个人信息保护方面对中华人民共和国采取歧视性的禁止、限制或者其他类似措施的，中华人民共和国可以根据实际情况对该国家或者地区对等采取措施。

……

第五章　个人信息处理者的义务

第五十一条　个人信息处理者应当根据个人信息的处理目的、

处理方式、个人信息的种类以及对个人权益的影响、可能存在的安全风险等，采取下列措施确保个人信息处理活动符合法律、行政法规的规定，并防止未经授权的访问以及个人信息泄露、篡改、丢失：

（一）制定内部管理制度和操作规程；

（二）对个人信息实行分类管理；

（三）采取相应的加密、去标识化等安全技术措施；

（四）合理确定个人信息处理的操作权限，并定期对从业人员进行安全教育和培训；

（五）制定并组织实施个人信息安全事件应急预案；

（六）法律、行政法规规定的其他措施。

第五十二条 处理个人信息达到国家网信部门规定数量的个人信息处理者应当指定个人信息保护负责人，负责对个人信息处理活动以及采取的保护措施等进行监督。

个人信息处理者应当公开个人信息保护负责人的联系方式，并将个人信息保护负责人的姓名、联系方式等报送履行个人信息保护职责的部门。

第五十三条 本法第二条第二款规定的中华人民共和国境外的个人信息处理者，应当在中华人民共和国境内设立专门机构或者指定代表，负责处理个人信息保护相关事务，并将有关机构的名称或者代表的姓名、联系方式等报送履行个人信息保护职责的部门。

第五十四条 个人信息处理者应当定期对其处理个人信息遵守法律、行政法规的情况进行合规审计。

第五十五条 有下列情形之一的，个人信息处理者应当事前进行个人信息保护影响评估，并对处理情况进行记录：

（一）处理敏感个人信息；

（二）利用个人信息进行自动化决策；

（三）委托处理个人信息、向其他个人信息处理者提供个人信息、公开个人信息；

（四）向境外提供个人信息；

（五）其他对个人权益有重大影响的个人信息处理活动。

第五十六条 个人信息保护影响评估应当包括下列内容：

（一）个人信息的处理目的、处理方式等是否合法、正当、必要；

（二）对个人权益的影响及安全风险；

（三）所采取的保护措施是否合法、有效并与风险程度相适应。

个人信息保护影响评估报告和处理情况记录应当至少保存三年。

第五十七条 发生或者可能发生个人信息泄露、篡改、丢失的，个人信息处理者应当立即采取补救措施，并通知履行个人信息保护职责的部门和个人。通知应当包括下列事项：

（一）发生或者可能发生个人信息泄露、篡改、丢失的信息种类、原因和可能造成的危害；

（二）个人信息处理者采取的补救措施和个人可以采取的减轻危害的措施；

（三）个人信息处理者的联系方式。

个人信息处理者采取措施能够有效避免信息泄露、篡改、丢失造成危害的，个人信息处理者可以不通知个人；履行个人信息保护职责的部门认为可能造成危害的，有权要求个人信息处理者通知个人。

第五十八条 提供重要互联网平台服务、用户数量巨大、业务类型复杂的个人信息处理者，应当履行下列义务：

（一）按照国家规定建立健全个人信息保护合规制度体系，成立主要由外部成员组成的独立机构对个人信息保护情况进行监督；

（二）遵循公开、公平、公正的原则，制定平台规则，明确平台内产品或者服务提供者处理个人信息的规范和保护个人信息的义务；

（三）对严重违反法律、行政法规处理个人信息的平台内的产品或者服务提供者，停止提供服务；

（四）定期发布个人信息保护社会责任报告，接受社会监督。

第五十九条　接受委托处理个人信息的受托人，应当依照本法和有关法律、行政法规的规定，采取必要措施保障所处理的个人信息的安全，并协助个人信息处理者履行本法规定的义务。

……

第六章　履行个人信息保护职责的部门

第六十条　国家网信部门负责统筹协调个人信息保护工作和相关监督管理工作。国务院有关部门依照本法和有关法律、行政法规的规定，在各自职责范围内负责个人信息保护和监督管理工作。

县级以上地方人民政府有关部门的个人信息保护和监督管理职责，按照国家有关规定确定。

前两款规定的部门统称为履行个人信息保护职责的部门。

第六十一条　履行个人信息保护职责的部门履行下列个人信息保护职责：

（一）开展个人信息保护宣传教育，指导、监督个人信息处理者开展个人信息保护工作；

（二）接受、处理与个人信息保护有关的投诉、举报；

（三）组织对应用程序等个人信息保护情况进行测评，并公布测评结果；

（四）调查、处理违法个人信息处理活动；

（五）法律、行政法规规定的其他职责。

第六十二条　国家网信部门统筹协调有关部门依据本法推进下列个人信息保护工作：

（一）制定个人信息保护具体规则、标准；

（二）针对小型个人信息处理者、处理敏感个人信息以及人脸识别、人工智能等新技术、新应用，制定专门的个人信息保护规则、标准；

（三）支持研究开发和推广应用安全、方便的电子身份认证技术，推进网络身份认证公共服务建设；

（四）推进个人信息保护社会化服务体系建设，支持有关机构开展个人信息保护评估、认证服务；

（五）完善个人信息保护投诉、举报工作机制。

第六十三条　履行个人信息保护职责的部门履行个人信息保护职责，可以采取下列措施：

（一）询问有关当事人，调查与个人信息处理活动有关的情况；

（二）查阅、复制当事人与个人信息处理活动有关的合同、记录、账簿以及其他有关资料；

（三）实施现场检查，对涉嫌违法的个人信息处理活动进行调查；

（四）检查与个人信息处理活动有关的设备、物品；对有证据证明是用于违法个人信息处理活动的设备、物品，向本部门主要负责人书面报告并经批准，可以查封或者扣押。

履行个人信息保护职责的部门依法履行职责，当事人应当予以协助、配合，不得拒绝、阻挠。

第六十四条　履行个人信息保护职责的部门在履行职责中，发现个人信息处理活动存在较大风险或者发生个人信息安全事件的，可以按照规定的权限和程序对该个人信息处理者的法定代表人或者主要负责人进行约谈，或者要求个人信息处理者委托专业机构对其个人信息处理活动进行合规审计。个人信息处理者应当按照要求采取措施，进行整改，消除隐患。

履行个人信息保护职责的部门在履行职责中，发现违法处理个人信息涉嫌犯罪的，应当及时移送公安机关依法处理。

第六十五条　任何组织、个人有权对违法个人信息处理活动向履行个人信息保护职责的部门进行投诉、举报。收到投诉、举报的部门应当依法及时处理，并将处理结果告知投诉、举报人。

履行个人信息保护职责的部门应当公布接受投诉、举报的联系方式。

第七章　法律责任

第六十六条　违反本法规定处理个人信息，或者处理个人信息未履行本法规定的个人信息保护义务的，由履行个人信息保护职责的部门责令改正，给予警告，没收违法所得，对违法处理个人信息的应用程序，责令暂停或者终止提供服务；拒不改正的，并处一百万元以下罚款；对直接负责的主管人员和其他直接责任人员处一万元以上十万元以下罚款。

有前款规定的违法行为，情节严重的，由省级以上履行个人信息保护职责的部门责令改正，没收违法所得，并处五千万元以下或者上一年度营业额百分之五以下罚款，并可以责令暂停相关业务或者停业整顿、通报有关主管部门吊销相关业务许可或者吊销营业执照；对直接负责的主管人员和其他直接责任人员处十万元以上一百万元以下罚款，并可以决定禁止其在一定期限内担任相关企业的董事、监事、高级管理人员和个人信息保护负责人。

第六十七条　有本法规定的违法行为的，依照有关法律、行政法规的规定记入信用档案,并予以公示。

第六十八条 国家机关不履行本法规定的个人信息保护义务的,由其上级机关或者履行个人信息保护职责的部门责令改正;对直接负责的主管人员和其他直接责任人员依法给予处分。

履行个人信息保护职责的部门的工作人员玩忽职守、滥用职权、徇私舞弊,尚不构成犯罪的,依法给予处分。

第六十九条 处理个人信息侵害个人信息权益造成损害,个人信息处理者不能证明自己没有过错的,应当承担损害赔偿等侵权责任。

前款规定的损害赔偿责任按照个人因此受到的损失或者个人信息处理者因此获得的利益确定;个人因此受到的损失和个人信息处理者因此获得的利益难以确定的,根据实际情况确定赔偿数额。

第七十条 个人信息处理者违反本法规定处理个人信息,侵害众多个人的权益的,人民检察院、法律规定的消费者组织和由国家网信部门确定的组织可以依法向人民法院提起诉讼。

第七十一条 违反本法规定,构成违反治安管理行为的,依法给予治安管理处罚;构成犯罪的,依法追究刑事责任。

……

中华人民共和国数据安全法（节录）

（2021年6月10日第十三届全国人民代表大会常务委员会第二十九次会议通过　2021年6月10日中华人民共和国主席令第84号公布　自2021年9月1日起施行）

第一章　总　　则

第一条　为了规范数据处理活动，保障数据安全，促进数据开发利用，保护个人、组织的合法权益，维护国家主权、安全和发展利益，制定本法。

第二条　在中华人民共和国境内开展数据处理活动及其安全监管，适用本法。

在中华人民共和国境外开展数据处理活动，损害中华人民共和国国家安全、公共利益或者公民、组织合法权益的，依法追究法律责任。

……

第七条　国家保护个人、组织与数据有关的权益，鼓励数据依法合理有效利用，保障数据依法有序自由流动，促进以数据为关键要素的数字经济发展。

第八条　开展数据处理活动，应当遵守法律、法规，尊重社会公德和伦理，遵守商业道德和职业道德，诚实守信，履行数据安全保护义务，承担社会责任，不得危害国家安全、公共利益，不得损害个人、组织的合法权益。

……

第十条　相关行业组织按照章程,依法制定数据安全行为规范和团体标准,加强行业自律,指导会员加强数据安全保护,提高数据安全保护水平,促进行业健康发展。

第十一条　国家积极开展数据安全治理、数据开发利用等领域的国际交流与合作,参与数据安全相关国际规则和标准的制定,促进数据跨境安全、自由流动。

第十二条　任何个人、组织都有权对违反本法规定的行为向有关主管部门投诉、举报。收到投诉、举报的部门应当及时依法处理。

有关主管部门应当对投诉、举报人的相关信息予以保密,保护投诉、举报人的合法权益。

……

第三章　数据安全制度

第二十一条　国家建立数据分类分级保护制度,根据数据在经济社会发展中的重要程度,以及一旦遭到篡改、破坏、泄露或者非法获取、非法利用,对国家安全、公共利益或者个人、组织合法权益造成的危害程度,对数据实行分类分级保护。国家数据安全工作协调机制统筹协调有关部门制定重要数据目录,加强对重要数据的保护。

关系国家安全、国民经济命脉、重要民生、重大公共利益等数据属于国家核心数据,实行更加严格的管理制度。

各地区、各部门应当按照数据分类分级保护制度,确定本地区、本部门以及相关行业、领域的重要数据具体目录,对列入目录的数据进行重点保护。

第二十二条　国家建立集中统一、高效权威的数据安全风险评估、报告、信息共享、监测预警机制。国家数据安全工作协调机制统筹协调有关部门加强数据安全风险信息的获取、分析、研判、预警工作。

第二十三条 国家建立数据安全应急处置机制。发生数据安全事件，有关主管部门应当依法启动应急预案，采取相应的应急处置措施，防止危害扩大，消除安全隐患，并及时向社会发布与公众有关的警示信息。

第二十四条 国家建立数据安全审查制度，对影响或者可能影响国家安全的数据处理活动进行国家安全审查。

依法作出的安全审查决定为最终决定。

第二十五条 国家对与维护国家安全和利益、履行国际义务相关的属于管制物项的数据依法实施出口管制。

第二十六条 任何国家或者地区在与数据和数据开发利用技术等有关的投资、贸易等方面对中华人民共和国采取歧视性的禁止、限制或者其他类似措施的，中华人民共和国可以根据实际情况对该国家或者地区对等采取措施。

第四章 数据安全保护义务

第二十七条 开展数据处理活动应当依照法律、法规的规定，建立健全全流程数据安全管理制度，组织开展数据安全教育培训，采取相应的技术措施和其他必要措施，保障数据安全。利用互联网等信息网络开展数据处理活动，应当在网络安全等级保护制度的基础上，履行上述数据安全保护义务。

重要数据的处理者应当明确数据安全负责人和管理机构，落实数据安全保护责任。

第二十八条 开展数据处理活动以及研究开发数据新技术，应当有利于促进经济社会发展，增进人民福祉，符合社会公德和伦理。

第二十九条 开展数据处理活动应当加强风险监测，发现数据安全缺陷、漏洞等风险时，应当立即采取补救措施；发生数据安全事件时，应当立即采取处置措施，按照规定及时告知用户并向有关主管部门报告。

第三十条 重要数据的处理者应当按照规定对其数据处理活动定期开展风险评估，并向有关主管部门报送风险评估报告。

风险评估报告应当包括处理的重要数据的种类、数量，开展数据处理活动的情况，面临的数据安全风险及其应对措施等。

第三十一条 关键信息基础设施的运营者在中华人民共和国境内运营中收集和产生的重要数据的出境安全管理，适用《中华人民共和国网络安全法》的规定；其他数据处理者在中华人民共和国境内运营中收集和产生的重要数据的出境安全管理办法，由国家网信部门会同国务院有关部门制定。

第三十二条 任何组织、个人收集数据，应当采取合法、正当的方式，不得窃取或者以其他非法方式获取数据。

法律、行政法规对收集、使用数据的目的、范围有规定的，应当在法律、行政法规规定的目的和范围内收集、使用数据。

第三十三条 从事数据交易中介服务的机构提供服务，应当要求数据提供方说明数据来源，审核交易双方的身份，并留存审核、交易记录。

第三十四条 法律、行政法规规定提供数据处理相关服务应当取得行政许可的，服务提供者应当依法取得许可。

第三十五条 公安机关、国家安全机关因依法维护国家安全或者侦查犯罪的需要调取数据，应当按照国家有关规定，经过严格的批准手续，依法进行，有关组织、个人应当予以配合。

第三十六条 中华人民共和国主管机关根据有关法律和中华人民共和国缔结或者参加的国际条约、协定，或者按照平等互惠原则，处理外国司法或者执法机构关于提供数据的请求。非经中华人民共和国主管机关批准，境内的组织、个人不得向外国司法或者执法机构提供存储于中华人民共和国境内的数据。

……

第六章 法律责任

第四十四条 有关主管部门在履行数据安全监管职责中，发现数据处理活动存在较大安全风险的，可以按照规定的权限和程序对有关组织、个人进行约谈，并要求有关组织、个人采取措施进行整改，消除隐患。

第四十五条 开展数据处理活动的组织、个人不履行本法第二十七条、第二十九条、第三十条规定的数据安全保护义务的，由有关主管部门责令改正，给予警告，可以并处五万元以上五十万元以下罚款，对直接负责的主管人员和其他直接责任人员可以处一万元以上十万元以下罚款；拒不改正或者造成大量数据泄露等严重后果的，处五十万元以上二百万元以下罚款，并可以责令暂停相关业务、停业整顿、吊销相关业务许可证或者吊销营业执照，对直接负责的主管人员和其他直接责任人员处五万元以上二十万元以下罚款。

违反国家核心数据管理制度，危害国家主权、安全和发展利益的，由有关主管部门处二百万元以上一千万元以下罚款，并根据情况责令暂停相关业务、停业整顿、吊销相关业务许可证或者吊销营业执照；构成犯罪的，依法追究刑事责任。

第四十六条 违反本法第三十一条规定，向境外提供重要数据的，由有关主管部门责令改正，给予警告，可以并处十万元以上一百万元以下罚款，对直接负责的主管人员和其他直接责任人员可以处一万元以上十万元以下罚款；情节严重的，处一百万元以上一千万元以下罚款，并可以责令暂停相关业务、停业整顿、吊销相关业务许可证或者吊销营业执照，对直接负责的主管人员和其他直接责任人员处十万元以上一百万元以下罚款。

第四十七条 从事数据交易中介服务的机构未履行本法第三十三条规定的义务的，由有关主管部门责令改正，没收违法所得，处违法所得一倍以上十倍以下罚款，没有违法所得或者违法所得不足十万元的，处十万元以上一百万元以下罚款，并可以责令暂停相关业务、停业整顿、吊销相关业务许可证或者吊销营业执照；对直接负责的主管人员和其他直接责任人员处一万元以上十万元以下罚款。

第四十八条 违反本法第三十五条规定，拒不配合数据调取的，由有关主管部门责令改正，给予警告，并处五万元以上五十万元以下罚款，对直接负责的主管人员和其他直接责任人员处一万元以上十万元以下罚款。

违反本法第三十六条规定，未经主管机关批准向外国司法或者执法机构提供数据的，由有关主管部门给予警告，可以并处十万元以上一百万元以下罚款，对直接负责的主管人员和其他直接责任人员可以处一万元以上十万元以下罚款；造成严重后果的，处一百万元以上五百万元以下罚款，并可以责令暂停相关业务、停业整顿、吊销相关业务许可证或者吊销营业执照，对直接负责的主管人员和其他直接责任人员处五万元以上五十万元以下罚款。

第四十九条 国家机关不履行本法规定的数据安全保护义务的，对直接负责的主管人员和其他直接责任人员依法给予处分。

第五十条 履行数据安全监管职责的国家工作人员玩忽职守、

滥用职权、徇私舞弊的，依法给予处分。

第五十一条 窃取或者以其他非法方式获取数据，开展数据处理活动排除、限制竞争，或者损害个人、组织合法权益的，依照有关法律、行政法规的规定处罚。

第五十二条 违反本法规定，给他人造成损害的，依法承担民事责任。

违反本法规定，构成违反治安管理行为的，依法给予治安管理处罚；构成犯罪的，依法追究刑事责任。

……

中华人民共和国刑法（节录）

（1979年7月1日第五届全国人民代表大会第二次会议通过 1997年3月14日第八届全国人民代表大会第五次会议修订 根据1998年12月29日第九届全国人民代表大会常务委员会第六次会议通过的《全国人民代表大会常务委员会关于惩治骗购外汇、逃汇和非法买卖外汇犯罪的决定》、1999年12月25日第九届全国人民代表大会常务委员会第十三次会议通过的《中华人民共和国刑法修正案》、2001年8月31日第九届全国人民代表大会常务委员会第二十三次会议通过的《中华人民共和国刑法修正案（二）》、2001年12月29日第九届全国人民代表大会常务委员会第二十五次会议通过的《中华人民共和国刑法修正案（三）》、2002年12月28日第九届全国人民代表大会常务委员会第三十一次会议通过的《中华人民共和国刑法修正案（四）》、2005年2月28日第十届全国人民代表大会常务委员会第十四次会议通过的《中华人民共和国刑法修正案（五）》、2006年6月29日第十届全国人民代表大会常务委员会第二十二次会议通过的《中华人民共和国刑法修正案（六）》、2009年2月28日第十一届全国人民代表大会常务委员会第七次会议通过的《中华人民共和国刑法修正案（七）》、2009年8月27日第十一届全国人民代表大会常务委员会第十次会议通过的《全国人民代表大会常务委员会关于修改部分法律的决定》、2011年2月25日第十一届全国人民代表大会常务委员会第十九次会议通过的《中华人民共和国刑法修正案（八）》、2015年8月29日第十二届全国人民代表大会常务委员会第十六次会议通过的《中华人民共和国刑法修正案（九）》、2017年11月4日第十二届全国人民代表大会常务委员会第三十次会议通过的《中华人民共和国刑法修正案（十）》和2020年12月26日第十三届全国人民代表大会常务委员会第二十四次会议通过的《中华人民共和国刑法修正案（十一）》修正)[1]

……

第二十五条 共同犯罪是指二人以上共同故意犯罪。

二人以上共同过失犯罪，不以共同犯罪论处；应当负刑事责任的，按照他们所犯的罪分别处罚。

第二十六条 组织、领导犯罪集团进行犯罪活动的或者在共同

---

[1] 刑法、历次刑法修正案、涉及修改刑法的决定的施行日期，分别依据各法律所规定的施行日期确定。

犯罪中起主要作用的，是主犯。

三人以上为共同实施犯罪而组成的较为固定的犯罪组织，是犯罪集团。

对组织、领导犯罪集团的首要分子，按照集团所犯的全部罪行处罚。

对于第三款规定以外的主犯，应当按照其所参与的或者组织、指挥的全部犯罪处罚。

第二十七条 在共同犯罪中起次要或者辅助作用的，是从犯。

对于从犯，应当从轻、减轻处罚或者免除处罚。

……

第六十四条 犯罪分子违法所得的一切财物，应当予以追缴或者责令退赔；对被害人的合法财产，应当及时返还；违禁品和供犯罪所用的本人财物，应当予以没收。没收的财物和罚金，一律上缴国库，不得挪用和自行处理。

……

第一百七十七条 有下列情形之一，伪造、变造金融票证的，处五年以下有期徒刑或者拘役，并处或者单处二万元以上二十万元以下罚金；情节严重的，处五年以上十年以下有期徒刑，并处五万元以上五十万元以下罚金；情节特别严重的，处十年以上有期徒刑或者无期徒刑，并处五万元以上五十万元以下罚金或者没收财产：

（一）伪造、变造汇票、本票、支票的；

（二）伪造、变造委托收款凭证、汇款凭证、银行存单等其他银行结算凭证的；

（三）伪造、变造信用证或者附随的单据、文件的；

（四）伪造信用卡的。

单位犯前款罪的，对单位判处罚金，并对其直接负责的主管人员和其他直接责任人员，依照前款的规定处罚。

……

第一百九十一条 为掩饰、隐瞒毒品犯罪、黑社会性质的组织犯罪、恐怖活动犯罪、走私犯罪、贪污贿赂犯罪、破坏金融管理秩序犯罪、金融诈骗犯罪的所得及其产生的收益的来源和性质,有下列行为之一的,没收实施以上犯罪的所得及其产生的收益,处五年以下有期徒刑或者拘役,并处或者单处罚金;情节严重的,处五年以上十年以下有期徒刑,并处罚金:

(一)提供资金帐户的;

(二)将财产转换为现金、金融票据、有价证券的;

(三)通过转帐或者其他支付结算方式转移资金的;

(四)跨境转移资产的;

(五)以其他方法掩饰、隐瞒犯罪所得及其收益的来源和性质的。

单位犯前款罪的,对单位判处罚金,并对其直接负责的主管人员和其他直接责任人员,依照前款的规定处罚。

……

第一百九十六条 有下列情形之一,进行信用卡诈骗活动,数额较大的,处五年以下有期徒刑或者拘役,并处二万元以上二十万元以下罚金;数额巨大或者有其他严重情节的,处五年以上十年以下有期徒刑,并处五万元以上五十万元以下罚金;数额特别巨大或者有其他特别严重情节的,处十年以上有期徒刑或者无期徒刑,并处五万元以上五十万元以下罚金或者没收财产:

(一)使用伪造的信用卡,或者使用以虚假的身份证明骗领的信用卡的;

(二)使用作废的信用卡的;

(三)冒用他人信用卡的;

(四)恶意透支的。

前款所称恶意透支，是指持卡人以非法占有为目的，超过规定限额或者规定期限透支，并且经发卡银行催收后仍不归还的行为。

盗窃信用卡并使用的，依照本法第二百六十四条的规定定罪处罚。

……

第二百二十四条 有下列情形之一，以非法占有为目的，在签订、履行合同过程中，骗取对方当事人财物，数额较大的，处三年以下有期徒刑或者拘役，并处或者单处罚金；数额巨大或者有其他严重情节的，处三年以上十年以下有期徒刑，并处罚金；数额特别巨大或者有其他特别严重情节的，处十年以上有期徒刑或者无期徒刑，并处罚金或者没收财产：

（一）以虚构的单位或者冒用他人名义签订合同的；

（二）以伪造、变造、作废的票据或者其他虚假的产权证明作担保的；

（三）没有实际履行能力，以先履行小额合同或者部分履行合同的方法，诱骗对方当事人继续签订和履行合同的；

（四）收受对方当事人给付的货物、货款、预付款或者担保财产后逃匿的；

（五）以其他方法骗取对方当事人财物的。

……

第二百五十三条之一 违反国家有关规定，向他人出售或者提供公民个人信息，情节严重的，处三年以下有期徒刑或者拘役，并处或者单处罚金；情节特别严重的，处三年以上七年以下有期徒刑，并处罚金。

违反国家有关规定，将在履行职责或者提供服务过程中获得的公民个人信息，出售或者提供给他人的，依照前款的规定从重处罚。

窃取或者以其他方法非法获取公民个人信息的，依照第一款的规定处罚。

单位犯前三款罪的，对单位判处罚金，并对其直接负责的主管人员和其他直接责任人员，依照各该款的规定处罚。

……

第二百六十六条 诈骗公私财物，数额较大的，处三年以下有期徒刑、拘役或者管制，并处或者单处罚金；数额巨大或者有其他严重情节的，处三年以上十年以下有期徒刑，并处罚金；数额特别巨大或者有其他特别严重情节的，处十年以上有期徒刑或者无期徒刑，并处罚金或者没收财产。本法另有规定的，依照规定。

……

第二百八十六条 违反国家规定，对计算机信息系统功能进行删除、修改、增加、干扰，造成计算机信息系统不能正常运行，后果严重的，处五年以下有期徒刑或者拘役；后果特别严重的，处五年以上有期徒刑。

违反国家规定，对计算机信息系统中存储、处理或者传输的数据和应用程序进行删除、修改、增加的操作，后果严重的，依照前款的规定处罚。

故意制作、传播计算机病毒等破坏性程序，影响计算机系统正常运行，后果严重的，依照第一款的规定处罚。

单位犯前三款罪的，对单位判处罚金，并对其直接负责的主管人员和其他直接责任人员，依照第一款的规定处罚。

……

第二百八十七条之一 利用信息网络实施下列行为之一，情节严重的，处三年以下有期徒刑或者拘役，并处或者单处罚金：

（一）设立用于实施诈骗、传授犯罪方法、制作或者销售违禁物品、管制物品等违法犯罪活动的网站、通讯群组的；

（二）发布有关制作或者销售毒品、枪支、淫秽物品等违禁物品、管制物品或者其他违法犯罪信息的；

（三）为实施诈骗等违法犯罪活动发布信息的。

单位犯前款罪的，对单位判处罚金，并对其直接负责的主管人员和其他直接责任人员，依照第一款的规定处罚。

有前两款行为，同时构成其他犯罪的，依照处罚较重的规定定罪处罚。

第二百八十七条之二 明知他人利用信息网络实施犯罪，为其犯罪提供互联网接入、服务器托管、网络存储、通讯传输等技术支持，或者提供广告推广、支付结算等帮助，情节严重的，处三年以下有期徒刑或者拘役，并处或者单处罚金。

单位犯前款罪的，对单位判处罚金，并对其直接负责的主管人员和其他直接责任人员，依照第一款的规定处罚。

有前两款行为，同时构成其他犯罪的，依照处罚较重的规定定罪处罚。

……

第三百一十二条 明知是犯罪所得及其产生的收益而予以窝藏、转移、收购、代为销售或者以其他方法掩饰、隐瞒的，处三年以下有期徒刑、拘役或者管制，并处或者单处罚金；情节严重的，处三年以上七年以下有期徒刑，并处罚金。

单位犯前款罪的，对单位判处罚金，并对其直接负责的主管人员和其他直接责任人员，依照前款的规定处罚。

……

中华人民共和国民法典（节录）

(2020年5月28日第十三届全国人民代表大会第三次会议通过　2020年5月28日中华人民共和国主席令第45号公布　自2021年1月1日起施行)

……

第一百二十条　民事权益受到侵害的，被侵权人有权请求侵权人承担侵权责任。

……

第一百八十六条　因当事人一方的违约行为，损害对方人身权益、财产权益的，受损害方有权选择请求其承担违约责任或者侵权责任。

……

第五百七十七条　当事人一方不履行合同义务或者履行合同义务不符合约定的，应当承担继续履行、采取补救措施或者赔偿损失等违约责任。

……

第一千零三十二条　自然人享有隐私权。任何组织或者个人不得以刺探、侵扰、泄露、公开等方式侵害他人的隐私权。

隐私是自然人的私人生活安宁和不愿为他人知晓的私密空间、私密活动、私密信息。

……

第一千零三十四条　自然人的个人信息受法律保护。

个人信息是以电子或者其他方式记录的能够单独或者与其他信

息结合识别特定自然人的各种信息，包括自然人的姓名、出生日期、身份证件号码、生物识别信息、住址、电话号码、电子邮箱、健康信息、行踪信息等。

个人信息中的私密信息，适用有关隐私权的规定；没有规定的，适用有关个人信息保护的规定。

……

第一千一百六十五条 行为人因过错侵害他人民事权益造成损害的，应当承担侵权责任。

依照法律规定推定行为人有过错，其不能证明自己没有过错的，应当承担侵权责任。

……

第一千一百六十七条 侵权行为危及他人人身、财产安全的，被侵权人有权请求侵权人承担停止侵害、排除妨碍、消除危险等侵权责任。

……

第一千一百九十四条 网络用户、网络服务提供者利用网络侵害他人民事权益的，应当承担侵权责任。法律另有规定的，依照其规定。

……

中华人民共和国网络安全法（节录）

（2016年11月7日第十二届全国人民代表大会常务委员会第二十四次会议通过　2016年11月7日中华人民共和国主席令第53号公布　自2017年6月1日起施行）

第一章　总　　则

第一条　为了保障网络安全，维护网络空间主权和国家安全、社会公共利益，保护公民、法人和其他组织的合法权益，促进经济社会信息化健康发展，制定本法。

……

第五条　国家采取措施，监测、防御、处置来源于中华人民共和国境内外的网络安全风险和威胁，保护关键信息基础设施免受攻击、侵入、干扰和破坏，依法惩治网络违法犯罪活动，维护网络空间安全和秩序。

……

第九条　网络运营者开展经营和服务活动，必须遵守法律、行政法规，尊重社会公德，遵守商业道德，诚实信用，履行网络安全保护义务，接受政府和社会的监督，承担社会责任。

第十条　建设、运营网络或者通过网络提供服务，应当依照法律、行政法规的规定和国家标准的强制性要求，采取技术措施和其他必要措施，保障网络安全、稳定运行，有效应对网络安全事件，防范网络违法犯罪活动，维护网络数据的完整性、保密性和可用性。

第十一条 网络相关行业组织按照章程，加强行业自律，制定网络安全行为规范，指导会员加强网络安全保护，提高网络安全保护水平，促进行业健康发展。

第十二条 国家保护公民、法人和其他组织依法使用网络的权利，促进网络接入普及，提升网络服务水平，为社会提供安全、便利的网络服务，保障网络信息依法有序自由流动。

任何个人和组织使用网络应当遵守宪法法律，遵守公共秩序，尊重社会公德，不得危害网络安全，不得利用网络从事危害国家安全、荣誉和利益，煽动颠覆国家政权、推翻社会主义制度，煽动分裂国家、破坏国家统一，宣扬恐怖主义、极端主义，宣扬民族仇恨、民族歧视，传播暴力、淫秽色情信息，编造、传播虚假信息扰乱经济秩序和社会秩序，以及侵害他人名誉、隐私、知识产权和其他合法权益等活动。

第十三条 国家支持研究开发有利于未成年人健康成长的网络产品和服务，依法惩治利用网络从事危害未成年人身心健康的活动，为未成年人提供安全、健康的网络环境。

第十四条 任何个人和组织有权对危害网络安全的行为向网信、电信、公安等部门举报。收到举报的部门应当及时依法作出处理；不属于本部门职责的，应当及时移送有权处理的部门。

有关部门应当对举报人的相关信息予以保密，保护举报人的合法权益。

……

第三章　网络运行安全

第一节　一般规定

第二十一条　国家实行网络安全等级保护制度。网络运营者应当按照网络安全等级保护制度的要求，履行下列安全保护义务，保障网络免受干扰、破坏或者未经授权的访问，防止网络数据泄露或者被窃取、篡改：

（一）制定内部安全管理制度和操作规程，确定网络安全负责人，落实网络安全保护责任；

（二）采取防范计算机病毒和网络攻击、网络侵入等危害网络安全行为的技术措施；

（三）采取监测、记录网络运行状态、网络安全事件的技术措施，并按照规定留存相关的网络日志不少于六个月；

（四）采取数据分类、重要数据备份和加密等措施；

（五）法律、行政法规规定的其他义务。

第二十二条　网络产品、服务应当符合相关国家标准的强制性要求。网络产品、服务的提供者不得设置恶意程序；发现其网络产品、服务存在安全缺陷、漏洞等风险时，应当立即采取补救措施，按照规定及时告知用户并向有关主管部门报告。

网络产品、服务的提供者应当为其产品、服务持续提供安全维护；在规定或者当事人约定的期限内，不得终止提供安全维护。

网络产品、服务具有收集用户信息功能的，其提供者应当向用户明示并取得同意；涉及用户个人信息的，还应当遵守本法和有关法律、行政法规关于个人信息保护的规定。

第二十三条　网络关键设备和网络安全专用产品应当按照相关

国家标准的强制性要求，由具备资格的机构安全认证合格或者安全检测符合要求后，方可销售或者提供。国家网信部门会同国务院有关部门制定、公布网络关键设备和网络安全专用产品目录，并推动安全认证和安全检测结果互认，避免重复认证、检测。

第二十四条　网络运营者为用户办理网络接入、域名注册服务，办理固定电话、移动电话等入网手续，或者为用户提供信息发布、即时通讯等服务，在与用户签订协议或者确认提供服务时，应当要求用户提供真实身份信息。用户不提供真实身份信息的，网络运营者不得为其提供相关服务。

国家实施网络可信身份战略，支持研究开发安全、方便的电子身份认证技术，推动不同电子身份认证之间的互认。

第二十五条　网络运营者应当制定网络安全事件应急预案，及时处置系统漏洞、计算机病毒、网络攻击、网络侵入等安全风险；在发生危害网络安全的事件时，立即启动应急预案，采取相应的补救措施，并按照规定向有关主管部门报告。

第二十六条　开展网络安全认证、检测、风险评估等活动，向社会发布系统漏洞、计算机病毒、网络攻击、网络侵入等网络安全信息，应当遵守国家有关规定。

第二十七条　任何个人和组织不得从事非法侵入他人网络、干扰他人网络正常功能、窃取网络数据等危害网络安全的活动；不得提供专门用于从事侵入网络、干扰网络正常功能及防护措施、窃取网络数据等危害网络安全活动的程序、工具；明知他人从事危害网络安全的活动的，不得为其提供技术支持、广告推广、支付结算等帮助。

第二十八条　网络运营者应当为公安机关、国家安全机关依法维护国家安全和侦查犯罪的活动提供技术支持和协助。

第二十九条　国家支持网络运营者之间在网络安全信息收集、

分析、通报和应急处置等方面进行合作，提高网络运营者的安全保障能力。

有关行业组织建立健全本行业的网络安全保护规范和协作机制，加强对网络安全风险的分析评估，定期向会员进行风险警示，支持、协助会员应对网络安全风险。

第三十条 网信部门和有关部门在履行网络安全保护职责中获取的信息，只能用于维护网络安全的需要，不得用于其他用途。

……

第四章 网络信息安全

第四十条 网络运营者应当对其收集的用户信息严格保密，并建立健全用户信息保护制度。

第四十一条 网络运营者收集、使用个人信息，应当遵循合法、正当、必要的原则，公开收集、使用规则，明示收集、使用信息的目的、方式和范围，并经被收集者同意。

网络运营者不得收集与其提供的服务无关的个人信息，不得违反法律、行政法规的规定和双方的约定收集、使用个人信息，并应当依照法律、行政法规的规定和与用户的约定，处理其保存的个人信息。

第四十二条 网络运营者不得泄露、篡改、毁损其收集的个人信息；未经被收集者同意，不得向他人提供个人信息。但是，经过处理无法识别特定个人且不能复原的除外。

网络运营者应当采取技术措施和其他必要措施，确保其收集的个人信息安全，防止信息泄露、毁损、丢失。在发生或者可能发生个人信息泄露、毁损、丢失的情况时，应当立即采取补救措施，按照规定及时告知用户并向有关主管部门报告。

第四十三条 个人发现网络运营者违反法律、行政法规的规定或者双方的约定收集、使用其个人信息的，有权要求网络运营者删除其个人信息；发现网络运营者收集、存储的其个人信息有错误的，有权要求网络运营者予以更正。网络运营者应当采取措施予以删除或者更正。

第四十四条 任何个人和组织不得窃取或者以其他非法方式获取个人信息，不得非法出售或者非法向他人提供个人信息。

第四十五条 依法负有网络安全监督管理职责的部门及其工作人员，必须对在履行职责中知悉的个人信息、隐私和商业秘密严格保密，不得泄露、出售或者非法向他人提供。

第四十六条 任何个人和组织应当对其使用网络的行为负责，不得设立用于实施诈骗，传授犯罪方法，制作或者销售违禁物品、管制物品等违法犯罪活动的网站、通讯群组，不得利用网络发布涉及实施诈骗，制作或者销售违禁物品、管制物品以及其他违法犯罪活动的信息。

第四十七条 网络运营者应当加强对其用户发布的信息的管理，发现法律、行政法规禁止发布或者传输的信息的，应当立即停止传输该信息，采取消除等处置措施，防止信息扩散，保存有关记录，并向有关主管部门报告。

第四十八条 任何个人和组织发送的电子信息、提供的应用软件，不得设置恶意程序，不得含有法律、行政法规禁止发布或者传输的信息。

电子信息发送服务提供者和应用软件下载服务提供者，应当履行安全管理义务，知道其用户有前款规定行为的，应当停止提供服务，采取消除等处置措施，保存有关记录，并向有关主管部门报告。

第四十九条 网络运营者应当建立网络信息安全投诉、举报制度，公布投诉、举报方式等信息，及时受理并处理有关网络信息安全的投诉和举报。

网络运营者对网信部门和有关部门依法实施的监督检查，应当予以配合。

第五十条 国家网信部门和有关部门依法履行网络信息安全监督管理职责，发现法律、行政法规禁止发布或者传输的信息的，应当要求网络运营者停止传输，采取消除等处置措施，保存有关记录；对来源于中华人民共和国境外的上述信息，应当通知有关机构采取技术措施和其他必要措施阻断传播。

第五章 监测预警与应急处置

第五十一条 国家建立网络安全监测预警和信息通报制度。国家网信部门应当统筹协调有关部门加强网络安全信息收集、分析和通报工作，按照规定统一发布网络安全监测预警信息。

第五十二条 负责关键信息基础设施安全保护工作的部门，应当建立健全本行业、本领域的网络安全监测预警和信息通报制度，并按照规定报送网络安全监测预警信息。

第五十三条 国家网信部门协调有关部门建立健全网络安全风险评估和应急工作机制，制定网络安全事件应急预案，并定期组织演练。

负责关键信息基础设施安全保护工作的部门应当制定本行业、本领域的网络安全事件应急预案，并定期组织演练。

网络安全事件应急预案应当按照事件发生后的危害程度、影响范围等因素对网络安全事件进行分级，并规定相应的应急处置措施。

第五十四条 网络安全事件发生的风险增大时，省级以上人民政府有关部门应当按照规定的权限和程序，并根据网络安全风险的特点和可能造成的危害，采取下列措施：

（一）要求有关部门、机构和人员及时收集、报告有关信息，加强对网络安全风险的监测；

（二）组织有关部门、机构和专业人员，对网络安全风险信息进行分析评估，预测事件发生的可能性、影响范围和危害程度；

（三）向社会发布网络安全风险预警，发布避免、减轻危害的措施。

第五十五条　发生网络安全事件，应当立即启动网络安全事件应急预案，对网络安全事件进行调查和评估，要求网络运营者采取技术措施和其他必要措施，消除安全隐患，防止危害扩大，并及时向社会发布与公众有关的警示信息。

第五十六条　省级以上人民政府有关部门在履行网络安全监督管理职责中，发现网络存在较大安全风险或者发生安全事件的，可以按照规定的权限和程序对该网络的运营者的法定代表人或者主要负责人进行约谈。网络运营者应当按照要求采取措施，进行整改，消除隐患。

第五十七条　因网络安全事件，发生突发事件或者生产安全事故的，应当依照《中华人民共和国突发事件应对法》、《中华人民共和国安全生产法》等有关法律、行政法规的规定处置。

第五十八条　因维护国家安全和社会公共秩序，处置重大突发社会安全事件的需要，经国务院决定或者批准，可以在特定区域对网络通信采取限制等临时措施。

第六章　法律责任

第五十九条　网络运营者不履行本法第二十一条、第二十五条规定的网络安全保护义务的，由有关主管部门责令改正，给予警告；拒不改正或者导致危害网络安全等后果的，处一万元以上十万元以下罚款，对直接负责的主管人员处五千元以上五万元以下罚款。

关键信息基础设施的运营者不履行本法第三十三条、第三十四条、第三十六条、第三十八条规定的网络安全保护义务的，由有关主管部门责令改正，给予警告；拒不改正或者导致危害网络安全等后果的，处十万元以上一百万元以下罚款，对直接负责的主管人员处一万元以上十万元以下罚款。

第六十条 违反本法第二十二条第一款、第二款和第四十八条第一款规定，有下列行为之一的，由有关主管部门责令改正，给予警告；拒不改正或者导致危害网络安全等后果的，处五万元以上五十万元以下罚款，对直接负责的主管人员处一万元以上十万元以下罚款：

（一）设置恶意程序的；

（二）对其产品、服务存在的安全缺陷、漏洞等风险未立即采取补救措施，或者未按照规定及时告知用户并向有关主管部门报告的；

（三）擅自终止为其产品、服务提供安全维护的。

第六十一条 网络运营者违反本法第二十四条第一款规定，未要求用户提供真实身份信息，或者对不提供真实身份信息的用户提供相关服务的，由有关主管部门责令改正；拒不改正或者情节严重的，处五万元以上五十万元以下罚款，并可以由有关主管部门责令暂停相关业务、停业整顿、关闭网站、吊销相关业务许可证或者吊销营业执照，对直接负责的主管人员和其他直接责任人员处一万元以上十万元以下罚款。

第六十二条 违反本法第二十六条规定，开展网络安全认证、检测、风险评估等活动，或者向社会发布系统漏洞、计算机病毒、网络攻击、网络侵入等网络安全信息的，由有关主管部门责令改正，给予警告；拒不改正或者情节严重的，处一万元以上十万元以下罚款，并可以由有关主管部门责令暂停相关业务、停业整顿、关闭网站、吊销相关业务许可证或者吊销营业执照，对直接负责的主管人员和其他直接责任人员处五千元以上五万元以下罚款。

第六十三条 违反本法第二十七条规定，从事危害网络安全的活动，或者提供专门用于从事危害网络安全活动的程序、工具，或者为他人从事危害网络安全的活动提供技术支持、广告推广、支付结算等帮助，尚不构成犯罪的，由公安机关没收违法所得，处五日以下拘留，可以并处五万元以上五十万元以下罚款；情节较重的，处五日以上十五日以下拘留，可以并处十万元以上一百万元以下罚款。

单位有前款行为的，由公安机关没收违法所得，处十万元以上一百万元以下罚款，并对直接负责的主管人员和其他直接责任人员依照前款规定处罚。

违反本法第二十七条规定，受到治安管理处罚的人员，五年内不得从事网络安全管理和网络运营关键岗位的工作；受到刑事处罚的人员，终身不得从事网络安全管理和网络运营关键岗位的工作。

第六十四条 网络运营者、网络产品或者服务的提供者违反本法第二十二条第三款、第四十一条至第四十三条规定，侵害个人信息依法得到保护的权利的，由有关主管部门责令改正，可以根据情节单处或者并处警告、没收违法所得、处违法所得一倍以上十倍以下罚款，没有违法所得的，处一百万元以下罚款，对直接负责的主管人员和其他直接责任人员处一万元以上十万元以下罚款；情节严重的，并可以责令暂停相关业务、停业整顿、关闭网站、吊销相关业务许可证或者吊销营业执照。

违反本法第四十四条规定，窃取或者以其他非法方式获取、非法出售或者非法向他人提供个人信息，尚不构成犯罪的，由公安机关没收违法所得，并处违法所得一倍以上十倍以下罚款，没有违法所得的，处一百万元以下罚款。

第六十五条　关键信息基础设施的运营者违反本法第三十五条规定，使用未经安全审查或者安全审查未通过的网络产品或者服务的，由有关主管部门责令停止使用，处采购金额一倍以上十倍以下罚款；对直接负责的主管人员和其他直接责任人员处一万元以上十万元以下罚款。

第六十六条　关键信息基础设施的运营者违反本法第三十七条规定，在境外存储网络数据，或者向境外提供网络数据的，由有关主管部门责令改正，给予警告，没收违法所得，处五万元以上五十万元以下罚款，并可以责令暂停相关业务、停业整顿、关闭网站、吊销相关业务许可证或者吊销营业执照；对直接负责的主管人员和其他直接责任人员处一万元以上十万元以下罚款。

第六十七条　违反本法第四十六条规定，设立用于实施违法犯罪活动的网站、通讯群组，或者利用网络发布涉及实施违法犯罪活动的信息，尚不构成犯罪的，由公安机关处五日以下拘留，可以并处一万元以上十万元以下罚款；情节较重的，处五日以上十五日以下拘留，可以并处五万元以上五十万元以下罚款。关闭用于实施违法犯罪活动的网站、通讯群组。

单位有前款行为的，由公安机关处十万元以上五十万元以下罚款，并对直接负责的主管人员和其他直接责任人员依照前款规定处罚。

第六十八条　网络运营者违反本法第四十七条规定，对法律、行政法规禁止发布或者传输的信息未停止传输、采取消除等处置措施、保存有关记录的，由有关主管部门责令改正，给予警告，没收违法所得；拒不改正或者情节严重的，处十万元以上五十万元以下罚款，并可以责令暂停相关业务、停业整顿、关闭网站、吊销相关业务许可证或者吊销营业执照，对直接负责的主管人员和其他直接责任人员处一万元以上十万元以下罚款。

电子信息发送服务提供者、应用软件下载服务提供者，不履行本法第四十八条第二款规定的安全管理义务的，依照前款规定处罚。

第六十九条 网络运营者违反本法规定，有下列行为之一的，由有关主管部门责令改正；拒不改正或者情节严重的，处五万元以上五十万元以下罚款，对直接负责的主管人员和其他直接责任人员，处一万元以上十万元以下罚款：

（一）不按照有关部门的要求对法律、行政法规禁止发布或者传输的信息，采取停止传输、消除等处置措施的；

（二）拒绝、阻碍有关部门依法实施的监督检查的；

（三）拒不向公安机关、国家安全机关提供技术支持和协助的。

第七十条 发布或者传输本法第十二条第二款和其他法律、行政法规禁止发布或者传输的信息的，依照有关法律、行政法规的规定处罚。

第七十一条 有本法规定的违法行为的，依照有关法律、行政法规的规定记入信用档案，并予以公示。

第七十二条 国家机关政务网络的运营者不履行本法规定的网络安全保护义务的，由其上级机关或者有关机关责令改正；对直接负责的主管人员和其他直接责任人员依法给予处分。

第七十三条 网信部门和有关部门违反本法第三十条规定，将在履行网络安全保护职责中获取的信息用于其他用途的，对直接负责的主管人员和其他直接责任人员依法给予处分。

网信部门和有关部门的工作人员玩忽职守、滥用职权、徇私舞弊，尚不构成犯罪的，依法给予处分。

　　第七十四条　违反本法规定，给他人造成损害的，依法承担民事责任。

　　违反本法规定，构成违反治安管理行为的，依法给予治安管理处罚；构成犯罪的，依法追究刑事责任。

　　第七十五条　境外的机构、组织、个人从事攻击、侵入、干扰、破坏等危害中华人民共和国的关键信息基础设施的活动，造成严重后果的，依法追究法律责任；国务院公安部门和有关部门并可以决定对该机构、组织、个人采取冻结财产或者其他必要的制裁措施。

　　……

中华人民共和国反洗钱法（节录）

（2006年10月31日第十届全国人民代表大会常务委员会第二十四次会议通过　2006年10月31日中华人民共和国主席令第56号公布　自2007年1月1日起施行）

第一章　总　　则

　　第一条　为了预防洗钱活动，维护金融秩序，遏制洗钱犯罪及相关犯罪，制定本法。

　　第二条　本法所称反洗钱，是指为了预防通过各种方式掩饰、隐瞒毒品犯罪、黑社会性质的组织犯罪、恐怖活动犯罪、走私犯罪、贪污贿赂犯罪、破坏金融管理秩序犯罪、金融诈骗犯罪等犯罪所得及其收益的来源和性质的洗钱活动，依照本法规定采取相关措施的行为。

第三条 在中华人民共和国境内设立的金融机构和按照规定应当履行反洗钱义务的特定非金融机构，应当依法采取预防、监控措施，建立健全客户身份识别制度、客户身份资料和交易记录保存制度、大额交易和可疑交易报告制度，履行反洗钱义务。

……

第三章 金融机构反洗钱义务

第十五条 金融机构应当依照本法规定建立健全反洗钱内部控制制度，金融机构的负责人应当对反洗钱内部控制制度的有效实施负责。

金融机构应当设立反洗钱专门机构或者指定内设机构负责反洗钱工作。

第十六条 金融机构应当按照规定建立客户身份识别制度。

金融机构在与客户建立业务关系或者为客户提供规定金额以上的现金汇款、现钞兑换、票据兑付等一次性金融服务时，应当要求客户出示真实有效的身份证件或者其他身份证明文件，进行核对并登记。

客户由他人代理办理业务的，金融机构应当同时对代理人和被代理人的身份证件或者其他身份证明文件进行核对并登记。

与客户建立人身保险、信托等业务关系，合同的受益人不是客户本人的，金融机构还应当对受益人的身份证件或者其他身份证明文件进行核对并登记。

金融机构不得为身份不明的客户提供服务或者与其进行交易，不得为客户开立匿名账户或者假名账户。

金融机构对先前获得的客户身份资料的真实性、有效性或者完整性有疑问的，应当重新识别客户身份。

任何单位和个人在与金融机构建立业务关系或者要求金融机构为其提供一次性金融服务时，都应当提供真实有效的身份证件或者其他身份证明文件。

第十七条　金融机构通过第三方识别客户身份的，应当确保第三方已经采取符合本法要求的客户身份识别措施；第三方未采取符合本法要求的客户身份识别措施的，由该金融机构承担未履行客户身份识别义务的责任。

第十八条　金融机构进行客户身份识别，认为必要时，可以向公安、工商行政管理等部门核实客户的有关身份信息。

第十九条　金融机构应当按照规定建立客户身份资料和交易记录保存制度。

在业务关系存续期间，客户身份资料发生变更的，应当及时更新客户身份资料。

客户身份资料在业务关系结束后、客户交易信息在交易结束后，应当至少保存五年。

金融机构破产和解散时，应当将客户身份资料和客户交易信息移交国务院有关部门指定的机构。

第二十条　金融机构应当按照规定执行大额交易和可疑交易报告制度。

金融机构办理的单笔交易或者在规定期限内的累计交易超过规定金额或者发现可疑交易的，应当及时向反洗钱信息中心报告。

第二十一条　金融机构建立客户身份识别制度、客户身份资料和交易记录保存制度的具体办法，由国务院反洗钱行政主管部门会同国务院有关金融监督管理机构制定。金融机构大额交易和可疑交易报告的具体办法，由国务院反洗钱行政主管部门制定。

第二十二条　金融机构应当按照反洗钱预防、监控制度的要求，开展反洗钱培训和宣传工作。

……

第二十六条 经调查仍不能排除洗钱嫌疑的，应当立即向有管辖权的侦查机关报案。客户要求将调查所涉及的账户资金转往境外的，经国务院反洗钱行政主管部门负责人批准，可以采取临时冻结措施。

侦查机关接到报案后，对已依照前款规定临时冻结的资金，应当及时决定是否继续冻结。侦查机关认为需要继续冻结的，依照刑事诉讼法的规定采取冻结措施；认为不需要继续冻结的，应当立即通知国务院反洗钱行政主管部门，国务院反洗钱行政主管部门应当立即通知金融机构解除冻结。

临时冻结不得超过四十八小时。金融机构在按照国务院反洗钱行政主管部门的要求采取临时冻结措施后四十八小时内，未接到侦查机关继续冻结通知的，应当立即解除冻结。

……

第三十条 反洗钱行政主管部门和其他依法负有反洗钱监督管理职责的部门、机构从事反洗钱工作的人员有下列行为之一的，依法给予行政处分：

（一）违反规定进行检查、调查或者采取临时冻结措施的；

（二）泄露因反洗钱知悉的国家秘密、商业秘密或者个人隐私的；

（三）违反规定对有关机构和人员实施行政处罚的；

（四）其他不依法履行职责的行为。

第三十一条 金融机构有下列行为之一的，由国务院反洗钱行政主管部门或者其授权的设区的市一级以上派出机构责令限期改正；情节严重的，建议有关金融监督管理机构依法责令金融机构对直接负责的董事、高级管理人员和其他直接责任人员给予纪律处分：

（一）未按照规定建立反洗钱内部控制制度的；

（二）未按照规定设立反洗钱专门机构或者指定内设机构负责反洗钱工作的；

（三）未按照规定对职工进行反洗钱培训的。

第三十二条 金融机构有下列行为之一的，由国务院反洗钱行政主管部门或者其授权的设区的市一级以上派出机构责令限期改正；情节严重的，处二十万元以上五十万元以下罚款，并对直接负责的董事、高级管理人员和其他直接责任人员，处一万元以上五万元以下罚款：

（一）未按照规定履行客户身份识别义务的；

（二）未按照规定保存客户身份资料和交易记录的；

（三）未按照规定报送大额交易报告或者可疑交易报告的；

（四）与身份不明的客户进行交易或者为客户开立匿名账户、假名账户的；

（五）违反保密规定，泄露有关信息的；

（六）拒绝、阻碍反洗钱检查、调查的；

（七）拒绝提供调查材料或者故意提供虚假材料的。

金融机构有前款行为，致使洗钱后果发生的，处五十万元以上五百万元以下罚款，并对直接负责的董事、高级管理人员和其他直接责任人员处五万元以上五十万元以下罚款；情节特别严重的，反洗钱行政主管部门可以建议有关金融监督管理机构责令停业整顿或者吊销其经营许可证。

对有前两款规定情形的金融机构直接负责的董事、高级管理人员和其他直接责任人员，反洗钱行政主管部门可以建议有关金融监督管理机构依法责令金融机构给予纪律处分，或者建议依法取消其任职资格、禁止其从事有关金融行业工作。

第三十三条 违反本法规定，构成犯罪的，依法追究刑事责任。
……

最高人民法院、最高人民检察院关于办理非法利用信息网络、帮助信息网络犯罪活动等刑事案件适用法律若干问题的解释

（2019年10月21日 法释〔2019〕15号）

为依法惩治拒不履行信息网络安全管理义务、非法利用信息网络、帮助信息网络犯罪活动等犯罪，维护正常网络秩序，根据《中华人民共和国刑法》《中华人民共和国刑事诉讼法》的规定，现就办理此类刑事案件适用法律的若干问题解释如下：

第一条 提供下列服务的单位和个人，应当认定为刑法第二百八十六条之一第一款规定的"网络服务提供者"：

（一）网络接入、域名注册解析等信息网络接入、计算、存储、传输服务；

（二）信息发布、搜索引擎、即时通讯、网络支付、网络预约、网络购物、网络游戏、网络直播、网站建设、安全防护、广告推广、应用商店等信息网络应用服务；

（三）利用信息网络提供的电子政务、通信、能源、交通、水利、金融、教育、医疗等公共服务。

第二条 刑法第二百八十六条之一第一款规定的"监管部门责令采取改正措施"，是指网信、电信、公安等依照法律、行政法规的规定承担信息网络安全监管职责的部门，以责令整改通知书或者其他文书形式，责令网络服务提供者采取改正措施。

认定"经监管部门责令采取改正措施而拒不改正",应当综合考虑监管部门责令改正是否具有法律、行政法规依据,改正措施及期限要求是否明确、合理,网络服务提供者是否具有按照要求采取改正措施的能力等因素进行判断。

第三条 拒不履行信息网络安全管理义务,具有下列情形之一的,应当认定为刑法第二百八十六条之一第一款第一项规定的"致使违法信息大量传播":

(一)致使传播违法视频文件二百个以上的;

(二)致使传播违法视频文件以外的其他违法信息二千个以上的;

(三)致使传播违法信息,数量虽未达到第一项、第二项规定标准,但是按相应比例折算合计达到有关数量标准的;

(四)致使向二千个以上用户账号传播违法信息的;

(五)致使利用群组成员账号数累计三千以上的通讯群组或者关注人员账号数累计三万以上的社交网络传播违法信息的;

(六)致使违法信息实际被点击数达到五万以上的;

(七)其他致使违法信息大量传播的情形。

第四条 拒不履行信息网络安全管理义务,致使用户信息泄露,具有下列情形之一的,应当认定为刑法第二百八十六条之一第一款第二项规定的"造成严重后果":

(一)致使泄露行踪轨迹信息、通信内容、征信信息、财产信息五百条以上的;

(二)致使泄露住宿信息、通信记录、健康生理信息、交易信息等其他可能影响人身、财产安全的用户信息五千条以上的;

(三)致使泄露第一项、第二项规定以外的用户信息五万条以上的;

(四)数量虽未达到第一项至第三项规定标准,但是按相应比例折算合计达到有关数量标准的；

（五）造成他人死亡、重伤、精神失常或者被绑架等严重后果的；

（六）造成重大经济损失的；

（七）严重扰乱社会秩序的；

（八）造成其他严重后果的。

第五条 拒不履行信息网络安全管理义务，致使影响定罪量刑的刑事案件证据灭失，具有下列情形之一的，应当认定为刑法第二百八十六条之一第一款第三项规定的"情节严重"：

（一）造成危害国家安全犯罪、恐怖活动犯罪、黑社会性质组织犯罪、贪污贿赂犯罪案件的证据灭失的；

（二）造成可能判处五年有期徒刑以上刑罚犯罪案件的证据灭失的；

（三）多次造成刑事案件证据灭失的；

（四）致使刑事诉讼程序受到严重影响的；

（五）其他情节严重的情形。

第六条 拒不履行信息网络安全管理义务，具有下列情形之一的，应当认定为刑法第二百八十六条之一第一款第四项规定的"有其他严重情节"：

（一）对绝大多数用户日志未留存或者未落实真实身份信息认证义务的；

（二）二年内经多次责令改正拒不改正的；

（三）致使信息网络服务被主要用于违法犯罪的；

（四）致使信息网络服务、网络设施被用于实施网络攻击，严重影响生产、生活的；

（五）致使信息网络服务被用于实施危害国家安全犯罪、恐怖活动犯罪、黑社会性质组织犯罪、贪污贿赂犯罪或者其他重大犯罪的；

（六）致使国家机关或者通信、能源、交通、水利、金融、教育、医疗等领域提供公共服务的信息网络受到破坏，严重影响生产、生活的；

（七）其他严重违反信息网络安全管理义务的情形。

第七条 刑法第二百八十七条之一规定的"违法犯罪"，包括犯罪行为和属于刑法分则规定的行为类型但尚未构成犯罪的违法行为。

第八条 以实施违法犯罪活动为目的而设立或者设立后主要用于实施违法犯罪活动的网站、通讯群组，应当认定为刑法第二百八十七条之一第一款第一项规定的"用于实施诈骗、传授犯罪方法、制作或者销售违禁物品、管制物品等违法犯罪活动的网站、通讯群组"。

第九条 利用信息网络提供信息的链接、截屏、二维码、访问账号密码及其他指引访问服务的，应当认定为刑法第二百八十七条之一第一款第二项、第三项规定的"发布信息"。

第十条 非法利用信息网络，具有下列情形之一的，应当认定为刑法第二百八十七条之一第一款规定的"情节严重"：

（一）假冒国家机关、金融机构名义，设立用于实施违法犯罪活动的网站的；

（二）设立用于实施违法犯罪活动的网站，数量达到三个以上或者注册账号数累计达到二千以上的；

（三）设立用于实施违法犯罪活动的通讯群组，数量达到五个以上或者群组成员账号数累计达到一千以上的；

（四）发布有关违法犯罪的信息或者为实施违法犯罪活动发布信息，具有下列情形之一的：

1. 在网站上发布有关信息一百条以上的；

2. 向二千个以上用户账号发送有关信息的；

3. 向群组成员数累计达到三千以上的通讯群组发送有关信息的；

4. 利用关注人员账号数累计达到三万以上的社交网络传播有关信息的；

（五）违法所得一万元以上的；

（六）二年内曾因非法利用信息网络、帮助信息网络犯罪活动、危害计算机信息系统安全受过行政处罚，又非法利用信息网络的；

（七）其他情节严重的情形。

第十一条 为他人实施犯罪提供技术支持或者帮助，具有下列情形之一的，可以认定行为人明知他人利用信息网络实施犯罪，但是有相反证据的除外：

（一）经监管部门告知后仍然实施有关行为的；

（二）接到举报后不履行法定管理职责的；

（三）交易价格或者方式明显异常的；

（四）提供专门用于违法犯罪的程序、工具或者其他技术支持、帮助的；

（五）频繁采用隐蔽上网、加密通信、销毁数据等措施或者使用虚假身份，逃避监管或者规避调查的；

（六）为他人逃避监管或者规避调查提供技术支持、帮助的；

（七）其他足以认定行为人明知的情形。

第十二条 明知他人利用信息网络实施犯罪，为其犯罪提供帮助，具有下列情形之一的，应当认定为刑法第二百八十七条之二第一款规定的"情节严重"：

（一）为三个以上对象提供帮助的；

（二）支付结算金额二十万元以上的；

（三）以投放广告等方式提供资金五万元以上的；

（四）违法所得一万元以上的；

（五）二年内曾因非法利用信息网络、帮助信息网络犯罪活动、危害计算机信息系统安全受过行政处罚，又帮助信息网络犯罪活动的；

（六）被帮助对象实施的犯罪造成严重后果的；

（七）其他情节严重的情形。

实施前款规定的行为，确因客观条件限制无法查证被帮助对象是否达到犯罪的程度，但相关数额总计达到前款第二项至第四项规定标准五倍以上，或者造成特别严重后果的，应当以帮助信息网络犯罪活动罪追究行为人的刑事责任。

第十三条 被帮助对象实施的犯罪行为可以确认，但尚未到案、尚未依法裁判或者因未达到刑事责任年龄等原因依法未予追究刑事责任的，不影响帮助信息网络犯罪活动罪的认定。

第十四条 单位实施本解释规定的犯罪的，依照本解释规定的相应自然人犯罪的定罪量刑标准，对直接负责的主管人员和其他直接责任人员定罪处罚，并对单位判处罚金。

第十五条 综合考虑社会危害程度、认罪悔罪态度等情节，认为犯罪情节轻微的，可以不起诉或者免予刑事处罚；情节显著轻微危害不大的，不以犯罪论处。

第十六条 多次拒不履行信息网络安全管理义务、非法利用信息网络、帮助信息网络犯罪活动构成犯罪，依法应当追诉的，或者二年内多次实施前述行为未经处理的，数量或者数额累计计算。

第十七条 对于实施本解释规定的犯罪被判处刑罚的，可以根据犯罪情况和预防再犯罪的需要，依法宣告职业禁止；被判处管制、宣告缓刑的，可以根据犯罪情况，依法宣告禁止令。

第十八条 对于实施本解释规定的犯罪的，应当综合考虑犯罪的危害程度、违法所得数额以及被告人的前科情况、认罪悔罪态度等，依法判处罚金。

第十九条 本解释自 2019 年 11 月 1 日起施行。

最高人民法院、最高人民检察院
关于办理侵犯公民个人信息刑事案件
适用法律若干问题的解释

（2017 年 5 月 8 日 法释〔2017〕10 号）

为依法惩治侵犯公民个人信息犯罪活动，保护公民个人信息安全和合法权益，根据《中华人民共和国刑法》《中华人民共和国刑事诉讼法》的有关规定，现就办理此类刑事案件适用法律的若干问题解释如下：

第一条 刑法第二百五十三条之一规定的"公民个人信息"，是指以电子或者其他方式记录的能够单独或者与其他信息结合识别特定自然人身份或者反映特定自然人活动情况的各种信息，包括姓名、身份证件号码、通信通讯联系方式、住址、账号密码、财产状况、行踪轨迹等。

第二条 违反法律、行政法规、部门规章有关公民个人信息保护的规定的，应当认定为刑法第二百五十三条之一规定的"违反国家有关规定"。

第三条 向特定人提供公民个人信息，以及通过信息网络或者其他途径发布公民个人信息的，应当认定为刑法第二百五十三条之一规定的"提供公民个人信息"。

未经被收集者同意，将合法收集的公民个人信息向他人提供的，属于刑法第二百五十三条之一规定的"提供公民个人信息"，但是经过处理无法识别特定个人且不能复原的除外。

第四条 违反国家有关规定，通过购买、收受、交换等方式获取公民个人信息，或者在履行职责、提供服务过程中收集公民个人信息的，属于刑法第二百五十三条之一第三款规定的"以其他方法非法获取公民个人信息"。

第五条 非法获取、出售或者提供公民个人信息，具有下列情形之一的，应当认定为刑法第二百五十三条之一规定的"情节严重"：

（一）出售或者提供行踪轨迹信息，被他人用于犯罪的；

（二）知道或者应当知道他人利用公民个人信息实施犯罪，向其出售或者提供的；

（三）非法获取、出售或者提供行踪轨迹信息、通信内容、征信信息、财产信息五十条以上的；

（四）非法获取、出售或者提供住宿信息、通信记录、健康生理信息、交易信息等其他可能影响人身、财产安全的公民个人信息五百条以上的；

（五）非法获取、出售或者提供第三项、第四项规定以外的公民个人信息五千条以上的；

（六）数量未达到第三项至第五项规定标准，但是按相应比例合计达到有关数量标准的；

（七）违法所得五千元以上的；

（八）将在履行职责或者提供服务过程中获得的公民个人信息出售或者提供给他人，数量或者数额达到第三项至第七项规定标准一半以上的；

（九）曾因侵犯公民个人信息受过刑事处罚或者二年内受过行政处罚，又非法获取、出售或者提供公民个人信息的；

（十）其他情节严重的情形。

实施前款规定的行为，具有下列情形之一的，应当认定为刑法第二百五十三条之一第一款规定的"情节特别严重"：

（一）造成被害人死亡、重伤、精神失常或者被绑架等严重后果的；

（二）造成重大经济损失或者恶劣社会影响的；

（三）数量或者数额达到前款第三项至第八项规定标准十倍以上的；

（四）其他情节特别严重的情形。

第六条 为合法经营活动而非法购买、收受本解释第五条第一款第三项、第四项规定以外的公民个人信息，具有下列情形之一的，应当认定为刑法第二百五十三条之一规定的"情节严重"：

（一）利用非法购买、收受的公民个人信息获利五万元以上的；

（二）曾因侵犯公民个人信息受过刑事处罚或者二年内受过行政处罚，又非法购买、收受公民个人信息的；

（三）其他情节严重的情形。

实施前款规定的行为，将购买、收受的公民个人信息非法出售或者提供的，定罪量刑标准适用本解释第五条的规定。

第七条 单位犯刑法第二百五十三条之一规定之罪的，依照本解释规定的相应自然人犯罪的定罪量刑标准，对直接负责的主管人员和其他直接责任人员定罪处罚，并对单位判处罚金。

第八条 设立用于实施非法获取、出售或者提供公民个人信息违法犯罪活动的网站、通讯群组，情节严重的，应当依照刑法第二百八十七条之一的规定，以非法利用信息网络罪定罪处罚；同时构成侵犯公民个人信息罪的，依照侵犯公民个人信息罪定罪处罚。

第九条 网络服务提供者拒不履行法律、行政法规规定的信息网络安全管理义务，经监管部门责令采取改正措施而拒不改正，致使用户的公民个人信息泄露，造成严重后果的，应当依照刑法第二百八十六条之一的规定，以拒不履行信息网络安全管理义务罪定罪处罚。

第十条　实施侵犯公民个人信息犯罪，不属于"情节特别严重"，行为人系初犯，全部退赃，并确有悔罪表现的，可以认定为情节轻微，不起诉或者免予刑事处罚；确有必要判处刑罚的，应当从宽处罚。

第十一条　非法获取公民个人信息后又出售或者提供的，公民个人信息的条数不重复计算。

向不同单位或者个人分别出售、提供同一公民个人信息的，公民个人信息的条数累计计算。

对批量公民个人信息的条数，根据查获的数量直接认定，但是有证据证明信息不真实或者重复的除外。

第十二条　对于侵犯公民个人信息犯罪，应当综合考虑犯罪的危害程度、犯罪的违法所得数额以及被告人的前科情况、认罪悔罪态度等，依法判处罚金。罚金数额一般在违法所得的一倍以上五倍以下。

第十三条　本解释自2017年6月1日起施行。

最高人民法院、最高人民检察院关于办理危害计算机信息系统安全刑事案件应用法律若干问题的解释

（2011年8月1日　法释〔2011〕19号）

为依法惩治危害计算机信息系统安全的犯罪活动，根据《中华人民共和国刑法》、《全国人民代表大会常务委员会关于维护互联网安全的决定》的规定，现就办理这类刑事案件应用法律的若干问题

解释如下：

第一条 非法获取计算机信息系统数据或者非法控制计算机信息系统，具有下列情形之一的，应当认定为刑法第二百八十五条第二款规定的"情节严重"：

（一）获取支付结算、证券交易、期货交易等网络金融服务的身份认证信息十组以上的；

（二）获取第（一）项以外的身份认证信息五百组以上的；

（三）非法控制计算机信息系统二十台以上的；

（四）违法所得五千元以上或者造成经济损失一万元以上的；

（五）其他情节严重的情形。

实施前款规定行为，具有下列情形之一的，应当认定为刑法第二百八十五条第二款规定的"情节特别严重"：

（一）数量或者数额达到前款第（一）项至第（四）项规定标准五倍以上的；

（二）其他情节特别严重的情形。

明知是他人非法控制的计算机信息系统，而对该计算机信息系统的控制权加以利用的，依照前两款的规定定罪处罚。

第二条 具有下列情形之一的程序、工具，应当认定为刑法第二百八十五条第三款规定的"专门用于侵入、非法控制计算机信息系统的程序、工具"：

（一）具有避开或者突破计算机信息系统安全保护措施，未经授权或者超越授权获取计算机信息系统数据的功能的；

（二）具有避开或者突破计算机信息系统安全保护措施，未经授权或者超越授权对计算机信息系统实施控制的功能的；

（三）其他专门设计用于侵入、非法控制计算机信息系统、非法获取计算机信息系统数据的程序、工具。

第三条 提供侵入、非法控制计算机信息系统的程序、工具，具有下列情形之一的，应当认定为刑法第二百八十五条第三款规定的"情节严重"：

（一）提供能够用于非法获取支付结算、证券交易、期货交易等网络金融服务身份认证信息的专门性程序、工具五人次以上的；

（二）提供第（一）项以外的专门用于侵入、非法控制计算机信息系统的程序、工具二十人次以上的；

（三）明知他人实施非法获取支付结算、证券交易、期货交易等网络金融服务身份认证信息的违法犯罪行为而为其提供程序、工具五人次以上的；

（四）明知他人实施第（三）项以外的侵入、非法控制计算机信息系统的违法犯罪行为而为其提供程序、工具二十人次以上的；

（五）违法所得五千元以上或者造成经济损失一万元以上的；

（六）其他情节严重的情形。

实施前款规定行为，具有下列情形之一的，应当认定为提供侵入、非法控制计算机信息系统的程序、工具"情节特别严重"：

（一）数量或者数额达到前款第（一）项至第（五）项规定标准五倍以上的；

（二）其他情节特别严重的情形。

第四条 破坏计算机信息系统功能、数据或者应用程序，具有下列情形之一的，应当认定为刑法第二百八十六条第一款和第二款规定的"后果严重"：

（一）造成十台以上计算机信息系统的主要软件或者硬件不能正常运行的；

（二）对二十台以上计算机信息系统中存储、处理或者传输的数据进行删除、修改、增加操作的；

（三）违法所得五千元以上或者造成经济损失一万元以上的；

（四）造成为一百台以上计算机信息系统提供域名解析、身份认证、计费等基础服务或者为一万以上用户提供服务的计算机信息系统不能正常运行累计一小时以上的；

（五）造成其他严重后果的。

实施前款规定行为，具有下列情形之一的，应当认定为破坏计算机信息系统"后果特别严重"：

（一）数量或者数额达到前款第（一）项至第（三）项规定标准五倍以上的；

（二）造成为五百台以上计算机信息系统提供域名解析、身份认证、计费等基础服务或者为五万以上用户提供服务的计算机信息系统不能正常运行累计一小时以上的；

（三）破坏国家机关或者金融、电信、交通、教育、医疗、能源等领域提供公共服务的计算机信息系统的功能、数据或者应用程序，致使生产、生活受到严重影响或者造成恶劣社会影响的；

（四）造成其他特别严重后果的。

第五条 具有下列情形之一的程序，应当认定为刑法第二百八十六条第三款规定的"计算机病毒等破坏性程序"：

（一）能够通过网络、存储介质、文件等媒介，将自身的部分、全部或者变种进行复制、传播，并破坏计算机系统功能、数据或者应用程序的；

（二）能够在预先设定条件下自动触发，并破坏计算机系统功能、数据或者应用程序的；

（三）其他专门设计用于破坏计算机系统功能、数据或者应用程序的程序。

第六条 故意制作、传播计算机病毒等破坏性程序，影响计算机系统正常运行，具有下列情形之一的，应当认定为刑法第二百八十六条第三款规定的"后果严重"：

（一）制作、提供、传输第五条第（一）项规定的程序，导致该程序通过网络、存储介质、文件等媒介传播的；

（二）造成二十台以上计算机系统被植入第五条第（二）、（三）项规定的程序的；

（三）提供计算机病毒等破坏性程序十人次以上的；

（四）违法所得五千元以上或者造成经济损失一万元以上的；

（五）造成其他严重后果的。

实施前款规定行为，具有下列情形之一的，应当认定为破坏计算机信息系统"后果特别严重"：

（一）制作、提供、传输第五条第（一）项规定的程序，导致该程序通过网络、存储介质、文件等媒介传播，致使生产、生活受到严重影响或者造成恶劣社会影响的；

（二）数量或者数额达到前款第（二）项至第（四）项规定标准五倍以上的；

（三）造成其他特别严重后果的。

第七条 明知是非法获取计算机信息系统数据犯罪所获取的数据、非法控制计算机信息系统犯罪所获取的计算机信息系统控制权，而予以转移、收购、代为销售或者以其他方法掩饰、隐瞒，违法所得五千元以上的，应当依照刑法第三百一十二条第一款的规定，以掩饰、隐瞒犯罪所得罪定罪处罚。

实施前款规定行为，违法所得五万元以上的，应当认定为刑法第三百一十二条第一款规定的"情节严重"。

单位实施第一款规定行为的，定罪量刑标准依照第一款、第二款的规定执行。

第八条 以单位名义或者单位形式实施危害计算机信息系统安全犯罪，达到本解释规定的定罪量刑标准的，应当依照刑法第二百八十五条、第二百八十六条的规定追究直接负责的主管人员和其他直接责任人员的刑事责任。

第九条 明知他人实施刑法第二百八十五条、第二百八十六条规定的行为，具有下列情形之一的，应当认定为共同犯罪，依照刑法第二百八十五条、第二百八十六条的规定处罚：

（一）为其提供用于破坏计算机信息系统功能、数据或者应用程序的程序、工具，违法所得五千元以上或者提供十人次以上的；

（二）为其提供互联网接入、服务器托管、网络存储空间、通讯传输通道、费用结算、交易服务、广告服务、技术培训、技术支持等帮助，违法所得五千元以上的；

（三）通过委托推广软件、投放广告等方式向其提供资金五千元以上的。

实施前款规定行为，数量或者数额达到前款规定标准五倍以上的，应当认定为刑法第二百八十五条、第二百八十六条规定的"情节特别严重"或者"后果特别严重"。

第十条 对于是否属于刑法第二百八十五条、第二百八十六条规定的"国家事务、国防建设、尖端科学技术领域的计算机信息系统"、"专门用于侵入、非法控制计算机信息系统的程序、工具"、"计算机病毒等破坏性程序"难以确定的，应当委托省级以上负责计算机信息系统安全保护管理工作的部门检验。司法机关根据检验结论，并结合案件具体情况认定。

第十一条 本解释所称"计算机信息系统"和"计算机系统"，是指具备自动处理数据功能的系统，包括计算机、网络设备、通信设备、自动化控制设备等。

本解释所称"身份认证信息"，是指用于确认用户在计算机信息系统上操作权限的数据，包括账号、口令、密码、数字证书等。

本解释所称"经济损失"，包括危害计算机信息系统犯罪行为给用户直接造成的经济损失，以及用户为恢复数据、功能而支出的必要费用。

最高人民法院、最高人民检察院关于办理诈骗刑事案件具体应用法律若干问题的解释

（2011年3月1日 法释〔2011〕7号）

为依法惩治诈骗犯罪活动，保护公私财产所有权，根据刑法、刑事诉讼法有关规定，结合司法实践的需要，现就办理诈骗刑事案件具体应用法律的若干问题解释如下：

第一条 诈骗公私财物价值三千元至一万元以上、三万元至十万元以上、五十万元以上的，应当分别认定为刑法第二百六十六条规定的"数额较大"、"数额巨大"、"数额特别巨大"。

各省、自治区、直辖市高级人民法院、人民检察院可以结合本地区经济社会发展状况，在前款规定的数额幅度内，共同研究确定本地区执行的具体数额标准，报最高人民法院、最高人民检察院备案。

第二条 诈骗公私财物达到本解释第一条规定的数额标准，具有下列情形之一的，可以依照刑法第二百六十六条的规定酌情从严惩处：

（一）通过发送短信、拨打电话或者利用互联网、广播电视、报刊杂志等发布虚假信息，对不特定多数人实施诈骗的；

（二）诈骗救灾、抢险、防汛、优抚、扶贫、移民、救济、医疗款物的；

（三）以赈灾募捐名义实施诈骗的；

（四）诈骗残疾人、老年人或者丧失劳动能力人的财物的；

（五）造成被害人自杀、精神失常或者其他严重后果的。

诈骗数额接近本解释第一条规定的"数额巨大"、"数额特别

巨大"的标准,并具有前款规定的情形之一或者属于诈骗集团首要分子的,应当分别认定为刑法第二百六十六条规定的"其他严重情节"、"其他特别严重情节"。

第三条 诈骗公私财物虽已达到本解释第一条规定的"数额较大"的标准,但具有下列情形之一,且行为人认罪、悔罪的,可以根据刑法第三十七条、刑事诉讼法第一百四十二条的规定不起诉或者免予刑事处罚:

(一)具有法定从宽处罚情节的;

(二)一审宣判前全部退赃、退赔的;

(三)没有参与分赃或者获赃较少且不是主犯的;

(四)被害人谅解的;

(五)其他情节轻微、危害不大的。

第四条 诈骗近亲属的财物,近亲属谅解的,一般可不按犯罪处理。

诈骗近亲属的财物,确有追究刑事责任必要的,具体处理也应酌情从宽。

第五条 诈骗未遂,以数额巨大的财物为诈骗目标的,或者具有其他严重情节的,应当定罪处罚。

利用发送短信、拨打电话、互联网等电信技术手段对不特定多数人实施诈骗,诈骗数额难以查证,但具有下列情形之一的,应当认定为刑法第二百六十六条规定的"其他严重情节",以诈骗罪(未遂)定罪处罚:

(一)发送诈骗信息五千条以上的;

(二)拨打诈骗电话五百人次以上的;

(三)诈骗手段恶劣、危害严重的。

实施前款规定行为,数量达到前款第(一)、(二)项规定标准十倍以上的,或者诈骗手段特别恶劣、危害特别严重的,应当认定为刑法第二百六十六条规定的"其他特别严重情节",以诈骗罪(未遂)定罪处罚。

第六条 诈骗既有既遂,又有未遂,分别达到不同量刑幅度的,依照处罚较重的规定处罚;达到同一量刑幅度的,以诈骗罪既遂处罚。

第七条 明知他人实施诈骗犯罪,为其提供信用卡、手机卡、通讯工具、通讯传输通道、网络技术支持、费用结算等帮助的,以共同犯罪论处。

第八条 冒充国家机关工作人员进行诈骗,同时构成诈骗罪和招摇撞骗罪的,依照处罚较重的规定定罪处罚。

第九条 案发后查封、扣押、冻结在案的诈骗财物及其孳息,权属明确的,应当发还被害人;权属不明确的,可按被骗款物占查封、扣押、冻结在案的财物及其孳息总额的比例发还被害人,但已获退赔的应予扣除。

第十条 行为人已将诈骗财物用于清偿债务或者转让给他人,具有下列情形之一的,应当依法追缴:

(一)对方明知是诈骗财物而收取的;

(二)对方无偿取得诈骗财物的;

(三)对方以明显低于市场的价格取得诈骗财物的;

(四)对方取得诈骗财物系源于非法债务或者违法犯罪活动的。

他人善意取得诈骗财物的,不予追缴。

第十一条 以前发布的司法解释与本解释不一致的,以本解释为准。

最高人民法院、最高人民检察院、公安部关于办理信息网络犯罪案件适用刑事诉讼程序若干问题的意见

(2022年8月26日 法发〔2022〕23号)

为依法惩治信息网络犯罪活动,根据《中华人民共和国刑法》《中华人民共和国刑事诉讼法》以及有关法律、司法解释的规定,结合侦查、起诉、审判实践,现就办理此类案件适用刑事诉讼程序问题提出以下意见。

一、关于信息网络犯罪案件的范围

1. 本意见所称信息网络犯罪案件包括:

(1) 危害计算机信息系统安全犯罪案件;

(2) 拒不履行信息网络安全管理义务、非法利用信息网络、帮助信息网络犯罪活动的犯罪案件;

(3) 主要行为通过信息网络实施的诈骗、赌博、侵犯公民个人信息等其他犯罪案件。

二、关于信息网络犯罪案件的管辖

2. 信息网络犯罪案件由犯罪地公安机关立案侦查。必要时,可以由犯罪嫌疑人居住地公安机关立案侦查。

信息网络犯罪案件的犯罪地包括用于实施犯罪行为的网络服务使用的服务器所在地,网络服务提供者所在地,被侵害的信息网络系统及其管理者所在地,犯罪过程中犯罪嫌疑人、被害人或者其他涉案人员使用的信息网络系统所在地,被害人被侵害时所在地以及被害人财产遭受损失地等。

涉及多个环节的信息网络犯罪案件，犯罪嫌疑人为信息网络犯罪提供帮助的，其犯罪地、居住地或者被帮助对象的犯罪地公安机关可以立案侦查。

3. 有多个犯罪地的信息网络犯罪案件，由最初受理的公安机关或者主要犯罪地公安机关立案侦查。有争议的，按照有利于查清犯罪事实、有利于诉讼的原则，协商解决；经协商无法达成一致的，由共同上级公安机关指定有关公安机关立案侦查。需要提请批准逮捕、移送审查起诉、提起公诉的，由立案侦查的公安机关所在地的人民检察院、人民法院受理。

4. 具有下列情形之一的，公安机关、人民检察院、人民法院可以在其职责范围内并案处理：

（1）一人犯数罪的；

（2）共同犯罪的；

（3）共同犯罪的犯罪嫌疑人、被告人还实施其他犯罪的；

（4）多个犯罪嫌疑人、被告人实施的犯罪行为存在关联，并案处理有利于查明全部案件事实的。

对为信息网络犯罪提供程序开发、互联网接入、服务器托管、网络存储、通讯传输等技术支持，或者广告推广、支付结算等帮助，涉嫌犯罪的，可以依照第一款的规定并案侦查。

有关公安机关依照前两款规定并案侦查的案件，需要提请批准逮捕、移送审查起诉、提起公诉的，由该公安机关所在地的人民检察院、人民法院受理。

5. 并案侦查的共同犯罪或者关联犯罪案件，犯罪嫌疑人人数众多、案情复杂的，公安机关可以分案移送审查起诉。分案移送审查起诉的，应当对并案侦查的依据、分案移送审查起诉的理由作出说明。

对于前款规定的案件，人民检察院可以分案提起公诉，人民法院可以分案审理。

分案处理应当以有利于保障诉讼质量和效率为前提,并不得影响当事人质证权等诉讼权利的行使。

6. 依照前条规定分案处理,公安机关、人民检察院、人民法院在分案前有管辖权的,分案后对相关案件的管辖权不受影响。根据具体情况,分案处理的相关案件可以由不同审级的人民法院分别审理。

7. 对于共同犯罪或者已并案侦查的关联犯罪案件,部分犯罪嫌疑人未到案,但不影响对已到案共同犯罪或者关联犯罪的犯罪嫌疑人、被告人的犯罪事实认定的,可以先行追究已到案犯罪嫌疑人、被告人的刑事责任。之前未到案的犯罪嫌疑人、被告人归案后,可以由原办案机关所在地公安机关、人民检察院、人民法院管辖其所涉及的案件。

8. 对于具有特殊情况,跨省(自治区、直辖市)指定异地公安机关侦查更有利于查清犯罪事实、保证案件公正处理的重大信息网络犯罪案件,以及在境外实施的信息网络犯罪案件,公安部可以商最高人民检察院和最高人民法院指定侦查管辖。

9. 人民检察院对于审查起诉的案件,按照刑事诉讼法的管辖规定,认为应当由上级人民检察院或者同级其他人民检察院起诉的,应当将案件移送有管辖权的人民检察院,并通知移送起诉的公安机关。人民检察院认为需要依照刑事诉讼法的规定指定审判管辖的,应当协商同级人民法院办理指定管辖有关事宜。

10. 犯罪嫌疑人被多个公安机关立案侦查的,有关公安机关一般应当协商并案处理,并依法移送案件。协商不成的,可以报请共同上级公安机关指定管辖。

人民检察院对于审查起诉的案件,发现犯罪嫌疑人还有犯罪被异地公安机关立案侦查的,应当通知移送审查起诉的公安机关。

人民法院对于提起公诉的案件,发现被告人还有其他犯罪被审查起诉、立案侦查的,可以协商人民检察院、公安机关并案处理,但可能造成审判过分迟延的除外。决定对有关犯罪并案处理,符合《中华人民共和国刑事诉讼法》第二百零四条规定的,人民检察院可以建议人民法院延期审理。

三、关于信息网络犯罪案件的调查核实

11. 公安机关对接受的案件或者发现的犯罪线索,在审查中发现案件事实或者线索不明,需要经过调查才能够确认是否达到刑事立案标准的,经公安机关办案部门负责人批准,可以进行调查核实;经过调查核实达到刑事立案标准的,应当及时立案。

12. 调查核实过程中,可以采取询问、查询、勘验、检查、鉴定、调取证据材料等不限制被调查对象人身、财产权利的措施,不得对被调查对象采取强制措施,不得查封、扣押、冻结被调查对象的财产,不得采取技术侦查措施。

13. 公安机关在调查核实过程中依法收集的电子数据等材料,可以根据有关规定作为证据使用。

调查核实过程中收集的材料作为证据使用的,应当随案移送,并附批准调查核实的相关材料。

调查核实过程中收集的证据材料经查证属实,且收集程序符合有关要求的,可以作为定案依据。

四、关于信息网络犯罪案件的取证

14. 公安机关向网络服务提供者调取电子数据的,应当制作调取证据通知书,注明需要调取的电子数据的相关信息。调取证据通知书及相关法律文书可以采用数据电文形式。跨地域调取电子数据的,可以通过公安机关信息化系统传输相关数据电文。

网络服务提供者向公安机关提供电子数据的,可以采用数据电文形式。采用数据电文形式提供电子数据的,应当保证电子数据的

完整性，并制作电子证明文件，载明调证法律文书编号、单位电子公章、完整性校验值等保护电子数据完整性方法的说明等信息。

数据电文形式的法律文书和电子证明文件，应当使用电子签名、数字水印等方式保证完整性。

15. 询（讯）问异地证人、被害人以及与案件有关联的犯罪嫌疑人的，可以由办案地公安机关通过远程网络视频等方式进行并制作笔录。

远程询（讯）问的，应当由协作地公安机关事先核实被询（讯）问人的身份。办案地公安机关应当将询（讯）问笔录传输至协作地公安机关。询（讯）问笔录经被询（讯）问人确认并逐页签名、捺指印后，由协作地公安机关协作人员签名或者盖章，并将原件提供给办案地公安机关。询（讯）问人员收到笔录后，应当在首页右上方写明"于某年某月某日收到"，并签名或者盖章。

远程询（讯）问的，应当对询（讯）问过程同步录音录像，并随案移送。

异地证人、被害人以及与案件有关联的犯罪嫌疑人亲笔书写证词、供词的，参照执行本条第二款规定。

16. 人民检察院依法自行侦查、补充侦查，或者人民法院调查核实相关证据的，适用本意见第14条、第15条的有关规定。

17. 对于依照本意见第14条的规定调取的电子数据，人民检察院、人民法院可以通过核验电子签名、数字水印、电子数据完整性校验值及调证法律文书编号是否与证明文件相一致等方式，对电子数据进行审查判断。

对调取的电子数据有疑问的，由公安机关、提供电子数据的网络服务提供者作出说明，或者由原调取机关补充收集相关证据。

五、关于信息网络犯罪案件的其他问题

18. 采取技术侦查措施收集的材料作为证据使用的，应当随案

移送，并附采取技术侦查措施的法律文书、证据材料清单和有关说明材料。

移送采取技术侦查措施收集的视听资料、电子数据的，应当由两名以上侦查人员制作复制件，并附制作说明，写明原始证据材料、原始存储介质的存放地点等信息，由制作人签名，并加盖单位印章。

19. 采取技术侦查措施收集的证据材料，应当经过当庭出示、辨认、质证等法庭调查程序查证。

当庭调查技术侦查证据材料可能危及有关人员的人身安全，或者可能产生其他严重后果的，法庭应当采取不暴露有关人员身份和技术侦查措施使用的技术设备、技术方法等保护措施。必要时，审判人员可以在庭外对证据进行核实。

20. 办理信息网络犯罪案件，对于数量特别众多且具有同类性质、特征或者功能的物证、书证、证人证言、被害人陈述、视听资料、电子数据等证据材料，确因客观条件限制无法逐一收集的，应当按照一定比例或者数量选取证据，并对选取情况作出说明和论证。

人民检察院、人民法院应当重点审查取证方法、过程是否科学。经审查认为取证不科学的，应当由原取证机关作出补充说明或者重新取证。

人民检察院、人民法院应当结合其他证据材料，以及犯罪嫌疑人、被告人及其辩护人所提辩解、辩护意见，审查认定取得的证据。经审查，对相关事实不能排除合理怀疑的，应当作出有利于犯罪嫌疑人、被告人的认定。

21. 对于涉案人数特别众多的信息网络犯罪案件，确因客观条件限制无法收集证据逐一证明、逐人核实涉案账户的资金来源，但根据银行账户、非银行支付账户等交易记录和其他证据材料，足以认定有关账户主要用于接收、流转涉案资金的，可以按照该账户接收的资金数额认定犯罪数额，但犯罪嫌疑人、被告人能够作出合理说明的除外。案外人提出异议的，应当依法审查。

22. 办理信息网络犯罪案件，应当依法及时查封、扣押、冻结涉案财物，督促涉案人员退赃退赔，及时追赃挽损。

公安机关应当全面收集证明涉案财物性质、权属情况、依法予追缴、没收或者责令退赔的证据材料，在移送审查起诉时随案移送并作出说明。其中，涉案财物需要返还被害人的，应当尽可能查明被害人损失情况。人民检察院应当对涉案财物的证据材料进行审查，在提起公诉时提出处理意见。人民法院应当依法作出判决，对涉案财物作出处理。

对应当返还被害人的合法财产，权属明确的，应当依法及时返还；权属不明的，应当在人民法院判决、裁定生效后，按比例返还被害人，但已获退赔的部分应予扣除。

23. 本意见自2022年9月1日起施行。《最高人民法院、最高人民检察院、公安部关于办理网络犯罪案件适用刑事诉讼程序若干问题的意见》（公通字〔2014〕10号）同时废止。

最高人民法院、最高人民检察院、公安部关于办理电信网络诈骗等刑事案件适用法律若干问题的意见（二）

（2021年6月17日　法发〔2021〕22号）

为进一步依法严厉惩治电信网络诈骗犯罪，对其上下游关联犯罪实行全链条、全方位打击，根据《中华人民共和国刑法》《中华人民共和国刑事诉讼法》等法律和有关司法解释的规定，针对司法实践中出现的新的突出问题，结合工作实际，制定本意见。

一、电信网络诈骗犯罪地，除《最高人民法院、最高人民检察院、公安部关于办理电信网络诈骗等刑事案件适用法律若干问题的意见》规定的犯罪行为发生地和结果发生地外，还包括：

（一）用于犯罪活动的手机卡、流量卡、物联网卡的开立地、销售地、转移地、藏匿地；

（二）用于犯罪活动的信用卡的开立地、销售地、转移地、藏匿地、使用地以及资金交易对手资金交付和汇出地；

（三）用于犯罪活动的银行账户、非银行支付账户的开立地、销售地、使用地以及资金交易对手资金交付和汇出地；

（四）用于犯罪活动的即时通讯信息、广告推广信息的发送地、接受地、到达地；

（五）用于犯罪活动的"猫池"（Modem Pool）、GOIP设备、多卡宝等硬件设备的销售地、入网地、藏匿地；

（六）用于犯罪活动的互联网账号的销售地、登录地。

二、为电信网络诈骗犯罪提供作案工具、技术支持等帮助以及掩饰、隐瞒犯罪所得及其产生的收益，由此形成多层级犯罪链条的，或者利用同一网站、通讯群组、资金账户、作案窝点实施电信网络诈骗犯罪的，应当认定为多个犯罪嫌疑人、被告人实施的犯罪存在关联，人民法院、人民检察院、公安机关可以在其职责范围内并案处理。

三、有证据证实行为人参加境外诈骗犯罪集团或犯罪团伙，在境外针对境内居民实施电信网络诈骗犯罪行为，诈骗数额难以查证，但一年内出境赴境外诈骗犯罪窝点累计时间30日以上或多次出境赴境外诈骗犯罪窝点的，应当认定为刑法第二百六十六条规定的"其他严重情节"，以诈骗罪依法追究刑事责任。有证据证明其出境从事正当活动的除外。

四、无正当理由持有他人的单位结算卡的，属于刑法第一百七十七条之一第一款第（二）项规定的"非法持有他人信用卡"。

五、非法获取、出售、提供具有信息发布、即时通讯、支付结算等功能的互联网账号密码、个人生物识别信息，符合刑法第二百五十三条之一规定的，以侵犯公民个人信息罪追究刑事责任。

对批量前述互联网账号密码、个人生物识别信息的条数，根据查获的数量直接认定，但有证据证明信息不真实或者重复的除外。

六、在网上注册办理手机卡、信用卡、银行账户、非银行支付账户时，为通过网上认证，使用他人身份证件信息并替换他人身份证件相片，属于伪造身份证件行为，符合刑法第二百八十条第三款规定的，以伪造身份证件罪追究刑事责任。

使用伪造、变造的身份证件或者盗用他人身份证件办理手机卡、信用卡、银行账户、非银行支付账户，符合刑法第二百八十条之一第一款规定的，以使用虚假身份证件、盗用身份证件罪追究刑事责任。

实施上述两款行为，同时构成其他犯罪的，依照处罚较重的规定定罪处罚。法律和司法解释另有规定的除外。

七、为他人利用信息网络实施犯罪而实施下列行为，可以认定为刑法第二百八十七条之二规定的"帮助"行为：

（一）收购、出售、出租信用卡、银行账户、非银行支付账户、具有支付结算功能的互联网账号密码、网络支付接口、网上银行数字证书的；

（二）收购、出售、出租他人手机卡、流量卡、物联网卡的。

八、认定刑法第二百八十七条之二规定的行为人明知他人利用信息网络实施犯罪，应当根据行为人收购、出售、出租前述第七条规定的信用卡、银行账户、非银行支付账户、具有支付结算功能的互联网账号密码、网络支付接口、网上银行数字证书，或者他人手机卡、流量卡、物联网卡等的次数、张数、个数，并结合行为人的认知能力、既往经历、交易对象、与实施信息网络犯罪的行为人的关系、提供技术支持或者帮助的时间和方式、获利情况以及行为人的供述等主客观因素，予以综合认定。

收购、出售、出租单位银行结算账户、非银行支付机构单位支付账户，或者电信、银行、网络支付等行业从业人员利用履行职责或提供服务便利，非法开办并出售、出租他人手机卡、信用卡、银行账户、非银行支付账户等的，可以认定为《最高人民法院、最高人民检察院关于办理非法利用信息网络、帮助信息网络犯罪活动等刑事案件适用法律若干问题的解释》第十一条第（七）项规定的"其他足以认定行为人明知的情形"。但有相反证据的除外。

九、明知他人利用信息网络实施犯罪，为其犯罪提供下列帮助之一的，可以认定为《最高人民法院、最高人民检察院关于办理非法利用信息网络、帮助信息网络犯罪活动等刑事案件适用法律若干问题的解释》第十二条第一款第（七）项规定的"其他情节严重的情形"：

（一）收购、出售、出租信用卡、银行账户、非银行支付账户、具有支付结算功能的互联网账号密码、网络支付接口、网上银行数字证书5张（个）以上的；

（二）收购、出售、出租他人手机卡、流量卡、物联网卡20张以上的。

十、电商平台预付卡、虚拟货币、手机充值卡、游戏点卡、游戏装备等经销商，在公安机关调查案件过程中，被明确告知其交易对象涉嫌电信网络诈骗犯罪，仍与其继续交易，符合刑法第二百八十七条之二规定的，以帮助信息网络犯罪活动罪追究刑事责任。同时构成其他犯罪的，依照处罚较重的规定定罪处罚。

十一、明知是电信网络诈骗犯罪所得及其产生的收益,以下列方式之一予以转账、套现、取现,符合刑法第三百一十二条第一款规定的,以掩饰、隐瞒犯罪所得、犯罪所得收益罪追究刑事责任。但有证据证明确实不知道的除外。

(一)多次使用或者使用多个非本人身份证明开设的收款码、网络支付接口等,帮助他人转账、套现、取现的;

(二)以明显异于市场的价格,通过电商平台预付卡、虚拟货币、手机充值卡、游戏点卡、游戏装备等转换财物、套现的;

(三)协助转换或者转移财物,收取明显高于市场的"手续费"的。

实施上述行为,事前通谋的,以共同犯罪论处;同时构成其他犯罪的,依照处罚较重的规定定罪处罚。法律和司法解释另有规定的除外。

十二、为他人实施电信网络诈骗犯罪提供技术支持、广告推广、支付结算等帮助,或者窝藏、转移、收购、代为销售及以其他方法掩饰、隐瞒电信网络诈骗犯罪所得及其产生的收益,诈骗犯罪行为可以确认,但实施诈骗的行为人尚未到案,可以依法先行追究已到案的上述犯罪嫌疑人、被告人的刑事责任。

十三、办案地公安机关可以通过公安机关信息化系统调取异地公安机关依法制作、收集的刑事案件受案登记表、立案决定书、被害人陈述等证据材料。调取时不得少于两名侦查人员,并应记载调取的时间、使用的信息化系统名称等相关信息,调取人签名并加盖办案地公安机关印章。经审核证明真实的,可以作为证据使用。

十四、通过国(区)际警务合作收集或者境外警方移交的境外证据材料,确因客观条件限制,境外警方未提供相关证据的发现、收集、保管、移交情况等材料的,公安机关应当对上述证据材料的来源、移交过程以及种类、数量、特征等作出书面说明,由两名以上侦查人员签名并加盖公安机关印章。经审核能够证明案件事实的，可以作为证据使用。

十五、对境外司法机关抓获并羁押的电信网络诈骗犯罪嫌疑人，在境内接受审判的，境外的羁押期限可以折抵刑期。

十六、办理电信网络诈骗犯罪案件，应当充分贯彻宽严相济刑事政策。在侦查、审查起诉、审判过程中，应当全面收集证据、准确甄别犯罪嫌疑人、被告人在共同犯罪中的层级地位及作用大小，结合其认罪态度和悔罪表现，区别对待，宽严并用，科学量刑，确保罚当其罪。

对于电信网络诈骗犯罪集团、犯罪团伙的组织者、策划者、指挥者和骨干分子，以及利用未成年人、在校学生、老年人、残疾人实施电信网络诈骗的，依法从严惩处。

对于电信网络诈骗犯罪集团、犯罪团伙中的从犯，特别是其中参与时间相对较短、诈骗数额相对较低或者从事辅助性工作并领取少量报酬，以及初犯、偶犯、未成年人、在校学生等，应当综合考虑其在共同犯罪中的地位作用、社会危害程度、主观恶性、人身危险性、认罪悔罪表现等情节，可以依法从轻、减轻处罚。犯罪情节轻微的，可以依法不起诉或者免予刑事处罚；情节显著轻微危害不大的，不以犯罪论处。

十七、查扣的涉案账户内资金，应当优先返还被害人，如不足以全额返还的，应当按照比例返还。

最高人民法院、最高人民检察院、公安部关于办理电信网络诈骗等刑事案件适用法律若干问题的意见

（2016年12月19日 法发〔2016〕32号）

为依法惩治电信网络诈骗等犯罪活动，保护公民、法人和其他组织的合法权益，维护社会秩序，根据《中华人民共和国刑法》《中华人民共和国刑事诉讼法》等法律和有关司法解释的规定，结合工作实际，制定本意见。

一、总体要求

近年来，利用通讯工具、互联网等技术手段实施的电信网络诈骗犯罪活动持续高发，侵犯公民个人信息，扰乱无线电通讯管理秩序，掩饰、隐瞒犯罪所得、犯罪所得收益等上下游关联犯罪不断蔓延。此类犯罪严重侵害人民群众财产安全和其他合法权益，严重干扰电信网络秩序，严重破坏社会诚信，严重影响人民群众安全感和社会和谐稳定，社会危害性大，人民群众反映强烈。

人民法院、人民检察院、公安机关要针对电信网络诈骗等犯罪的特点，坚持全链条全方位打击，坚持依法从严从快惩处，坚持最大力度最大限度追赃挽损，进一步健全工作机制，加强协作配合，坚决有效遏制电信网络诈骗等犯罪活动，努力实现法律效果和社会效果的高度统一。

二、依法严惩电信网络诈骗犯罪

（一）根据《最高人民法院、最高人民检察院关于办理诈骗刑事案件具体应用法律若干问题的解释》第一条的规定，利用电信网

络技术手段实施诈骗，诈骗公私财物价值三千元以上、三万元以上、五十万元以上的，应当分别认定为刑法第二百六十六条规定的"数额较大""数额巨大""数额特别巨大"。

二年内多次实施电信网络诈骗未经处理，诈骗数额累计计算构成犯罪的，应当依法定罪处罚。

（二）实施电信网络诈骗犯罪，达到相应数额标准，具有下列情形之一的，酌情从重处罚：

1. 造成被害人或其近亲属自杀、死亡或者精神失常等严重后果的；

2. 冒充司法机关等国家机关工作人员实施诈骗的；

3. 组织、指挥电信网络诈骗犯罪团伙的；

4. 在境外实施电信网络诈骗的；

5. 曾因电信网络诈骗犯罪受过刑事处罚或者二年内曾因电信网络诈骗受过行政处罚的；

6. 诈骗残疾人、老年人、未成年人、在校学生、丧失劳动能力人的财物，或者诈骗重病患者及其亲属财物的；

7. 诈骗救灾、抢险、防汛、优抚、扶贫、移民、救济、医疗等款物的；

8. 以赈灾、募捐等社会公益、慈善名义实施诈骗的；

9. 利用电话追呼系统等技术手段严重干扰公安机关等部门工作的；

10. 利用"钓鱼网站"链接、"木马"程序链接、网络渗透等隐蔽技术手段实施诈骗的。

（三）实施电信网络诈骗犯罪，诈骗数额接近"数额巨大""数额特别巨大"的标准，具有前述第（二）条规定的情形之一的，应当分别认定为刑法第二百六十六条规定的"其他严重情节""其他特别严重情节"。

上述规定的"接近",一般应掌握在相应数额标准的百分之八十以上。

(四)实施电信网络诈骗犯罪,犯罪嫌疑人、被告人实际骗得财物的,以诈骗罪(既遂)定罪处罚。诈骗数额难以查证,但具有下列情形之一的,应当认定为刑法第二百六十六条规定的"其他严重情节",以诈骗罪(未遂)定罪处罚:

1. 发送诈骗信息五千条以上的,或者拨打诈骗电话五百人次以上的;

2. 在互联网上发布诈骗信息,页面浏览量累计五千次以上的。

具有上述情形,数量达到相应标准十倍以上的,应当认定为刑法第二百六十六条规定的"其他特别严重情节",以诈骗罪(未遂)定罪处罚。

上述"拨打诈骗电话",包括拨出诈骗电话和接听被害人回拨电话。反复拨打、接听同一电话号码,以及反复向同一被害人发送诈骗信息的,拨打、接听电话次数、发送信息条数累计计算。

因犯罪嫌疑人、被告人故意隐匿、毁灭证据等原因,致拨打电话次数、发送信息条数的证据难以收集的,可以根据经查证属实的日拨打人次数、日发送信息条数,结合犯罪嫌疑人、被告人实施犯罪的时间、犯罪嫌疑人、被告人的供述等相关证据,综合予以认定。

(五)电信网络诈骗既有既遂,又有未遂,分别达到不同量刑幅度的,依照处罚较重的规定处罚,达到同一量刑幅度的,以诈骗罪既遂处罚。

(六)对实施电信网络诈骗犯罪的被告人裁量刑罚,在确定量刑起点、基准刑时,一般应就高选择。确定宣告刑时,应当综合全案事实情节,准确把握从重、从轻量刑情节的调节幅度,保证罪责刑相适应。

(七) 对实施电信网络诈骗犯罪的被告人, 应当严格控制适用缓刑的范围, 严格掌握适用缓刑的条件。

(八) 对实施电信网络诈骗犯罪的被告人, 应当更加注重依法适用财产刑, 加大经济上的惩罚力度, 最大限度剥夺被告人再犯的能力。

三、全面惩处关联犯罪

(一) 在实施电信网络诈骗活动中, 非法使用"伪基站""黑广播", 干扰无线电通讯秩序, 符合刑法第二百八十八条规定的, 以扰乱无线电通讯管理秩序罪追究刑事责任。同时构成诈骗罪的, 依照处罚较重的规定定罪处罚。

(二) 违反国家有关规定, 向他人出售或者提供公民个人信息, 窃取或者以其他方法非法获取公民个人信息, 符合刑法第二百五十三条之一规定的, 以侵犯公民个人信息罪追究刑事责任。

使用非法获取的公民个人信息, 实施电信网络诈骗犯罪行为, 构成数罪的, 应当依法予以并罚。

(三) 冒充国家机关工作人员实施电信网络诈骗犯罪, 同时构成诈骗罪和招摇撞骗罪的, 依照处罚较重的规定定罪处罚。

(四) 非法持有他人信用卡, 没有证据证明从事电信网络诈骗犯罪活动, 符合刑法第一百七十七条之一第一款第(二)项规定的, 以妨害信用卡管理罪追究刑事责任。

(五) 明知是电信网络诈骗犯罪所得及其产生的收益, 以下列方式之一予以转账、套现、取现的, 依照刑法第三百一十二条第一款的规定, 以掩饰、隐瞒犯罪所得、犯罪所得收益罪追究刑事责任。但有证据证明确实不知道的除外:

1. 通过使用销售点终端机具(POS机)刷卡套现等非法途径, 协助转换或者转移财物的;

2. 帮助他人将巨额现金散存于多个银行账户, 或在不同银行账户之间频繁划转的；

3. 多次使用或者使用多个非本人身份证明开设的信用卡、资金支付结算账户或者多次采用遮蔽摄像头、伪装等异常手段，帮助他人转账、套现、取现的；

4. 为他人提供非本人身份证明开设的信用卡、资金支付结算账户后，又帮助他人转账、套现、取现的；

5. 以明显异于市场的价格，通过手机充值、交易游戏点卡等方式套现的。

实施上述行为，事前通谋的，以共同犯罪论处。

实施上述行为，电信网络诈骗犯罪嫌疑人尚未到案或案件尚未依法裁判，但现有证据足以证明该犯罪行为确实存在的，不影响掩饰、隐瞒犯罪所得、犯罪所得收益罪的认定。

实施上述行为，同时构成其他犯罪的，依照处罚较重的规定定罪处罚。法律和司法解释另有规定的除外。

（六）网络服务提供者不履行法律、行政法规规定的信息网络安全管理义务，经监管部门责令采取改正措施而拒不改正，致使诈骗信息大量传播，或者用户信息泄露造成严重后果的，依照刑法第二百八十六条之一的规定，以拒不履行信息网络安全管理义务罪追究刑事责任。同时构成诈骗罪的，依照处罚较重的规定定罪处罚。

（七）实施刑法第二百八十七条之一、第二百八十七条之二规定之行为，构成非法利用信息网络罪、帮助信息网络犯罪活动罪，同时构成诈骗罪的，依照处罚较重的规定定罪处罚。

（八）金融机构、网络服务提供者、电信业务经营者等在经营活动中，违反国家有关规定，被电信网络诈骗犯罪分子利用，使他人遭受财产损失的，依法承担相应责任。构成犯罪的，依法追究刑事责任。

四、准确认定共同犯罪与主观故意

（一）三人以上为实施电信网络诈骗犯罪而组成的较为固定的犯罪组织，应依法认定为诈骗犯罪集团。对组织、领导犯罪集团的首要分子，按照集团所犯的全部罪行处罚。对犯罪集团中组织、指挥、策划者和骨干分子依法从严惩处。

对犯罪集团中起次要、辅助作用的从犯，特别是在规定期限内投案自首、积极协助抓获主犯、积极协助追赃的，依法从轻或减轻处罚。

对犯罪集团首要分子以外的主犯，应当按照其所参与的或者组织、指挥的全部犯罪处罚。全部犯罪包括能够查明具体诈骗数额的事实和能够查明发送诈骗信息条数、拨打诈骗电话人次数、诈骗信息网页浏览次数的事实。

（二）多人共同实施电信网络诈骗，犯罪嫌疑人、被告人应对其参与期间该诈骗团伙实施的全部诈骗行为承担责任。在其所参与的犯罪环节中起主要作用的，可以认定为主犯；起次要作用的，可以认定为从犯。

上述规定的"参与期间"，从犯罪嫌疑人、被告人着手实施诈骗行为开始起算。

（三）明知他人实施电信网络诈骗犯罪，具有下列情形之一的，以共同犯罪论处，但法律和司法解释另有规定的除外：

1. 提供信用卡、资金支付结算账户、手机卡、通讯工具的；

2. 非法获取、出售、提供公民个人信息的；

3. 制作、销售、提供"木马"程序和"钓鱼软件"等恶意程序的；

4. 提供"伪基站"设备或相关服务的；

5. 提供互联网接入、服务器托管、网络存储、通讯传输等技术支持，或者提供支付结算等帮助的；

6. 在提供改号软件、通话线路等技术服务时，发现主叫号码被修改为国内党政机关、司法机关、公共服务部门号码，或者境外用户改为境内号码，仍提供服务的；

7. 提供资金、场所、交通、生活保障等帮助的；

8. 帮助转移诈骗犯罪所得及其产生的收益，套现、取现的。

上述规定的"明知他人实施电信网络诈骗犯罪"，应当结合被告人的认知能力，既往经历，行为次数和手段，与他人关系，获利情况，是否曾因电信网络诈骗受过处罚，是否故意规避调查等主客观因素进行综合分析认定。

（四）负责招募他人实施电信网络诈骗犯罪活动，或者制作、提供诈骗方案、术语清单、语音包、信息等的，以诈骗共同犯罪论处。

（五）部分犯罪嫌疑人在逃，但不影响对已到案共同犯罪嫌疑人、被告人的犯罪事实认定的，可以依法先行追究已到案共同犯罪嫌疑人、被告人的刑事责任。

五、依法确定案件管辖

（一）电信网络诈骗犯罪案件一般由犯罪地公安机关立案侦查，如果由犯罪嫌疑人居住地公安机关立案侦查更为适宜的，可以由犯罪嫌疑人居住地公安机关立案侦查。犯罪地包括犯罪行为发生地和犯罪结果发生地。

"犯罪行为发生地"包括用于电信网络诈骗犯罪的网站服务器所在地，网站建立者、管理者所在地，被侵害的计算机信息系统或其管理者所在地，犯罪嫌疑人、被害人使用的计算机信息系统所在地，诈骗电话、短信息、电子邮件等的拨打地、发送地、到达地、接受地，以及诈骗行为持续发生的实施地、预备地、开始地、途经地、结束地。

"犯罪结果发生地"包括被害人被骗时所在地，以及诈骗所得财物的实际取得地、藏匿地、转移地、使用地、销售地等。

（二）电信网络诈骗最初发现地公安机关侦办的案件，诈骗数额当时未达到"数额较大"标准，但后续累计达到"数额较大"标准，可由最初发现地公安机关立案侦查。

（三）具有下列情形之一的，有关公安机关可以在其职责范围内并案侦查：

1. 一人犯数罪的；
2. 共同犯罪的；
3. 共同犯罪的犯罪嫌疑人还实施其他犯罪的；
4. 多个犯罪嫌疑人实施的犯罪存在直接关联，并案处理有利于查明案件事实的。

（四）对因网络交易、技术支持、资金支付结算等关系形成多层级链条、跨区域的电信网络诈骗等犯罪案件，可由共同上级公安机关按照有利于查清犯罪事实、有利于诉讼的原则，指定有关公安机关立案侦查。

（五）多个公安机关都有权立案侦查的电信网络诈骗等犯罪案件，由最初受理的公安机关或者主要犯罪地公安机关立案侦查。有争议的，按照有利于查清犯罪事实、有利于诉讼的原则，协商解决。经协商无法达成一致的，由共同上级公安机关指定有关公安机关立案侦查。

（六）在境外实施的电信网络诈骗等犯罪案件，可由公安部按照有利于查清犯罪事实、有利于诉讼的原则，指定有关公安机关立案侦查。

（七）公安机关立案、并案侦查，或因有争议，由共同上级公安机关指定立案侦查的案件，需要提请批准逮捕、移送审查起诉、提起公诉的，由该公安机关所在地的人民检察院、人民法院受理。

对重大疑难复杂案件和境外案件，公安机关应在指定立案侦查前，向同级人民检察院、人民法院通报。

（八）已确定管辖的电信诈骗共同犯罪案件，在逃的犯罪嫌疑人归案后，一般由原管辖的公安机关、人民检察院、人民法院管辖。

六、证据的收集和审查判断

（一）办理电信网络诈骗案件，确因被害人人数众多等客观条件的限制，无法逐一收集被害人陈述的，可以结合已收集的被害人陈述，以及经查证属实的银行账户交易记录、第三方支付结算账户交易记录、通话记录、电子数据等证据，综合认定被害人人数及诈骗资金数额等犯罪事实。

（二）公安机关采取技术侦查措施收集的案件证明材料，作为证据使用的，应当随案移送批准采取技术侦查措施的法律文书和所收集的证据材料，并对其来源等作出书面说明。

（三）依照国际条约、刑事司法协助、互助协议或平等互助原则，请求证据材料所在地司法机关收集，或通过国际警务合作机制、国际刑警组织启动合作取证程序收集的境外证据材料，经查证属实，可以作为定案的依据。公安机关应对其来源、提取人、提取时间或者提供人、提供时间以及保管移交的过程等作出说明。

对其他来自境外的证据材料，应当对其来源、提供人、提供时间以及提取人、提取时间进行审查。能够证明案件事实且符合刑事诉讼法规定的，可以作为证据使用。

七、涉案财物的处理

（一）公安机关侦办电信网络诈骗案件，应当随案移送涉案赃款赃物，并附清单。人民检察院提起公诉时，应一并移交受理案件的人民法院，同时就涉案赃款赃物的处理提出意见。

（二）涉案银行账户或者涉案第三方支付账户内的款项，对权属明确的被害人的合法财产，应当及时返还。确因客观原因无法查实全部被害人，但有证据证明该账户系用于电信网络诈骗犯罪，且被告人无法说明款项合法来源的，根据刑法第六十四条的规定，应认定为违法所得，予以追缴。

（三）被告人已将诈骗财物用于清偿债务或者转让给他人，具有下列情形之一的，应当依法追缴：

1. 对方明知是诈骗财物而收取的；
2. 对方无偿取得诈骗财物的；
3. 对方以明显低于市场的价格取得诈骗财物的；
4. 对方取得诈骗财物系源于非法债务或者违法犯罪活动的。

他人善意取得诈骗财物的，不予追缴。

最高人民法院、最高人民检察院、公安部、工业和信息化部、中国人民银行、中国银行业监督管理委员会《关于防范和打击电信网络诈骗犯罪的通告》

（2016年9月23日）

电信网络诈骗犯罪是严重影响人民群众合法权益、破坏社会和谐稳定的社会公害，必须坚决依法严惩。为切实保障广大人民群众合法权益，维护社会和谐稳定，根据《中华人民共和国刑法》《中华人民共和国刑事诉讼法》《全国人民代表大会常务委员会关于加强网络信息保护的决定》等有关规定，现就防范和打击电信网络诈骗犯罪相关事项通告如下：

一、凡是实施电信网络诈骗犯罪的人员，必须立即停止一切违法犯罪活动。自本通告发布之日起至2016年10月31日，主动投案、如实供述自己罪行的，依法从轻或者减轻处罚，在此规定期限内拒不投案自首的，将依法从严惩处。

二、公安机关要主动出击，将电信网络诈骗案件依法立为刑事案件，集中侦破一批案件、打掉一批犯罪团伙、整治一批重点地区，坚决拔掉一批地域性职业电信网络诈骗犯罪"钉子"。对电信网络诈骗案件，公安机关、人民检察院、人民法院要依法快侦、快捕、快诉、快审、快判，坚决遏制电信网络诈骗犯罪发展蔓延势头。

三、电信企业（含移动转售企业，下同）要严格落实电话用户真实身份信息登记制度，确保到2016年10月底前全部电话实名率达到96%，年底前达到100%。未实名登记的单位和个人，应按要求对所持有的电话进行实名登记，在规定时间内未完成真实身份信息登记的，一律予以停机。电信企业在为新入网用户办理真实身份信息登记手续时，要通过采取二代身份证识别设备、联网核验等措施验证用户身份信息，并现场拍摄和留存用户照片。

四、电信企业立即开展一证多卡用户的清理，对同一用户在同一家基础电信企业或同一移动转售企业办理有效使用的电话卡达到5张的，该企业不得为其开办新的电话卡。电信企业和互联网企业要采取措施阻断改号软件网上发布、搜索、传播、销售渠道，严禁违法网络改号电话的运行、经营。电信企业要严格规范国际通信业务出入口局主叫号码传送，全面实施语音专线规范清理和主叫鉴权，加大网内和网间虚假主叫发现与拦截力度，立即清理规范一号通、商务总机、400等电话业务，对违规经营的网络电话业务一律依法予以取缔，对违规经营的各级代理商责令限期整改，逾期不改的一律由相关部门吊销执照，并严肃追究民事、行政责任。移动转售企业要依法开展业务，对整治不力、屡次违规的移动转售企业，将依法坚决查处，直至取消相应资质。

五、各商业银行要抓紧完成借记卡存量清理工作，严格落实

"同一客户在同一商业银行开立借记卡原则上不得超过 4 张"等规定。任何单位和个人不得出租、出借、出售银行账户（卡）和支付账户，构成犯罪的依法追究刑事责任。自 2016 年 12 月 1 日起，同一个人在同一家银行业金融机构只能开立一个Ⅰ类银行账户，在同一家非银行支付机构只能开立一个Ⅲ类支付账户。自 2017 年起，银行业金融机构和非银行支付机构对经设区市级及以上公安机关认定的出租、出借、出售、购买银行账户（卡）或支付账户的单位和个人及相关组织者，假冒他人身份或虚构代理关系开立银行账户（卡）或支付账户的单位和个人，5 年内停止其银行账户（卡）非柜面业务、支付账户所有业务，3 年内不得为其新开立账户。对经设区市级及以上公安机关认定为被不法分子用于电信网络诈骗作案的涉案账户，将对涉案账户开户人名下其他银行账户暂停非柜面业务，支付账户暂停全部业务。自 2016 年 12 月 1 日起，个人通过银行自助柜员机向非同名账户转账的，资金 24 小时后到账。

六、严禁任何单位和个人非法获取、非法出售、非法向他人提供公民个人信息。对泄露、买卖个人信息的违法犯罪行为，坚决依法打击。对互联网上发布的贩卖信息、软件、木马病毒等要及时监控、封堵、删除，对相关网站和网络账号要依法关停，构成犯罪的依法追究刑事责任。

七、电信企业、银行、支付机构和银联，要切实履行主体责任，对责任落实不到位导致被不法分子用于实施电信网络诈骗犯罪的，要依法追究责任。各级行业主管部门要落实监管责任，对监管不到位的，要严肃问责。对因重视不够、防范、打击、整治措施不落实，导致电信网络诈骗犯罪问题严重的地区、部门、国有电信企业、银行和支付机构，坚决依法实行社会治安综合治理"一票否决"，并追究相关责任人的责任。

八、各地各部门要加大宣传力度，广泛开展宣传报道，形成强大舆论声势。要运用多种媒体渠道，及时向公众发布电信网络犯罪预警提示，普及法律知识，提高公众对各类电信网络诈骗的鉴别能力和安全防范意识。

九、欢迎广大人民群众积极举报相关违法犯罪线索，对在捣毁特大犯罪窝点、打掉特大犯罪团伙中发挥重要作用的，予以重奖，并依法保护举报人的个人信息及安全。

本通告自发布之日起施行。

二、电信治理

中华人民共和国电信条例(节录)

(2000年9月25日中华人民共和国国务院令第291号公布 根据2014年7月29日《国务院关于修改部分行政法规的决定》第一次修订 根据2016年2月6日《国务院关于修改部分行政法规的决定》第二次修订)

第一章 总 则

第一条 为了规范电信市场秩序,维护电信用户和电信业务经营者的合法权益,保障电信网络和信息的安全,促进电信业的健康发展,制定本条例。

第二条 在中华人民共和国境内从事电信活动或者与电信有关的活动,必须遵守本条例。

本条例所称电信,是指利用有线、无线的电磁系统或者光电系统,传送、发射或者接收语音、文字、数据、图像以及其他任何形式信息的活动。

……

第五条 电信业务经营者应当为电信用户提供迅速、准确、安全、方便和价格合理的电信服务。

第六条 电信网络和信息的安全受法律保护。任何组织或个人不得利用电信网络从事危害国家安全、社会公共利益或者他人合法权益的活动。

……

第五章 电信安全

第五十六条 任何组织或者个人不得利用电信网络制作、复制、发布、传播含有下列内容的信息：

（一）反对宪法所确定的基本原则的；

（二）危害国家安全，泄露国家秘密，颠覆国家政权，破坏国家统一的；

（三）损害国家荣誉和利益的；

（四）煽动民族仇恨、民族歧视，破坏民族团结的；

（五）破坏国家宗教政策，宣扬邪教和封建迷信的；

（六）散布谣言，扰乱社会秩序，破坏社会稳定的；

（七）散布淫秽、色情、赌博、暴力、凶杀、恐怖或者教唆犯罪的；

（八）侮辱或者诽谤他人，侵害他人合法权益的；

（九）含有法律、行政法规禁止的其他内容的。

第五十七条 任何组织或者个人不得有下列危害电信网络安全和信息安全的行为：

（一）对电信网的功能或者存储、处理、传输的数据和应用程序进行删除或者修改；

（二）利用电信网从事窃取或者破坏他人信息、损害他人合法权益的活动；

（三）故意制作、复制、传播计算机病毒或者以其他方式攻击他人电信网络等电信设施；

（四）危害电信网络安全和信息安全的其他行为。

第五十八条 任何组织或者个人不得有下列扰乱电信市场秩序的行为：

（一）采取租用电信国际专线、私设转接设备或者其他方法，擅自经营国际或者香港特别行政区、澳门特别行政区和台湾地区电信业务；

（二）盗接他人电信线路，复制他人电信码号，使用明知是盗接、复制的电信设施或者码号；

（三）伪造、变造电话卡及其他各种电信服务有价凭证；

（四）以虚假、冒用的身份证件办理入网手续并使用移动电话。

第五十九条 电信业务经营者应当按照国家有关电信安全的规定，建立健全内部安全保障制度，实行安全保障责任制。

第六十条 电信业务经营者在电信网络的设计、建设和运行中，应当做到与国家安全和电信网络安全的需求同步规划，同步建设，同步运行。

第六十一条 在公共信息服务中，电信业务经营者发现电信网络中传输的信息明显属于本条例第五十六条所列内容的，应当立即停止传输，保存有关记录，并向国家有关机关报告。

第六十二条 使用电信网络传输信息的内容及其后果由电信用户负责。

电信用户使用电信网络传输的信息属于国家秘密信息的，必须依照保守国家秘密法的规定采取保密措施。

……

第六十五条 电信用户依法使用电信的自由和通信秘密受法律保护。除因国家安全或者追查刑事犯罪的需要，由公安机关、国家安全机关或者人民检察院依照法律规定的程序对电信内容进行检查外，任何组织或者个人不得以任何理由对电信内容进行检查。

电信业务经营者及其工作人员不得擅自向他人提供电信用户使用电信网络所传输信息的内容。

第六章 罚 则

第六十六条 违反本条例第五十六条、第五十七条的规定，构成犯罪的，依法追究刑事责任；尚不构成犯罪的，由公安机关、国家安全机关依照有关法律、行政法规的规定予以处罚。

第六十七条 有本条例第五十八条第（二）、（三）、（四）项所列行为之一，扰乱电信市场秩序，构成犯罪的，依法追究刑事责任；尚不构成犯罪的，由国务院信息产业主管部门或者省、自治区、直辖市电信管理机构依据职权责令改正，没收违法所得，处违法所得3倍以上5倍以下罚款；没有违法所得或者违法所得不足1万元的，处1万元以上10万元以下罚款。

……

第六十九条 违反本条例规定，有下列行为之一的，由国务院信息产业主管部门或者省、自治区、直辖市电信管理机构依据职权责令改正，没收违法所得，处违法所得3倍以上5倍以下罚款；没有违法所得或者违法所得不足5万元的，处10万元以上100万元以下罚款；情节严重的，责令停业整顿：

（一）违反本条例第七条第三款的规定或者有本条例第五十八条第（一）项所列行为，擅自经营电信业务的，或者超范围经营电信业务的；

（二）未通过国务院信息产业主管部门批准，设立国际通信出入口进行国际通信的；

（三）擅自使用、转让、出租电信资源或者改变电信资源用途的；

（四）擅自中断网间互联互通或者接入服务的；

（五）拒不履行普遍服务义务的。

第七十条 违反本条例的规定，有下列行为之一的，由国务院信息产业主管部门或者省、自治区、直辖市电信管理机构依据职权责令改正，没收违法所得，处违法所得1倍以上3倍以下罚款；没有违法所得或者违法所得不足1万元的，处1万元以上10万元以下罚款；情节严重的，责令停业整顿：

（一）在电信网间互联中违反规定加收费用的；

（二）遇有网间通信技术障碍，不采取有效措施予以消除的；

（三）擅自向他人提供电信用户使用电信网络所传输信息的内容的；

（四）拒不按照规定缴纳电信资源使用费的。

……

电信和互联网用户个人信息保护规定（节录）

（2013年7月16日中华人民共和国工业和信息化部令第24号公布 自2013年9月1日起施行）

第一章 总 则

第一条 为了保护电信和互联网用户的合法权益，维护网络信息安全，根据《全国人民代表大会常务委员会关于加强网络信息保护的决定》、《中华人民共和国电信条例》和《互联网信息服务管理办法》等法律、行政法规，制定本规定。

第二条 在中华人民共和国境内提供电信服务和互联网信息服务过程中收集、使用用户个人信息的活动，适用本规定。

......

第五条 电信业务经营者、互联网信息服务提供者在提供服务的过程中收集、使用用户个人信息，应当遵循合法、正当、必要的原则。

第六条 电信业务经营者、互联网信息服务提供者对其在提供服务过程中收集、使用的用户个人信息的安全负责。

第七条 国家鼓励电信和互联网行业开展用户个人信息保护自律工作。

......

第二章 信息收集和使用规范

第八条 电信业务经营者、互联网信息服务提供者应当制定用户个人信息收集、使用规则，并在其经营或者服务场所、网站等予以公布。

第九条 未经用户同意，电信业务经营者、互联网信息服务提供者不得收集、使用用户个人信息。

电信业务经营者、互联网信息服务提供者收集、使用用户个人信息的，应当明确告知用户收集、使用信息的目的、方式和范围，查询、更正信息的渠道以及拒绝提供信息的后果等事项。

电信业务经营者、互联网信息服务提供者不得收集其提供服务所必需以外的用户个人信息或者将信息用于提供服务之外的目的，不得以欺骗、误导或者强迫等方式或者违反法律、行政法规以及双方的约定收集、使用信息。

电信业务经营者、互联网信息服务提供者在用户终止使用电信服务或者互联网信息服务后，应当停止对用户个人信息的收集和使用，并为用户提供注销号码或者账号的服务。

法律、行政法规对本条第一款至第四款规定的情形另有规定的，从其规定。

第十条　电信业务经营者、互联网信息服务提供者及其工作人员对在提供服务过程中收集、使用的用户个人信息应当严格保密，不得泄露、篡改或者毁损，不得出售或者非法向他人提供。

第十一条　电信业务经营者、互联网信息服务提供者委托他人代理市场销售和技术服务等直接面向用户的服务性工作，涉及收集、使用用户个人信息的，应当对代理人的用户个人信息保护工作进行监督和管理，不得委托不符合本规定有关用户个人信息保护要求的代理人代办相关服务。

第十二条　电信业务经营者、互联网信息服务提供者应当建立用户投诉处理机制，公布有效的联系方式，接受与用户个人信息保护有关的投诉，并自接到投诉之日起十五日内答复投诉人。

第三章　安全保障措施

第十三条　电信业务经营者、互联网信息服务提供者应当采取以下措施防止用户个人信息泄露、毁损、篡改或者丢失：

（一）确定各部门、岗位和分支机构的用户个人信息安全管理责任；

（二）建立用户个人信息收集、使用及其相关活动的工作流程和安全管理制度；

（三）对工作人员及代理人实行权限管理，对批量导出、复制、销毁信息实行审查，并采取防泄密措施；

（四）妥善保管记录用户个人信息的纸介质、光介质、电磁介

质等载体,并采取相应的安全储存措施;

(五)对储存用户个人信息的信息系统实行接入审查,并采取防入侵、防病毒等措施;

(六)记录对用户个人信息进行操作的人员、时间、地点、事项等信息;

(七)按照电信管理机构的规定开展通信网络安全防护工作;

(八)电信管理机构规定的其他必要措施。

第十四条 电信业务经营者、互联网信息服务提供者保管的用户个人信息发生或者可能发生泄露、毁损、丢失的,应当立即采取补救措施;造成或者可能造成严重后果的,应当立即向准予其许可或者备案的电信管理机构报告,配合相关部门进行的调查处理。

电信管理机构应当对报告或者发现的可能违反本规定的行为的影响进行评估;影响特别重大的,相关省、自治区、直辖市通信管理局应当向工业和信息化部报告。电信管理机构在依据本规定作出处理决定前,可以要求电信业务经营者和互联网信息服务提供者暂停有关行为,电信业务经营者和互联网信息服务提供者应当执行。

第十五条 电信业务经营者、互联网信息服务提供者应当对其工作人员进行用户个人信息保护相关知识、技能和安全责任培训。

第十六条 电信业务经营者、互联网信息服务提供者应当对用户个人信息保护情况每年至少进行一次自查,记录自查情况,及时消除自查中发现的安全隐患。

第四章 监督检查

第十七条 电信管理机构应当对电信业务经营者、互联网信息服务提供者保护用户个人信息的情况实施监督检查。

电信管理机构实施监督检查时,可以要求电信业务经营者、互联网信息服务提供者提供相关材料,进入其生产经营场所调查情况,电信业务经营者、互联网信息服务提供者应当予以配合。

电信管理机构实施监督检查,应当记录监督检查的情况,不得妨碍电信业务经营者、互联网信息服务提供者正常的经营或者服务活动,不得收取任何费用。

第十八条 电信管理机构及其工作人员对在履行职责中知悉的用户个人信息应当予以保密,不得泄露、篡改或者毁损,不得出售或者非法向他人提供。

第十九条 电信管理机构实施电信业务经营许可及经营许可证年检时,应当对用户个人信息保护情况进行审查。

第二十条 电信管理机构应当将电信业务经营者、互联网信息服务提供者违反本规定的行为记入其社会信用档案并予以公布。

第二十一条 鼓励电信和互联网行业协会依法制定有关用户个人信息保护的自律性管理制度,引导会员加强自律管理,提高用户个人信息保护水平。

第五章 法律责任

第二十二条 电信业务经营者、互联网信息服务提供者违反本规定第八条、第十二条规定的,由电信管理机构依据职权责令限期改正,予以警告,可以并处一万元以下的罚款。

第二十三条 电信业务经营者、互联网信息服务提供者违反本规定第九条至第十一条、第十三条至第十六条、第十七条第二款规定的,由电信管理机构依据职权责令限期改正,予以警告,可以并处一万元以上三万元以下的罚款,向社会公告;构成犯罪的,依法追究刑事责任。

第二十四条 电信管理机构工作人员在对用户个人信息保护工

作实施监督管理的过程中玩忽职守、滥用职权、徇私舞弊的，依法给予处理；构成犯罪的，依法追究刑事责任。

……

电话用户真实身份信息登记规定

（2013年7月16日中华人民共和国工业和信息化部令第25号公布 自2013年9月1日起施行）

第一条 为了规范电话用户真实身份信息登记活动，保障电话用户和电信业务经营者的合法权益，维护网络信息安全，促进电信业的健康发展，根据《全国人民代表大会常务委员会关于加强网络信息保护的决定》和《中华人民共和国电信条例》，制定本规定。

第二条 中华人民共和国境内的电话用户真实身份信息登记活动，适用本规定。

第三条 本规定所称电话用户真实身份信息登记，是指电信业务经营者为用户办理固定电话、移动电话（含无线上网卡，下同）等入网手续，在与用户签订协议或者确认提供服务时，如实登记用户提供的真实身份信息的活动。

本规定所称入网，是指用户办理固定电话装机、移机、过户，移动电话开户、过户等。

第四条 工业和信息化部和各省、自治区、直辖市通信管理局（以下统称电信管理机构）依法对电话用户真实身份信息登记工作实施监督管理。

第五条 电信业务经营者应当依法登记和保护电话用户办理入网手续时提供的真实身份信息。

第六条 电信业务经营者为用户办理入网手续时，应当要求用户出示有效证件、提供真实身份信息，用户应当予以配合。

用户委托他人办理入网手续的，电信业务经营者应当要求受托人出示用户和受托人的有效证件，并提供用户和受托人的真实身份信息。

第七条 个人办理电话用户真实身份信息登记的，可以出示下列有效证件之一：

（一）居民身份证、临时居民身份证或者户口簿；

（二）中国人民解放军军人身份证件、中国人民武装警察身份证件；

（三）港澳居民来往内地通行证、台湾居民来往大陆通行证或者其他有效旅行证件；

（四）外国公民护照；

（五）法律、行政法规和国家规定的其他有效身份证件。

第八条 单位办理电话用户真实身份信息登记的，可以出示下列有效证件之一：

（一）组织机构代码证；

（二）营业执照；

（三）事业单位法人证书或者社会团体法人登记证书；

（四）法律、行政法规和国家规定的其他有效证件或者证明文件。

单位办理登记的，除出示以上证件之一外，还应当出示经办人的有效证件和单位的授权书。

第九条 电信业务经营者应当对用户出示的证件进行查验，并如实登记证件类别以及证件上所记载的姓名（名称）、号码、住址信息；对于用户委托他人办理入网手续的，应当同时查验受托人的证件并登记受托人的上述信息。

为了方便用户提供身份信息、办理入网手续,保护用户的合法权益,电信业务经营者复印用户身份证件的,应当在复印件上注明电信业务经营者名称、复印目的和日期。

第十条 用户拒绝出示有效证件,拒绝提供其证件上所记载的身份信息,冒用他人的证件,或者使用伪造、变造的证件的,电信业务经营者不得为其办理入网手续。

第十一条 电信业务经营者在向电话用户提供服务期间及终止向其提供服务后两年内,应当留存用户办理入网手续时提供的身份信息和相关材料。

第十二条 电信业务经营者应当建立健全用户真实身份信息保密管理制度。

电信业务经营者及其工作人员对在提供服务过程中登记的用户真实身份信息应当严格保密,不得泄露、篡改或者毁损,不得出售或者非法向他人提供,不得用于提供服务之外的目的。

第十三条 电话用户真实身份信息发生或者可能发生泄露、毁损、丢失的,电信业务经营者应当立即采取补救措施;造成或者可能造成严重后果的,应当立即向相关电信管理机构报告,配合相关部门进行的调查处理。

电信管理机构应当对报告或者发现的可能违反电话用户真实身份信息保护规定的行为的影响进行评估;影响特别重大的,相关省、自治区、直辖市通信管理局应当向工业和信息化部报告。电信管理机构在依据本规定作出处理决定前,可以要求电信业务经营者暂停有关行为,电信业务经营者应当执行。

第十四条 电信业务经营者委托他人代理电话入网手续、登记电话用户真实身份信息的,应当对代理人的用户真实身份信息登记和保护工作进行监督和管理,不得委托不符合本规定有关用户真实身份信息登记和保护要求的代理人代办相关手续。

第十五条 电信业务经营者应当对其电话用户真实身份信息登记和保护情况每年至少进行一次自查,并对其工作人员进行电话用户真实身份信息登记和保护相关知识、技能和安全责任培训。

第十六条 电信管理机构应当对电信业务经营者的电话用户真实身份信息登记和保护情况实施监督检查。电信管理机构实施监督检查时,可以要求电信业务经营者提供相关材料,进入其生产经营场所调查情况,电信业务经营者应当予以配合。

电信管理机构实施监督检查,应当记录监督检查的情况,不得妨碍电信业务经营者正常的经营或者服务活动,不得收取任何费用。

电信管理机构及其工作人员对在实施监督检查过程中知悉的电话用户真实身份信息应当予以保密,不得泄露、篡改或者毁损,不得出售或者非法向他人提供。

第十七条 电信业务经营者违反本规定第六条、第九条至第十五条的规定,或者不配合电信管理机构依照本规定开展的监督检查的,由电信管理机构依据职权责令限期改正,予以警告,可以并处一万元以上三万元以下罚款,向社会公告。其中,《中华人民共和国电信条例》规定法律责任的,依照其规定处理;构成犯罪的,依法追究刑事责任。

第十八条 用户以冒用、伪造、变造的证件办理入网手续的,电信业务经营者不得为其提供服务,并由相关部门依照《中华人民共和国居民身份证法》、《中华人民共和国治安管理处罚法》、《现役军人和人民武装警察居民身份证申领发放办法》等规定处理。

第十九条 电信管理机构工作人员在对电话用户真实身份信息登记工作实施监督管理的过程中玩忽职守、滥用职权、徇私舞弊的,依法给予处理;构成犯罪的,依法追究刑事责任。

第二十条 电信业务经营者应当通过电话、短信息、书面函件或者公告等形式告知用户并采取便利措施，为本规定施行前尚未提供真实身份信息或者所提供身份信息不全的电话用户补办登记手续。

电信业务经营者为电话用户补办登记手续，不得擅自加重用户责任。

电信业务经营者应当在向尚未提供真实身份信息的用户确认提供服务时，要求用户提供真实身份信息。

第二十一条 本规定自2013年9月1日起施行。

工业和信息化部关于进一步防范和打击通讯信息诈骗工作的实施意见

（2016年11月7日 工信部网安函〔2016〕452号）

为坚决贯彻党中央、国务院近期系列决策部署，细化落实工业和信息化部等六部门《关于防范和打击电信网络诈骗犯罪的通告》要求，有效防范和打击通讯信息诈骗，切实保障正常通信秩序，保护用户合法权益，维护社会和谐稳定，提出以下实施意见。

一、从严从快全面落实电话用户实名制

（一）加快完成未实名电话存量用户身份信息补登记。各基础电信企业要加快推进未实名老用户补登记，在2016年底前实名率达到100%。各移动转售企业要对170、171号段全部用户进行回访和身份信息确认，对未登记或登记信息错误的用户进行补登记，2016年底前实名率达到100%。在规定时间内未完成补登记的，一律予以停机。

（二）从严做好新入网电话用户实名登记。各基础电信企业和移动转售企业要采取有效的管理和技术措施，确保电话用户登记信息真实、准确、可溯源。为新用户办理入网手续时，要严格落实用户身份证件核查责任，采取二代身份证识别设备、联网核验等措施验证用户身份信息，并现场拍摄和留存办理用户照片。通过网络渠道发展新用户时，要采取在线视频实人认证等技术方式核验用户身份信息。

（三）严格限制一证多卡。2016年底前，各基础电信企业和移动转售企业应全面完成一证多卡用户摸排清理，对在本企业全国范围内已经办理5张（含）以上移动电话卡的存量用户，要对用户身份信息逐一重新核实。同一用户在同一基础电信企业或同一移动转售企业全国范围内办理使用的移动电话卡达到5张的，按照六部委《关于防范和打击电信网络诈骗犯罪的通告》第四条相关要求处理。

（四）强化行业卡实名登记管理。一是各基础电信企业和移动转售企业要对已经在网使用的行业卡实名登记情况进行重新核实，对未登记或登记信息错误的用户进行补登记，2016年底前实名率达到100%。二是对新办理使用行业卡的，要从严审核行业用户单位资质、所需行业卡功能、数量及业务量，按照"功能最小化"原则，屏蔽语音、短信功能，并充分利用技术手段对行业卡使用范围（包括可访问IP地址、端口、通话及短信号码等）、使用场景（如设备IMEI与号卡IMSI一一对应）等进行严格限制和绑定。三是原则上新增的行业卡必须使用13位专用号段，并通过专用网络承载相关业务，特殊情况下需使用11位号段且开通无限制的语音功能的，必须按照公众移动电话用户进行实名登记。四是按照"谁发卡、谁负责"原则，各基础电信企业和移动转售企业要加强对行业卡使用情况的监测和管控，严禁二次销售和违规使用行业卡。对未采取有效监测和管控措施，致使行业卡被倒卖或被用于非行业用户的，从严追究相关企业和负责人的责任。

（五）严格落实代理渠道电话实名制管理要求。各基础电信企业和移动转售企业要进一步严格代理渠道准入，强化代理商资质审核，严格禁止代理渠道擅自委托下级代理。建立委托代理渠道电话入网和实名登记违规责任追究制度，各基础电信企业集团公司要签订电话实名制责任承诺书，各企业建立内部问责机制，对出现不登记、虚假登记、批量开卡、"养卡"等违规行为的代理渠道，一经发现立即取消其代理资格，纳入委托代理渠道黑名单，并从严追究相关基础电信企业省级公司相关部门和负责人责任。各通信管理局要在2016年11月底前组织电信企业完善委托代理渠道黑名单制度，对纳入黑名单的渠道和个人，各电信企业不得委托其办理电话入网和实名登记手续。

二、大力整顿和规范重点电信业务

（六）全面开展存量用户自查清理。2016年11月底前，各基础电信企业要全面完成语音专线和"400"、"一号通"、"商务总机"等存量重点电信业务排查清理。对未进行主体信息登记、虚假登记、登记信息不完整、未登记使用用途或者实际用途与登记用途不符合、资质不符或者存在其他不符合业务运营和使用规范、使用异常的，要督促用户限期整改，问题严重、拒不整改或未按要求整改的，一律依法予以取缔。2016年11月底前，各基础电信企业要将上述重点电信业务自查清理情况书面报部及所在地通信管理局。

（七）从严加强新用户入网审核和管理。一是严格申请主体资格。语音专线和"400"、"一号通"、"商务总机"等重点电信业务的申办主体必须为单位用户，严禁发展个人用户。二是严格办理渠道。用户必须在基础电信企业自有实体渠道申请办理上述重点电信业务，并由基础电信企业负管理责任，严禁代理渠道或网络渠道代为办理。三是严格资质核验。申请用户应当提供单位有效证照（企业用户应当提供营业执照，政府部门、事业单位、社会团体用户应当提供组织机构代码证)、法定代表人的有效身份证件、申请单位办理人的有效身份证件,属申请资源经营电信业务的,要同时提供相应的电信业务许可证。基础电信企业要严格核验、登记与留存上述证照信息以及业务使用用途。四是严格申请数量。同一用户在同一基础电信企业全国范围内申请"400"、"一号通"、"商务总机"等重点业务号码,每类原则上不得超过 5 个。五是严格台账管理。各基础电信企业集团公司和各省级公司要在 2016 年底前分别建立上述重点电信业务统一台账,并动态更新管理,确保监管部门可随时依法查询用户的登记情况、使用状态和业务变更记录。

(八)从严加强业务外呼管理。一是严格外呼审批。用户申请"400"、"商务总机"外呼以及自带 95、96 等字头短号码通过租用语音专线开展外呼的,必须由基础电信企业省级及以上公司从严审批并负管理责任,业务合同中必须明示允许的外呼号码或号段以及外呼用途、时段、频次等。新增"一号通"一律禁止外呼。二是建立外呼白名单制度。各基础电信企业允许外呼的上述重点电信业务号码必须为本网实际开通的、属本企业分配的号码或号段,并统一纳入白名单管理,对白名单以外的外呼号码一律进行拦截。通过本网中继外呼时,严禁使用它网的固定、移动用户号码或"400"等业务号码。

(九)强化业务合同责任约束。各基础电信企业要进一步强化上述重点电信业务合同约束,细化责任条款,明确规定发现冒用或伪造身份证照、违法使用、违规外呼、呼叫频次异常、超约定用途使用、转租转售、被公安机关通报以及用户就上述问题投诉较多等情况的,核实确认后,一律终止业务接入。2016 年底前,各基础电信企业要与存量用户全部补签订相关责任条款。

(十)建立健全业务使用动态复核机制。2016 年底前,各基础电信企业要采取必要的管理与技术措施,建立随机拨测、现场随机巡检、用户资质年度复核等制度，加强对重点电信业务使用的动态管理。发现违规使用的，依据相关管理规范和业务协议从严从重处置，并通报通信管理部门依法依规处理，涉嫌违法犯罪的通报公安机关。

三、坚决整治网络改号问题

（十一）严格规范号码传送和使用管理。一是严格防范国际改号呼叫。各基础电信企业要对从境外诈骗电话来话高发区输入的国际来话进行重点管理甄别，对"+86"等不规范国际来话，以及公安机关核实通报的伪造国内公检法和党政部门便民电话的虚假主叫号码，在国际通信业务出入口局一律进行拦截。对携带"通用号码"的来话，在国际通信业务出入口局和国内网间互联互通关口局将其"通用号码"信息一律予以删除。二是严格规范主叫号码传送。落实号码传送行业规定和有关行业标准。禁止违规传送主叫号码为空号或设置主叫号码禁显的呼叫。各基础电信企业在网间关口局对不符合号码管理、网间互联规定和标准的违规呼叫、违规号码一律进行拦截。从严管理语音专线呼叫转移业务功能，确需开通的，应当由基础电信企业集团公司统一审核并建立台账；各基础电信企业要在2016年11月底前全面完成已经开通的语音专线呼叫转移功能排查清理。三是严格号码使用管理。号码使用者应当严格遵循号码管理的各项规定，按照通信管理部门批准的地域、用途、位长格式规范使用号码，禁止转让。四是提升网络改号电话发现处置能力。各基础电信企业要会同国家计算机网络与信息安全管理中心等单位，开展网络改号电话检测技术研究，进一步提升对网络改号电话的监测、发现、拦截、处置能力。

（十二）全面落实语音专线主叫鉴权机制。2016年底前，各基础电信企业语音专线主叫鉴权比例按规范达到100%，对未按规范进行主叫鉴权的呼叫一律拦截。同时，建立主叫呼叫过程的鉴权日志留存和稽核等机制，发现传送非业务合同约定的主叫号码的语音专线一律关停，对存在私自转接国际来话、为非法 VoIP 和改号电话提供语音落地、转租转售等严重问题的专线用户，应全面终止与其合作，并报通信管理部门依法依规处理。

（十三）建立网络改号呼叫源头倒查和打击机制。严禁违法网络改号电话的运行、经营。对用户举报以及公安机关通报的网络改号电话等，通信管理部门组织基础电信企业联动倒查其话务落地源头，对为改号呼叫落地提供电信线路等资源的单位或个人，立即清理停止相关电信线路接入；涉及电信企业的，依法予以处理，并严肃追究相关部门和人员的管理责任；涉嫌违法犯罪的通报公安机关。各基础电信企业要建立健全内部快速倒查机制，设立专人负责工作对接，并按照通信管理部门规定时限要求留存信令数据。基础电信企业因规定的信令留存时限不满足等自身原因致使倒查工作无法开展的，作为改号电话呼叫来源责任方。

（十四）坚决清理网上改号软件。2016 年 11 月底前，相关互联网企业要通过关键词屏蔽、软件下架、信息删除和账户封停等方式，对网站页面、搜索引擎、手机应用软件商城、电商平台、社交平台上的改号软件信息进行深入清理，切断下载、搜索、传播、兜售改号软件的渠道。

四、不断提升技术防范和打击能力

（十五）抓紧完成企业侧技术手段建设。各基础电信企业要按照部《关于进一步做好防范打击通讯信息诈骗相关工作的通知》（工信部网安函〔2015〕601 号）以及《基础电信企业防范打击通讯信息诈骗不良呼叫号码处置技术能力要求》（工信厅网安〔2016〕143 号）相关要求，在 2016 年底前全面建成防范打击通讯信息诈骗业务管理系统和用户终端侧安全提示服务两类技术手段，2017 年 3 月底前全面建成网内和网间不良呼叫号码监测处置系统，综合运用多种技术手段持续提升企业侧技术防范打击能力。

（十六）进一步打击"伪基站"、"黑广播"。各地无线电管理机构要充分发挥技术优势，进一步提升对"伪基站"、"黑广播"的监测定位、逼近查找等技术支持能力，完善与公安、广电、民航、工商等相关部门的重大案件情况通报机制，积极配合做好"伪基站"、"黑广播"查处打击工作。

五、加强行业用户个人信息保护

（十七）严格保护行业用户个人信息。电信和互联网企业要严格落实《全国人民代表大会常务委员会关于加强网络信息保护的决定》、《电信和互联网用户个人信息保护规定》（工业和信息化部令第24号）等规定，严格用户个人信息使用内部管理，采取必要的网络安全技术保障措施。2016年11月底前，各基础电信企业、移动转售企业和互联网企业要全面完成用户个人信息保护自查，重点检查营业厅、代理点等环节用户个人信息保护管理和涉及用户个人信息系统的安全防护，加强内部安全审计，严肃处理非法出售、泄露用户个人信息的问题。部将结合2016年网络安全防护检查工作，对基础电信企业、重点移动转售企业和互联网企业开展抽查，对于明知存在严重安全隐患仍不采取措施的，严肃查处并公开曝光。

（十八）强化手机应用软件监督管理。加大技术检测力度，按照"发现、取证、处置、曝光"工作机制，对手机应用软件收集、使用用户个人信息情况进行技术检测，对发现的违规应用软件统一下架和公开曝光，并依法查处违规企业。

六、强化社会监督与宣传教育

（十九）强化监督举报受理与处置。一是各基础电信企业和移动转售企业要进一步完善用户举报渠道和方式，建立健全举报奖励制度，设立专区及时受理与处置涉嫌通讯信息诈骗用户举报。中国互联网协会要充分发挥12321举报平台作用，建立电话、短信、网站、手机 APP 等多渠道举报机制。二是对公安机关通报的以及 12321 举报中心受理的用户投诉举报情况，各基础电信企业和移动转售企业要逐一认真核查，并对存在的问题进行及时整改和严肃追责。

（二十）加强宣传提升用户防范能力。一是各基础电信企业和移动转售企业要充分运用传统媒体、新媒体以及短彩信等渠道，及时向用户宣传提醒通讯信息诈骗类型和危害。二是各基础电信企业和互联网企业应向国内手机用户免费提供涉嫌通讯信息诈骗来电号码标注提醒和风险防控警示。部支持中国信息通信研究院等第三方单位，整合各类监测举报资源和手机用户标记资源，实现行业内资源共享。

七、强化行业监管与责任追究

（二十一）强化属地通信管理部门行业监管责任。一是各通信管理局要及时对辖区基础电信企业防范打击通讯信息诈骗工作责任落实情况开展监督检查，并将检查结果纳入基础电信企业省级公司信息安全责任考核，从严扣分，同时依法依规实施行政处罚、公开曝光。二是各通信管理局要善用外部监督，根据用户举报和公安机关通报情况，对连续三个月被举报率排名全国前 5 位，或者被公安机关点名通报的基础电信企业省级公司，视情节严重程度采取约谈、责令整改、通报、公开曝光等措施。三是各通信管理局应按照《关于加强依法治理电信市场的若干规定》（信部政〔2003〕453 号）相关规定，及时反映通报基础电信企业省级公司防范打击通讯信息诈骗工作责任落实情况，作为相关基础电信企业集团公司对省级公司领导班子成员开展考核、干部调整时的重要依据。

（二十二）建立健全基础电信企业责任追究机制。一是各基础电信企业集团公司要健全内部责任追究制度，实行防范打击通讯信息诈骗工作责任一票否决制，并在 2016 年 12 月底前，将本公司防范打击通讯信息诈骗工作责任追究制度报部审核后，向社会公布。二是基础电信企业要强化制度执行，层层签署责任书，对于未有效建立和实施业务规范、技术防范、监督检查、考核追责、教育培训等防范打击工作管理制度闭环体系，以及责任落实不到位特别是导致大案要案发生的，根据公安机关的案件通报和监管部门的责任认定意见，基础电信企业集团公司要严肃处理涉事分支机构，追究其主要领导和相关责任人员的责任，并对省级公司及集团公司相关部门领导及相关责任人采取通报、约谈、降级直至责令免职等追究措施。有关追责情况及时报部和相关通信管理局。三是各基础电信企业集团公司对下属机构的违规行为，在公司内部管理考核中从严扣分。

（二十三）健全移动转售业务监管和违规退出机制。将170、171号段实名制等管理要求落实情况、公安机关通报的重大涉案情况、用户投诉举报问题突出情况等，作为移动转售企业申请扩大经营范围、增加码号资源、发放正式经营许可的一票否决项，对问题较为严重、整改不力的，一律暂停新增码号资源、扩大试点范围等相关申请受理，对问题情节严重、屡教屡犯的，依法取消其相关资质。

（二十四）加大对增值电信业务经营者和代理商违法违规行为的惩处力度。一是对查实的违法违规电信业务经营者，由通信管理部门通报工商部门，依法纳入企业信用信息基础数据库，并适时向社会公布。二是对查实的违法增值电信企业，依法责令相关业务停业整顿直至吊销相关电信业务许可证，并按照《电信业务经营许可管理办法》等相关规定，3年内不予审批新的电信业务经营许可。三是对查实的存在严重违规行为的代理商，相关电信企业要一律取消其代理资质。四是加大曝光力度，对违规经营行为定期或不定期向社会曝光。

（二十五）建立通信行业防范打击通讯信息诈骗"黑名单"共享机制。部委托中国信息通信研究院牵头建立通信行业防范打击通讯信息诈骗"黑名单"全国共享库。对在防范和打击通讯信息诈骗工作中被相关部门认定违规的企业和个人，纳入黑名单，对其营业执照、法人信息、违规行为等进行详细分类记录，在全行业实现信息共享。各基础电信企业对黑名单用户在申请成为业务代理以及申请使用语音专线、"400"、"商务总机"等重点电信业务时一律拒绝受理。

八、切实强化防范治理的工作保障

（二十六）进一步加强组织保障。各基础电信企业、移动转售企业和相关互联网企业要进一步健全内部网络信息安全组织体系，明确本企业防范打击通讯信息诈骗责任部门，明确其工作组织实施和内部监督考核问责职责。其中，各基础电信企业在集团公司层面要进一步健全专职网络信息安全部门，切实加强组织领导，充实工作力量，加强本企业防范打击通讯信息诈骗工作的组织保障。国家计算机网络与信息安全管理中心、中国信息通信研究院等单位要建立健全管理支撑组织体系，明确相应管理支撑部门，配齐配足人员力量，进一步强化防范打击通讯信息诈骗技术保障和法律政策研究能力，全力支撑做好防范治理相关工作。

（二十七）进一步健全安全制度体系。各基础电信企业、移动转售企业和相关互联网企业应建立防范打击通讯信息诈骗安全管理制度，建立相关业务规范、考核奖惩、教育培训、安全事件报告等制度，制定重大突发事件应急处置预案，加强与通信管理部门工作配合和信息共享。

（二十八）进一步加强通讯信息诈骗风险评估防范。各基础电信企业、移动转售企业和相关互联网企业要针对"一卡双号"、"融合通信"、"短信营业厅"等可能引发通讯信息诈骗风险的存量业务，重新组织开展全流程、全环节的安全评估，积极消除安全隐患；对拟新上线的业务，要把通讯信息诈骗风险作为安全评估重点内容，对存在通讯信息诈骗高安全风险的业务一律禁止上线。

（二十九）进一步加强信息通报工作。自本意见发布之日起，各单位应当全面对照工作任务分工表（见附件），将本单位防范打击通讯信息诈骗工作进展、经验做法、存在问题和相关建议情况，于每月1日和15日报部防范打击通讯信息诈骗工作领导小组办公室（网络安全管理局），重大情况及时报告。

各地区、各单位要以对党对人民高度负责的精神，切实增强使命感、责任感和紧迫感，把防范和打击通讯信息诈骗工作作为当前一项重大政治任务和重要民生工程，进一步加强组织领导，细化工作措施，坚决压实责任，加大工作力度，尽快取得实质性成效，实现根本性好转，使人民群众有获得感，推动通信行业健康可持续发展。

三、金融治理

个人存款账户实名制规定

（2000年3月20日中华人民共和国国务院令第285号发布　自2000年4月1日起施行）

第一条　为了保证个人存款账户的真实性，维护存款人的合法权益，制定本规定。

第二条　中华人民共和国境内的金融机构和在金融机构开立个人存款账户的个人，应当遵守本规定。

第三条　本规定所称金融机构，是指在境内依法设立和经营个人存款业务的机构。

第四条　本规定所称个人存款账户，是指个人在金融机构开立的人民币、外币存款账户，包括活期存款账户、定期存款账户、定活两便存款账户、通知存款账户以及其他形式的个人存款账户。

第五条　本规定所称实名，是指符合法律、行政法规和国家有关规定的身份证件上使用的姓名。

下列身份证件为实名证件：

（一）居住在境内的中国公民，为居民身份证或者临时居民身份证；

（二）居住在境内的16周岁以下的中国公民，为户口簿；

（三）中国人民解放军军人，为军人身份证件；中国人民武装警察，为武装警察身份证件；

（四）香港、澳门居民，为港澳居民往来内地通行证；台湾居民，为台湾居民来往大陆通行证或者其他有效旅行证件；

（五）外国公民，为护照。

前款未作规定的，依照有关法律、行政法规和国家有关规定执行。

第六条 个人在金融机构开立个人存款账户时，应当出示本人身份证件，使用实名。

代理他人在金融机构开立个人存款账户的，代理人应当出示被代理人和代理人的身份证件。

第七条 在金融机构开立个人存款账户的，金融机构应当要求其出示本人身份证件，进行核对，并登记其身份证件上的姓名和号码。代理他人在金融机构开立个人存款账户的，金融机构应当要求其出示被代理人和代理人的身份证件，进行核对，并登记被代理人和代理人的身份证件上的姓名和号码。

不出示本人身份证件或者不使用本人身份证件上的姓名的，金融机构不得为其开立个人存款账户。

第八条 金融机构及其工作人员负有为个人存款账户的情况保守秘密的责任。

金融机构不得向任何单位或者个人提供有关个人存款账户的情况，并有权拒绝任何单位或者个人查询、冻结、扣划个人在金融机构的款项；但是，法律另有规定的除外。

第九条 金融机构违反本规定第七条规定的，由中国人民银行给予警告，可以处1000元以上5000元以下的罚款；情节严重的，可以并处责令停业整顿，对直接负责的主管人员和其他直接责任人员依法给予纪律处分；构成犯罪的，依法追究刑事责任。

第十条 本规定施行前，已经在金融机构开立的个人存款账户，按照本规定施行前国家有关规定执行；本规定施行后，在原账户办理第一笔个人存款时，原账户没有使用实名的，应当依照本规定使用实名。

第十一条 本规定由中国人民银行组织实施。

第十二条 本规定自 2000 年 4 月 1 日起施行。

中国人民银行关于加强支付结算管理防范电信网络新型违法犯罪有关事项的通知

（2016 年 9 月 30 日　银发〔2016〕261 号）

中国人民银行上海总部，各分行、营业管理部，各省会（首府）城市中心支行，深圳市中心支行；国家开发银行，各政策性银行、国有商业银行、股份制商业银行，中国邮政储蓄银行；中国银联股份有限公司，中国支付清算协会；各非银行支付机构：

为有效防范电信网络新型违法犯罪，切实保护人民群众财产安全和合法权益，现就加强支付结算管理有关事项通知如下：

一、加强账户实名制管理

（一）全面推进个人账户分类管理。

1. 个人银行结算账户。自 2016 年 12 月 1 日起，银行业金融机构（以下简称银行）为个人开立银行结算账户的，同一个人在同一家银行（以法人为单位，下同）只能开立一个Ⅰ类户，已开立Ⅰ类户，再新开户的，应当开立Ⅱ类户或Ⅲ类户。银行对本银行行内异地存取现、转账等业务，收取异地手续费的，应当自本通知发布之日起三个月内实现免费。

个人于2016年11月30日前在同一家银行开立多个Ⅰ类户的，银行应当对同一存款人开户数量较多的情况进行摸排清理，要求存款人作出说明，核实其开户的合理性。对于无法核实开户合理性的，银行应当引导存款人撤销或归并账户，或者采取降低账户类别等措施，使存款人运用账户分类机制，合理存放资金，保护资金安全。

2. 个人支付账户。自2016年12月1日起，非银行支付机构（以下简称支付机构）为个人开立支付账户的，同一个人在同一家支付机构只能开立一个Ⅲ类账户。支付机构应当于2016年11月30日前完成存量支付账户清理工作，联系开户人确认需保留的账户，其余账户降低类别管理或予以撤并；开户人未按规定时间确认的，支付机构应当保留其使用频率较高和金额较大的账户，后续可根据其申请进行变更。

（二）暂停涉案账户开户人名下所有账户的业务。自2017年1月1日起，对于不法分子用于开展电信网络新型违法犯罪的作案银行账户和支付账户，经设区的市级及以上公安机关认定并纳入电信网络新型违法犯罪交易风险事件管理平台"涉案账户"名单的，银行和支付机构中止该账户所有业务。

银行和支付机构应当通知涉案账户开户人重新核实身份，如其未在3日内向银行或者支付机构重新核实身份的，应当对账户开户人名下其他银行账户暂停非柜面业务，支付账户暂停所有业务。银行和支付机构重新核实账户开户人身份后，可以恢复除涉案账户外的其他账户业务；账户开户人确认账户为他人冒名开立的，应当向银行和支付机构出具被冒用身份开户并同意销户的声明，银行和支付机构予以销户。

（三）建立对买卖银行账户和支付账户、冒名开户的惩戒机制。自2017年1月1日起，银行和支付机构对经设区的市级及以上公安机关认定的出租、出借、出售、购买银行账户（含银行卡，下同）或者支付账户的单位和个人及相关组织者，假冒他人身份或者虚构代理关系开立银行账户或者支付账户的单位和个人，5年内暂停其银行账户非柜面业务、支付账户所有业务，3年内不得为其新开立账户。人民银行将上述单位和个人信息移送金融信用信息基础数据库并向社会公布。

（四）加强对冒名开户的惩戒力度。银行在办理开户业务时，发现个人冒用他人身份开立账户的，应当及时向公安机关报案并将被冒用的身份证件移交公安机关。

（五）建立单位开户审慎核实机制。对于被全国企业信用信息公示系统列入"严重违法失信企业名单"，以及经银行和支付机构核实单位注册地址不存在或者虚构经营场所的单位，银行和支付机构不得为其开户。银行和支付机构应当至少每季度排查企业是否属于严重违法企业，情况属实的，应当在3个月内暂停其业务，逐步清理。

对存在法定代表人或者负责人对单位经营规模及业务背景等情况不清楚、注册地和经营地均在异地等异常情况的单位，银行和支付机构应当加强对单位开户意愿的核查。银行应当对法定代表人或者负责人面签并留存视频、音频资料等，开户初期原则上不开通非柜面业务，待后续了解后再审慎开通。支付机构应当留存单位法定代表人或者负责人开户时的视频、音频资料等。

支付机构为单位开立支付账户，应当参照《人民币银行结算账户管理办法》（中国人民银行令〔2003〕第5号发布）第十七条、第二十四条、第二十六条等相关规定，要求单位提供相关证明文件，并自主或者委托合作机构以面对面方式核实客户身份，或者以非面对面方式通过至少三个合法安全的外部渠道对单位基本信息进行多重交叉验证。对于本通知发布之日前已经开立支付账户的单位，支付机构应当于 2017 年 6 月底前按照上述要求核实身份，完成核实前不得为其开立新的支付账户；逾期未完成核实的，支付账户只收不付。支付机构完成核实工作后，将有关情况报告法人所在地人民银行分支机构。

支付机构应当加强对使用个人支付账户开展经营性活动的资金交易监测和持续性客户管理。

(六) 加强对异常开户行为的审核。有下列情形之一的，银行和支付机构有权拒绝开户：

1. 对单位和个人身份信息存在疑义，要求出示辅助证件，单位和个人拒绝出示的。

2. 单位和个人组织他人同时或者分批开立账户的。

3. 有明显理由怀疑开立账户从事违法犯罪活动的。

银行和支付机构应当加强账户交易活动监测，对开户之日起 6 个月内无交易记录的账户，银行应当暂停其非柜面业务，支付机构应当暂停其所有业务，银行和支付机构向单位和个人重新核实身份后，可以恢复其业务。

(七) 严格联系电话号码与身份证件号码的对应关系。银行和支付机构应当建立联系电话号码与个人身份证件号码的一一对应关系，对多人使用同一联系电话号码开立和使用账户的情况进行排查清理，联系相关当事人进行确认。对于成年人代理未成年人或者老年人开户预留本人联系电话等合理情形的，由相关当事人出具说明后可以保持不变；对于单位批量开户，预留财务人员联系电话等情形的，应当变更为账户所有人本人的联系电话；对于无法证明合理性的，应当对相关银行账户暂停非柜面业务，支付账户暂停所有业务。

二、加强转账管理

(八) 增加转账方式，调整转账时间。自 2016 年 12 月 1 日起，银行和支付机构提供转账服务时应当执行下列规定：

1. 向存款人提供实时到账、普通到账、次日到账等多种转账方式选择，存款人在选择后才能办理业务。

2. 除向本人同行账户转账外，个人通过自助柜员机（含其他具有存取款功能的自助设备，下同）转账的，发卡行在受理24小时后办理资金转账。在发卡行受理后24小时内，个人可以向发卡行申请撤销转账。受理行应当在受理结果界面对转账业务办理时间和可撤销规定作出明确提示。

3. 银行通过自助柜员机为个人办理转账业务的，应当增加汉语语音提示，并通过文字、标识、弹窗等设置防诈骗提醒；非汉语提示界面应当对资金转出等核心关键字段提供汉语提示，无法提示的，不得提供转账。

（九）加强银行非柜面转账管理。自2016年12月1日起，银行在为存款人开通非柜面转账业务时，应当与存款人签订协议，约定非柜面渠道向非同名银行账户和支付账户转账的日累计限额、笔数和年累计限额等，超出限额和笔数的，应当到银行柜面办理。

除向本人同行账户转账外，银行为个人办理非柜面转账业务，单日累计金额超过5万元的，应当采用数字证书或者电子签名等安全可靠的支付指令验证方式。单位、个人银行账户非柜面转账单日累计金额分别超过100万元、30万元的，银行应当进行大额交易提醒，单位、个人确认后方可转账。

（十）加强支付账户转账管理。自2016年12月1日起，支付机构在为单位和个人开立支付账户时，应当与单位和个人签订协议，约定支付账户与支付账户、支付账户与银行账户之间的日累计转账限额和笔数，超出限额和笔数的，不得再办理转账业务。

（十一）加强交易背景调查。银行和支付机构发现账户存在大量转入转出交易的，应当按照"了解你的客户"原则，对单位或者个人的交易背景进行调查。如发现存在异常的，应当按照审慎原则调整向单位和个人提供的相关服务。

（十二）加强特约商户资金结算管理。银行和支付机构为特约商户提供 T+0 资金结算服务的，应当对特约商户加强交易监测和风险管理，不得为入网不满 90 日或者入网后连续正常交易不满 30 日的特约商户提供 T+0 资金结算服务。

三、加强银行卡业务管理

（十三）严格审核特约商户资质，规范受理终端管理。任何单位和个人不得在网上买卖 POS 机（包括 MPOS）、刷卡器等受理终端。银行和支付机构应当对全部实体特约商户进行现场检查，逐一核对其受理终端的使用地点。对于违规移机使用、无法确认实际使用地点的受理终端一律停止业务功能。银行和支付机构应当于 2016 年 11 月 30 日前形成检查报告备查。

（十四）建立健全特约商户信息管理系统和黑名单管理机制。中国支付清算协会、银行卡清算机构应当建立健全特约商户信息管理系统，组织银行、支付机构详细记录特约商户基本信息、启动和终止服务情况、合规风险状况等。对同一特约商户或者同一个人控制的特约商户反复更换服务机构等异常状况的，银行和支付机构应当审慎为其提供服务。

中国支付清算协会、银行卡清算机构应当建立健全特约商户黑名单管理机制，将因存在重大违规行为被银行和支付机构终止服务的特约商户及其法定代表人或者负责人、公安机关认定为违法犯罪活动转移赃款提供便利的特约商户及相关个人、公安机关认定的买卖账户的单位和个人等，列入黑名单管理。中国支付清算协会应当将黑名单信息移送金融信用信息基础数据库。银行和支付机构不得将黑名单中的单位以及由相关个人担任法定代表人或者负责人的单位拓展为特约商户；已经拓展为特约商户的，应当自该特约商户被列入黑名单之日起 10 日内予以清退。

四、强化可疑交易监测

（十五）确保交易信息真实、完整、可追溯。支付机构与银行合作开展银行账户付款或者收款业务的，应当严格执行《银行卡收单业务管理办法》（中国人民银行令〔2013〕第 9 号发布）、《非银行支付机构网络支付业务管理办法》（中国人民银行公告〔2015〕第 43 号公布）等制度规定，确保交易信息的真实性、完整性、可追溯性以及在支付全流程中的一致性，不得篡改或者隐匿交易信息，交易信息应当至少保存 5 年。银行和支付机构应当于 2017 年 3 月 31 日前按照网络支付报文相关金融行业技术标准完成系统改造，逾期未完成改造的，暂停有关业务。

（十六）加强账户监测。银行和支付机构应当加强对银行账户和支付账户的监测，建立和完善可疑交易监测模型，账户及其资金划转具有集中转入分散转出等可疑交易特征的（详见附件1），应当列入可疑交易。

对于列入可疑交易的账户，银行和支付机构应当与相关单位或者个人核实交易情况；经核实后银行和支付机构仍然认定账户可疑的，银行应当暂停账户非柜面业务，支付机构应当暂停账户所有业务，并按照规定报送可疑交易报告或者重点可疑交易报告；涉嫌违法犯罪的，应当及时向当地公安机关报告。

（十七）强化支付结算可疑交易监测的研究。中国支付清算协会、银行卡清算机构应当根据公安机关、银行、支付机构提供的可疑交易情形，构建可疑交易监测模型，向银行和支付机构发布。

五、健全紧急止付和快速冻结机制

（十八）理顺工作机制，按期接入电信网络新型违法犯罪交易风险事件管理平台。2016 年 11 月 30 日前，支付机构应当理顺本机构协助有权机关查询、止付、冻结和扣划工作流程；实现查询账户信息和交易流水以及账户止付、冻结和扣划等；指定专人专岗负责协助查询、止付、冻结和扣划工作，不得推诿、拖延。银行、从事网络支付的支付机构应当根据有关要求，按时完成本单位核心系统的开发和改造工作，在2016年底前全部接入电信网络新型违法犯罪交易风险事件管理平台。

六、加大对无证机构的打击力度

（十九）依法处置无证机构。人民银行分支机构应当充分利用支付机构风险专项整治工作机制，加强与地方政府以及工商部门、公安机关的配合，及时出具相关非法从事资金支付结算的行政认定意见，加大对无证机构的打击力度，尽快依法处置一批无证经营机构。人民银行上海总部，各分行、营业管理部、省会（首府）城市中心支行应当按月填制《无证经营支付业务专项整治工作进度表》（见附件2），将辖区工作进展情况上报总行。

七、建立责任追究机制

（二十）严格处罚，实行责任追究。人民银行分支机构、银行和支付机构应当履职尽责，确保打击治理电信网络新型违法犯罪工作取得实效。

凡是发生电信网络新型违法犯罪案件的，应当倒查银行、支付机构的责任落实情况。银行和支付机构违反相关制度以及本通知规定的，应当按照有关规定进行处罚；情节严重的，人民银行依据《中华人民共和国中国人民银行法》第四十六条的规定予以处罚，并可采取暂停1个月至6个月新开立账户和办理支付业务的监管措施。

凡是人民银行分支机构监管责任不落实，导致辖区内银行和支付机构未有效履职尽责，公众在电信网络新型违法犯罪活动中遭受严重资金损失，产生恶劣社会影响的，应当对人民银行分支机构进行问责。

人民银行分支机构、银行、支付机构、中国支付清算协会、银行卡清算机构应当按照规定向人民银行总行报告本通知执行情况并填报有关统计表（具体报送方式及内容见附件3）。

请人民银行上海总部，各分行、营业管理部、省会（首府）城市中心支行，深圳市中心支行及时将该通知转发至辖区内各城市商业银行、农村商业银行、农村合作银行、村镇银行、城市信用社、农村信用社和外资银行等。

各单位在执行中如遇问题，请及时向人民银行报告。

附件：1. 涉电信诈骗犯罪可疑特征报送指引
　　　2. 无证经营支付业务专项整治工作进度表（略）
　　　3. 报告模板（略）

附件1

涉电信诈骗犯罪可疑特征报送指引

涉电信诈骗资金的交易环节复杂、交易层级较多，从开立账户接收诈骗资金，到转移赃款直至最终清洗完毕（多为取现），其间涉及众多账户。在每个交易环节，所涉账户均存在诸多不同的可疑特征。要有效发现相关涉案账户，不能简单依靠某一个可疑特征作出判断，必须在客户尽职调查的基础上，结合多种可疑特征，进行综合判断。

一、开户环节

（一）开户人无合理理由执意开立多个个人账户；

（二）开户人持非居民身份证（如军官证、士兵证、护照、港澳台地区证件等）、伪造的证件开立账户；

（三）开户代理人持他人证件开立账户，尤其是代理相对特殊人群开立账户，如持他人异地身份证件、偏远地区身份证件代理开立账户，或者代理未成年人、老年人、学生、无职业者等开立账户；

（四）陪同他人集中开立账户，尤其是陪同相对特殊人群集中开立账户，如陪同他人持异地身份证件、偏远地区身份证件集中开立账户，或者陪同未成年人、老年人、学生、无职业者等开立账户；

（五）不填写个人信息或开户资料信息虚假，如联系地址为公共场所、电话号码已停机或为空号；

（六）不同主体账户开户资料存在较密切关联，如不同主体的开户时间、地点、联系地址相同或相近且交易对手相同，不同主体留存的开户电话相同；

（七）开户资金较小，且开户后随即将资金取走；

（八）开户时或办理业务过程中回避客户身份调查或掩饰面貌；

（九）开户人频繁开户、销户。

二、转账交易环节

（一）资金集中转入、分散转出，尤其是资金汇往多个地区且汇款人看似无关联；

（二）资金分散转入、集中转出，尤其是资金来源于多个地区，汇款人看似无关联且多为单次交易；

（三）账户资金快进快出、过渡性质明显，尤其是资金在极短时间内通过多个账户划转；

（四）账户无余额或余额相对于交易额比例较低；

（五）账户交易笔数短期内明显增多；

（六）存在构造性资金交易，意图规避限额交易；

（七）跨行收款并跨行转账；

（八）账户在发生小额试探性交易后即出现频繁或大额交易；

345

（九）长期未使用的账户突然发生频繁或大额交易；

（十）账户短期内发生频繁或大额交易后突然停止使用；

（十一）机构账户资金交易与其经营范围、规模明显不符；

（十二）同一主体在极短时间内在境内不同地区或在境内、境外发生资金业务；

（十三）不同主体账户使用同一 IP 或 MAC 地址，尤其是 IP 地址涉及境外地区；

（十四）账户交易多为网银、自助柜员机等非柜面交易方式。

三、取现交易环节

（一）银行卡在境外自助设备上按照取现标准限额频繁支取现金；

（二）境内同一自助设备在极短时间内集中发生多张银行卡（尤其是异地卡或他行卡）连续按照取现标准限额频繁支取现金的交易。

四、其他

人民银行通过印发《洗钱风险提示》、《可疑交易类型和识别点对照表》等提示的可疑交易特征。

中国人民银行、工业和信息化部、公安部、国家工商行政管理总局关于建立电信网络新型违法犯罪涉案账户紧急止付和快速冻结机制的通知

（2016年3月18日 银发〔2016〕86号）

为提高公安机关冻结诈骗资金效率，切实保护社会公众财产安全，中国人民银行、工业和信息化部、公安部、工商总局决定建立电信网络新型违法犯罪涉案账户紧急止付和快速冻结机制。现就有关事项通知如下：

一、开通管理平台紧急止付、快速冻结功能

自2016年6月1日起，各银行业金融机构（以下简称银行）、公安机关通过接口方式与电信网络新型违法犯罪交易风险事件管理平台（以下简称管理平台）连接，实现对涉案账户的紧急止付、快速冻结、信息共享和快速查询功能。获得网络支付业务许可的非银行支付机构（以下简称支付机构）应于2016年12月31日前，通过接口方式与管理平台连接，实现上述功能。

二、规范紧急止付、快速冻结业务流程

公安机关、银行、支付机构依托管理平台收发电子报文，对涉案账户采取紧急止付、快速冻结措施。

（一）止付流程。

1. 被害人申请紧急止付。被害人被骗后，可拨打报警电话（110），直接向公安机关报案；也可向开户行所在地同一法人银行的任一网点举报。涉案账户为支付账户的向公安机关报案。

被害人向银行举报的，应出示本人有效身份证件，填写《紧急

止付申请表》（见附件），详细说明资金汇出账户、收款人开户行名称、收款人账户（以下简称止付账户）、汇出金额、汇出时间、汇出渠道、疑似诈骗电话或短信内容等，承诺承担相关的法律责任并签名确认。同时，银行应当告知被害人拨打当地110报警电话。公安机关110报警服务台应立即指定辖区内的公安机关受理并告知被害人。被害人将110指定的受案公安机关名称告知银行。银行应当立即将《紧急止付申请表》以及被害人身份证件扫描件，通过管理平台发送至受案公安机关。

2. 紧急止付。公安机关应将加盖电子签章的紧急止付指令，以报文形式通过管理平台发送至止付账户开户行总行或支付机构，止付账户开户行总行或支付机构通过本单位业务系统，对相关账户的户名、账号、汇款金额和交易时间进行核对。核对一致的，立即进行止付操作，止付期限为自止付时点起48小时；核对不一致的，不得进行止付操作。止付银行或支付机构完成相关操作后，立即通过管理平台发送"紧急止付结果反馈报文"。公安机关可根据办案需要对同一账户再次止付，但止付次数以两次为限。

3. 冻结账户。公安机关应当在止付期限内，对被害人报案事项的真实性进行审查。报案事项属实的，经公安机关负责人批准，予以立案，并通过管理平台向止付账户开户行总行或支付机构发送"协助冻结财产通知报文"。银行或支付机构收到"协助冻结财产通知报文"后，对相应账户进行冻结。在止付期限内，未收到公安机关"协助冻结财产通知报文"的，止付期满后账户自动解除止付。

4. 同一法人银行特殊情形处理。如被害人开户行和止付账户开户行属于同一法人银行的，在情况紧急时，止付账户开户行可先行采取紧急止付，同时告知被害人立即报案，公安机关应在24小时内将紧急止付指令通过管理平台补送到止付银行。

(二) 延伸止付。

如被害人被骗资金已被转出，止付账户开户行总行或支付机构应当将资金划转信息通过管理平台反馈公安机关，由公安机关决定是否延伸止付。若公安机关选择延伸止付，应通过管理平台将"延伸紧急止付报文"发送到相关银行或支付机构采取延伸止付。止付时间从止付操作起计算，止付期限为48小时。

延伸止付账户开户行或支付机构应根据"延伸紧急止付报文"，对涉案账户立即采取延伸止付，并将"延伸紧急止付结果反馈报文"通过管理平台反馈至发起延伸止付的公安机关。

如资金被多次转移的，应当进行多次延伸止付。多次延伸止付流程同上。

(三) 明确责任。

客户恶意举报或因客户恶意举报采取的紧急止付措施对开户银行、开户支付机构、止付银行、止付支付机构以及止付账户户主等相关当事人造成损失和涉及法律责任的，应依法追究报案人责任。

三、限制涉案及可疑账户业务

银行、支付机构应对涉案账户或可疑账户采取业务限制措施。

(一) 信息报送。

公安机关将涉案账户信息通过"涉案账户信息统计报文"发送到管理平台；银行、支付机构、公安机关将可疑账户信息通过"可疑账户信息统计报文"发送到管理平台。

(二) 限制银行账户业务。

对于纳入"涉案账户信息"的账户（卡），开户银行应中止其业务，及时封停涉案账户（卡）在境内和境外的转账、取现等功能；银行不得向纳入"涉案账户信息"账户（卡）办理转账汇款、存现业务。对于纳入"涉案账户信息"的支付账户，支付机构应中止其转账支付业务。对于纳入"可疑账户信息"的账户，开户银行应取消其网上银行、手机银行、境内和境外自动柜员机（ATM）取现功能；汇入银行或支付机构客户账户（卡）纳入"可疑账户信息"的，汇出银行或支付机构应向汇款人提示"收款账户可疑，谨防诈骗"。

（三）加强对涉案账户的监测。

对于纳入"涉案账户信息"和"可疑账户信息"的客户，银行、支付机构应对其采取重新识别客户身份的措施，加强对其交易活动的监测；对于认定存在诈骗洗钱行为的客户信息应及时报送中国反洗钱监测分析中心。

四、相关要求

（一）人民银行、公安机关、电信主管部门、工商行政管理部门和银行、支付机构应加强沟通、密切配合，积极推进信息共享，建立高效运转的紧急止付和快速冻结工作机制，推动紧急止付和快速冻结顺利实施，最大限度挽回社会公众的财产损失。

（二）银行、支付机构和公安机关应根据本通知要求细化并制定本单位紧急止付和快速冻结操作规范，规范电信网络新型违法犯罪报案流程，核实报案人的身份信息，明确相关法律责任；完成系统改造，按期接入管理平台，及时上报和同步更新涉案账户信息库，实现对涉案账户的紧急止付、快速冻结。同时，银行、支付机构应对账户的网上交易记录IP地址进行集中管理，便于公安机关查询取证。

（三）公安机关应当积极受理电信网络新型违法犯罪报案，核实情况属实后应当立即予以立案，及时向银行、支付机构发送冻结指令并出具冻结法律文书。银行、支付机构应畅通本单位内部紧急止付和快速冻结通道，认真核实涉案账户流转情况，对涉案账户实现业务控制。

（四）各银行、支付机构、公安机关、电信主管部门应加强电信网络新型违法犯罪的宣传教育,及时通报电信网络新型违法犯罪案例,总结作案手段和特点,交流防堵经验做法,展示宣传资料,提高一线人员的防范和识别能力,加强社会公众风险防范意识,有效劝阻、提示社会公众谨防诈骗。

请人民银行上海总部,各分行、营业管理部、省会(首府)城市中心支行,深圳市中心支行会同各省、自治区、直辖市及计划单列市通信管理局、公安厅(局)、工商行政管理局(市场监督管理部门);新疆生产建设兵团公安局及时将本通知转发至辖区内相关机构。

中国银行业监督管理委员会关于银行业打击治理电信网络新型违法犯罪有关工作事项的通知(节录)

(2015年11月13日 银监发〔2015〕48号)

……

三、认真核实,限制开卡数量,严格执行实名制管理规定

各银行业金融机构要严格执行《个人存款账户实名制规定》(国务院令第285号),充分利用身份证联网核查等技术手段,认真审核办理人身份证件,坚决杜绝违规代开卡、乱开卡、批量开卡等问题。同一客户在同一商业银行开立借记卡原则上不得超过4张;如该客户之前已持有同一商业银行全国范围内4张(含)以上借记卡的,商业银行不得为其开立或激活新的借记卡,社会保障卡、医疗保险卡、军人保障卡、已销户的借记卡除外。同一代理人在同一商业银行代理开卡原则上不得超过3张。确有正当理由,需要超出上述开卡数量限制的,由商业银行核实后酌情办理。对已办理4张

以上借记卡的客户，银行业金融机构要主动与开卡客户进行联系，开展核查工作，发现非本人意愿办理的，应当中止服务。

对于公安机关或司法机关正式提供的文件显示客户（持卡人、申请人、代理人等）曾参与出租、出借、出售本人或他人借记卡账户以及相关各类验证工具的，同一商业银行在全国范围内对该客户（持卡人、申请人、代理人）等开立的借记卡账户数量不得超过2个。如该客户（持卡人、申请人、代理人等）之前已持有同一商业银行全国范围内2个（含）以上借记卡账户的，商业银行不得为其开立或激活新的借记卡账户。限制时间自收到公安机关或司法机关正式文件之日起至少5年。社会保障卡、医疗保险卡、军人保障卡、已销户的借记卡账户除外。

对于代理开立的借记卡，需被代理人持本人有效身份证件在柜面办理卡片启用后方可正常使用，在启用前应只支持存款转入等贷方交易，不支持取款、转出、消费、理财投资等借方交易。对于存款人因病残、出国等特殊原因无法由本人办理启用业务的，银行核实情况后应开设绿色通道，做到特事特办。其中，16岁以下中国公民由监护人代理开立的借记卡，不受上述限制。

对于新开银行卡客户，原则上应预留本人实名登记的手机号码；确无手机号码的，可以不予预留。对于新开办网银、手机银行、电话银行等业务的客户，应当要求预留本人实名登记的手机号码。若客户预留非本人实名登记的手机号码，一经发现，银行业金融机构有权停用该银行卡，待客户更新本人实名登记的手机号码再恢复使用。16岁以下中国公民由监护人代理开立的银行账户，可留存监护人或存款人本人经实名认证的手机号码。

对于个人客户主动向银行业金融机构提出申请，要求对其名下非本人意愿办理的本地和异地银行卡进行处置的，银行业金融机构在核实后，应中止银行卡服务。

四、强化内控，完善流程，提升银行卡安全管理水平

各银行业金融机构要全面梳理完善业务流程，提升内控水平，切实加强银行卡安全管理，不断强化行业自律，严格落实社会责任。同时，应尽快建立涉嫌电信网络诈骗账户黑名单制度，依法限制涉嫌电信网络诈骗银行卡的境内、境外使用功能。

五、密切联系，协调配合，形成打击治理电信网络新型违法犯罪的强大合力

各银监局、银行业金融机构应参照《关于进一步做好涉恐案件资金查控工作的通知》（公刑〔2015〕846号）要求，建立健全与公安机关的资金查控联系人机制。在专项行动和资金查控工作中，各方确定的联系人应切实负起责任，直接对接、直接联络、快速反应，共同做好涉案资金的查询、冻结工作。对于重大、复杂案件，各银监局应配合公安机关进行重点协调和部署，做好有关银行业金融机构的督促和指导工作，努力形成打击治理电信网络新型违法犯罪的强大合力。

六、大力宣传，打防结合，着力提升广大群众防范电信网络诈骗的意识和能力

各银监局、银行业金融机构要精心组织开展宣传教育活动，采取群众喜闻乐见的方式，推动电信网络新型违法犯罪防范工作宣传教育活动进社区、进学校、进家庭。各银行业金融机构应综合运用柜台、ATM等终端，积极借助手机短信、互联网等载体，通过悬挂警示标语、张贴防范提示、发放宣传资料等方式，深入开展经常性防范宣传教育活动，及时揭露不法分子犯罪手法和伎俩，切实提高广大群众防范意识和能力。特别是在客户办理业务过程中，要主动提示核查本人名下全部银行账户信息，发现异常，及时处置。

七、落实责任，严肃查处，建立健全考核奖惩和责任追究制度

各银监局、银行业金融机构要按照电信网络新型违法犯罪打击

治理职责分工，严格落实工作责任，建立健全考核奖惩和责任追究制度。对于工作成绩突出的，要予以表彰奖励；对于重视不够，措施不力的，要予以通报批评。对于在协助查控工作中通风报信、拖延推诿、协助隐匿转移财产的，以及涉及违规办卡的银行业金融机构和从业人员，要对责任机构和责任人予以严厉处罚。构成犯罪的，依法移交司法机关追究刑事责任。

本通知执行中遇有问题，请及时与银监会法规部联系。银监会将适时对银行业金融机构打击治理电信网络新型违法犯罪工作情况进行监督检查。

银行业金融机构协助人民检察院公安机关国家安全机关查询冻结工作规定

（2014年12月29日 银监发〔2014〕53号）

第一条 为规范银行业金融机构协助人民检察院、公安机关、国家安全机关查询、冻结单位或个人涉案存款、汇款等财产的行为，保障刑事侦查活动的顺利进行，保护存款人和其他客户的合法权益，根据《中华人民共和国刑事诉讼法》、《中华人民共和国商业银行法》、《中华人民共和国银行业监督管理法》等法律法规，制定本规定。

第二条 本规定所称银行业金融机构是指依法设立的商业银行、农村信用合作社、农村合作银行等吸收公众存款的金融机构以及政策性银行。

第三条 本规定所称"协助查询、冻结"是指银行业金融机构依法协助人民检察院、公安机关、国家安全机关查询、冻结单位或个人在本机构的涉案存款、汇款等财产的行为。

第四条　协助查询、冻结工作应当遵循依法合规、保护存款人和其他客户合法权益的原则。

第五条　银行业金融机构应当建立健全内部制度，完善信息系统，依法做好协助查询、冻结工作。

第六条　银行业金融机构应当在总部，省、自治区、直辖市、计划单列市分行和有条件的地市级分行指定专门受理部门和专人负责，在其他分支机构指定专门受理部门或者专人负责，统一接收和反馈人民检察院、公安机关、国家安全机关查询、冻结要求。

银行业金融机构应当将专门受理部门和专人信息及时报告银行业监督管理机构，并抄送同级人民检察院、公安机关、国家安全机关。上述信息发生变动的，应当及时报告。

第七条　银行业金融机构在接到协助查询、冻结财产法律文书后，应当严格保密，严禁向被查询、冻结的单位、个人或者第三方通风报信，帮助隐匿或者转移财产。

第八条　人民检察院、公安机关、国家安全机关要求银行业金融机构协助查询、冻结或者解除冻结时，应当由2名以上办案人员持有效的本人工作证或人民警察证和加盖县级以上人民检察院、公安机关、国家安全机关公章的协助查询财产或协助冻结/解除冻结财产法律文书，到银行业金融机构现场办理，但符合本规定第二十六条情形除外。

无法现场办理完毕的，可以由提出协助要求的人民检察院、公安机关、国家安全机关指派至少1名办案人员持有效的本人工作证或人民警察证和单位介绍信到银行业金融机构取回反馈结果。

第九条　银行业金融机构协助人民检察院、公安机关、国家安全机关办理查询、冻结或者解除冻结时，应当对办案人员的工作证或人民警察证以及协助查询财产或协助冻结/解除冻结财产法律文书进行形式审查。银行业金融机构应当留存上述法律文书原件及工作证或人民警察证复印件，并注明用途。银行业金融机构应当妥善保管留存的工作证或人民警察证复印件，不得挪作他用。

第十条 人民检察院、公安机关、国家安全机关需要跨地区办理查询、冻结的，可以按照本规定要求持协助查询财产或协助冻结/解除冻结财产法律文书、有效的本人工作证或人民警察证、办案协作函，与协作地县级以上人民检察院、公安机关、国家安全机关联系，协作地人民检察院、公安机关、国家安全机关应当协助执行。

办案地人民检察院、公安机关、国家安全机关可以通过人民检察院、公安机关、国家安全机关信息化应用系统传输加盖电子签章的办案协作函和相关法律文书，或者将办案协作函和相关法律文书及凭证传真至协作地人民检察院、公安机关、国家安全机关。协作地人民检察院、公安机关、国家安全机关接收后，经审查确认，在传来的协助查询财产或协助冻结/解除冻结财产法律文书上加盖本地人民检察院、公安机关、国家安全机关印章，由2名以上办案人员持有效的本人工作证或人民警察证到银行业金融机构现场办理，银行业金融机构应当予以配合。

第十一条 对于涉案账户较多，办案地人民检察院、公安机关、国家安全机关需要对其集中查询、冻结的，可以分别按照以下程序办理：

人民检察院、公安机关、国家安全机关需要查询、冻结的账户属于同一省、自治区、直辖市的，由办案地人民检察院、公安机关、国家安全机关出具协助查询财产或协助冻结/解除冻结财产法律文书，逐级上报并经省级人民检察院、公安机关、国家安全机关的相关业务部门批准后，由办案地人民检察院、公安机关、国家安全机关指派两名以上办案人员持有效的本人工作证或人民警察证和上述法律文书原件,到有关银行业金融机构的省、自治区、直辖市、计划单列市分行或其授权的分支机构要求办理。

人民检察院、公安机关、国家安全机关需要查询、冻结的账户分属不同省、自治区、直辖市的,由办案地人民检察院、公安机关、国家安全机关出具协助查询财产或协助冻结/解除冻结财产法律文书,逐级上报并经省级人民检察院、公安机关、国家安全机关负责人批准后,由办案地人民检察院、公安机关、国家安全机关指派两名以上办案人员持有效的本人工作证或人民警察证和上述法律文书原件,到有关银行业金融机构总部或其授权的分支机构要求办理。

第十二条 对人民检察院、公安机关、国家安全机关提出的超出查询权限或者属于跨地区查询需求的,有条件的银行业金融机构可以通过内部协作程序,向有权限查询的上级机构或系统内其他分支机构提出协查请求,并通过内部程序反馈查询的人民检察院、公安机关、国家安全机关。

第十三条 协助查询财产法律文书应当提供查询账号、查询内容等信息。

人民检察院、公安机关、国家安全机关无法提供具体账号时,银行业金融机构应当根据人民检察院、公安机关、国家安全机关提供的足以确定该账户的个人身份证件号码或者企业全称、组织机构代码等信息积极协助查询。没有所查询的账户的,银行业金融机构应当如实告知人民检察院、公安机关、国家安全机关,并在查询回执中注明。

第十四条 银行业金融机构协助人民检察院、公安机关、国家安全机关查询的信息仅限于涉案财产信息,包括:被查询单位或者个人开户销户信息、存款余额、交易日期、交易金额、交易方式、交易对手账户及身份等信息,电子银行信息、网银登录日志等信息,POS机商户、自动机具相关信息等。

人民检察院、公安机关、国家安全机关根据需要可以抄录、复制、照相，并要求银行业金融机构在有关复制材料上加盖证明印章，但一般不得提取原件。人民检察院、公安机关、国家安全机关要求提供电子版查询结果的，银行业金融机构应当在采取必要加密措施的基础上提供，必要时予以标注和说明。

涉案账户较多，需要批量查询的，人民检察院、公安机关、国家安全机关应当同时提供电子版查询清单。

第十五条 银行业金融机构接到人民检察院、公安机关、国家安全机关协助查询需求后，应当及时办理。能够现场办理完毕的，应当现场办理并反馈。如无法现场办理完毕，对于查询单位或者个人开户销户信息、存款余额信息的，原则上应当在3个工作日以内反馈；对于查询单位或者个人交易日期、交易方式、交易对手账户及身份等信息、电子银行信息、网银登录日志等信息、POS机商户、自动机具相关信息的，原则上应当在10个工作日以内反馈。

对涉案账户较多，人民检察院、公安机关、国家安全机关办理集中查询的，银行业金融机构总部或有关省、自治区、直辖市、计划单列市分行应当在前款规定的时限内反馈。

因技术条件、不可抗力等客观原因，银行业金融机构无法在规定时限内反馈的，应当向人民检察院、公安机关、国家安全机关说明原因，并采取有效措施尽快反馈。

第十六条 协助冻结财产法律文书应当明确冻结账户名称、冻结账号、冻结数额、冻结期限等要素。

冻结涉案账户的款项数额，应当与涉案金额相当。不得超出涉案金额范围冻结款项。冻结数额应当具体、明确。暂时无法确定具体数额的，人民检察院、公安机关、国家安全机关应当在协助冻结财产法律文书上明确注明"只收不付"。

人民检察院、公安机关、国家安全机关应当明确填写冻结期限起止时间,并应当给银行业金融机构预留必要的工作时间。

第十七条 人民检察院、公安机关、国家安全机关提供手续齐全的,银行业金融机构应当立即办理冻结手续,并在协助冻结财产法律文书回执中注明办理情况。

对涉案账户较多,人民检察院、公安机关、国家安全机关办理集中冻结的,银行业金融机构总部或有关省、自治区、直辖市、计划单列市分行一般应当在 24 小时以内采取冻结措施。

如被冻结账户财产余额低于人民检察院、公安机关、国家安全机关要求数额时,银行业金融机构应当在冻结期内对该账户做"只收不付"处理,直至达到要求的冻结数额。

第十八条 冻结涉案存款、汇款等财产的期限不得超过 6 个月。

有特殊原因需要延长的,作出原冻结决定的人民检察院、公安机关、国家安全机关应当在冻结期限届满前按照本规定第八条办理续冻手续。每次续冻期限不得超过 6 个月,续冻没有次数限制。

对于重大、复杂案件,经设区的市一级以上人民检察院、公安机关、国家安全机关负责人批准,冻结涉案存款、汇款等财产的期限可以为 1 年。需要延长期限的,应当按照原批准权限和程序,在冻结期限届满前办理续冻手续,每次续冻期限最长不得超过 1 年。

冻结期限届满,未办理续冻手续的,冻结自动解除。

第十九条 被冻结的存款、汇款等财产在冻结期限内如需解冻,应当由作出原冻结决定的人民检察院、公安机关、国家安全机关出具协助解除冻结财产法律文书,由两名以上办案人员持有效的本人工作证或人民警察证和协助解除冻结财产法律文书到银行业金融机构现场办理,但符合本规定第二十六条情形除外。

在冻结期限内银行业金融机构不得自行解除冻结。

第二十条 对已被冻结的涉案存款、汇款等财产,人民检察院、公安机关、国家安全机关不得重复冻结,但可以轮候冻结。冻结解除的，登记在先的轮候冻结自动生效。冻结期限届满前办理续冻的，优先于轮候冻结。

2个以上人民检察院、公安机关、国家安全机关要求对同一单位或个人的同一账户采取冻结措施时，银行业金融机构应当协助最先送达协助冻结财产法律文书且手续完备的人民检察院、公安机关、国家安全机关办理冻结手续。

第二十一条 下列财产和账户不得冻结：

（一）金融机构存款准备金和备付金；

（二）特定非金融机构备付金；

（三）封闭贷款专用账户（在封闭贷款未结清期间）；

（四）商业汇票保证金；

（五）证券投资者保障基金、保险保障基金、存款保险基金、信托业保障基金；

（六）党、团费账户和工会经费集中户；

（七）社会保险基金；

（八）国有企业下岗职工基本生活保障资金；

（九）住房公积金和职工集资建房账户资金；

（十）人民法院开立的执行账户；

（十一）军队、武警部队一类保密单位开设的"特种预算存款"、"特种其他存款"和连队账户的存款；

（十二）金融机构质押给中国人民银行的债券、股票、贷款；

（十三）证券登记结算机构、银行间市场交易组织机构、银行间市场集中清算机构、银行间市场登记托管结算机构、经国务院批准或者同意设立的黄金交易组织机构和结算机构等依法按照业务规则收取并存放于专门清算交收账户内的特定股票、债券、票据、贵金属等有价凭证、资产和资金，以及按照业务规则要求金融机构等登记托管结算参与人、清算参与人、投资者或者发行人提供的、在交收或者清算结算完成之前的保证金、清算基金、回购质押券、价差担保物、履约担保物等担保物，支付机构客户备付金；

（十四）其他法律、行政法规、司法解释、部门规章规定不得冻结的账户和款项。

第二十二条　对金融机构账户、特定非金融机构账户和以证券登记结算机构、银行间市场交易组织机构、银行间市场集中清算机构、银行间市场登记托管结算机构、经国务院批准或者同意设立的黄金交易组织机构和结算机构、支付机构等名义开立的各类专门清算交收账户、保证金账户、清算基金账户、客户备付金账户，不得整体冻结，法律另有规定的除外。

第二十三条　经查明冻结财产确实与案件无关的，人民检察院、公安机关、国家安全机关应当在3日以内按照本规定第十九条的规定及时解除冻结，并书面通知被冻结财产的所有人；因此对被冻结财产的单位或者个人造成损失的，银行业金融机构不承担法律责任，但因银行业金融机构自身操作失误或设备故障造成被冻结财产的单位或者个人损失的除外。

上级人民检察院、公安机关、国家安全机关认为应当解除冻结措施的，应当责令作出冻结决定的下级人民检察院、公安机关、国家安全机关解除冻结。

第二十四条　银行业金融机构应当按照内部授权审批流程办理协助查询、冻结工作。

银行业金融机构应当对协助查询、冻结工作做好登记记录，妥善保存登记信息。

第二十五条　银行业金融机构在协助人民检察院、公安机关、国家安全机关办理完毕冻结手续后，在存款单位或者个人查询时，应当告知其账户被冻结情况。被冻结款项的单位或者个人对冻结有异议的，银行业金融机构应当告知其与作出冻结决定的人民检察院、公安机关、国家安全机关联系。

第二十六条 人民检察院、公安机关、国家安全机关可以与银行业金融机构建立快速查询、冻结工作机制，办理重大、紧急案件查询、冻结工作。具体办法由银监会会同最高人民检察院、公安部、国家安全部另行制定。

人民检察院、公安机关、国家安全机关可以与银行业金融机构建立电子化专线信息传输机制，查询、冻结（含续冻、解除冻结）需求发送和结果反馈原则上依托银监会及其派出机构与银行业金融机构的金融专网完成。

银监会会同最高人民检察院、公安部、国家安全部制定规范化的电子化信息交互流程，确保各方依法合规使用专线传输数据，保障专线运行和信息传输的安全性。

第二十七条 银行业金融机构接到人民检察院、公安机关、国家安全机关查询、冻结账户要求后，应当立即进行办理；发现存在文书不全、要素欠缺等问题，无法办理协助查询、冻结的，应当及时要求人民检察院、公安机关、国家安全机关采取必要的补正措施；确实无法补正的，银行业金融机构应当在回执上注明原因，退回人民检察院、公安机关、国家安全机关。

银行业金融机构对人民检察院、公安机关、国家安全机关提出的不符合本规定第二十一条、第二十二条的协助冻结要求有权拒绝，同时将相关理由告知办案人员。

银行业金融机构与人民检察院、公安机关、国家安全机关在协助查询、冻结工作中意见不一致的，应当先行办理查询、冻结，并提请银行业监督管理机构的法律部门协调解决。

第二十八条 银行业金融机构在协助人民检察院、公安机关、国家安全机关查询、冻结工作中有下列行为之一的，由银行业监督管理机构责令改正，并责令银行业金融机构对直接负责的主管人员和其他直接责任人员依法给予处分；必要时，予以通报批评；构成犯罪的，依法追究刑事责任：

（一）向被查询、冻结单位、个人或者第三方通风报信，伪造、隐匿、毁灭相关证据材料，帮助隐匿或者转移财产；

（二）擅自转移或解冻已冻结的存款；

（三）故意推诿、拖延，造成应被冻结的财产被转移的；

（四）其他无正当理由拒绝协助配合、造成严重后果的。

第二十九条 人民检察院、公安机关、国家安全机关要求银行业金融机构协助开展相关工作时，应当符合法律、行政法规以及本规定。人民检察院、公安机关、国家安全机关违反法律、行政法规及本规定，强令银行业金融机构开展协助工作，其上级机关应当立即予以纠正；违反相关法律法规规定的，依法追究法律责任。

第三十条 银行业金融机构应当将协助查询、冻结工作纳入考核，建立奖惩机制。

银行业监督管理机构和人民检察院、公安机关、国家安全机关对在协助查询、冻结工作中有突出贡献的银行业金融机构及其工作人员给予表彰。

第三十一条 此前有关银行业金融机构协助人民检察院、公安机关、国家安全机关查询、冻结工作的相关规定与本规定不一致的，以本规定为准。

第三十二条 非银行金融机构协助人民检察院、公安机关、国家安全机关查询、冻结单位或个人涉案存款、汇款等财产的，适用本规定。

第三十三条 本规定由国务院银行业监督管理机构和最高人民检察院、公安部、国家安全部共同解释。

第三十四条 本规定所称的"以上"、"以内"包括本数。

第三十五条 本规定自2015年1月1日起施行。

四、互联网治理

全国人民代表大会常务委员会
关于加强网络信息保护的决定

（2012年12月28日第十一届全国人民代表大会常务委员会第三十次会议通过）

为了保护网络信息安全，保障公民、法人和其他组织的合法权益，维护国家安全和社会公共利益，特作如下决定：

一、国家保护能够识别公民个人身份和涉及公民个人隐私的电子信息。

任何组织和个人不得窃取或者以其他非法方式获取公民个人电子信息，不得出售或者非法向他人提供公民个人电子信息。

二、网络服务提供者和其他企业事业单位在业务活动中收集、使用公民个人电子信息，应当遵循合法、正当、必要的原则，明示收集、使用信息的目的、方式和范围，并经被收集者同意，不得违反法律、法规的规定和双方的约定收集、使用信息。

网络服务提供者和其他企业事业单位收集、使用公民个人电子信息，应当公开其收集、使用规则。

三、网络服务提供者和其他企业事业单位及其工作人员对在业务活动中收集的公民个人电子信息必须严格保密，不得泄露、篡改、毁损，不得出售或者非法向他人提供。

四、网络服务提供者和其他企业事业单位应当采取技术措施和其他必要措施，确保信息安全，防止在业务活动中收集的公民个人电子信息泄露、毁损、丢失。在发生或者可能发生信息泄露、毁损、丢失的情况时，应当立即采取补救措施。

五、网络服务提供者应当加强对其用户发布的信息的管理，发现法律、法规禁止发布或者传输的信息的，应当立即停止传输该信息，采取消除等处置措施，保存有关记录，并向有关主管部门报告。

六、网络服务提供者为用户办理网站接入服务，办理固定电话、移动电话等入网手续，或者为用户提供信息发布服务，应当在与用户签订协议或者确认提供服务时，要求用户提供真实身份信息。

七、任何组织和个人未经电子信息接收者同意或者请求，或者电子信息接收者明确表示拒绝的，不得向其固定电话、移动电话或者个人电子邮箱发送商业性电子信息。

八、公民发现泄露个人身份、散布个人隐私等侵害其合法权益的网络信息，或者受到商业性电子信息侵扰的，有权要求网络服务提供者删除有关信息或者采取其他必要措施予以制止。

九、任何组织和个人对窃取或者以其他非法方式获取、出售或者非法向他人提供公民个人电子信息的违法犯罪行为以及其他网络信息违法犯罪行为，有权向有关主管部门举报、控告；接到举报、控告的部门应当依法及时处理。被侵权人可以依法提起诉讼。

十、有关主管部门应当在各自职权范围内依法履行职责，采取技术措施和其他必要措施，防范、制止和查处窃取或者以其他非法方式获取、出售或者非法向他人提供公民个人电子信息的违法犯罪行为以及其他网络信息违法犯罪行为。有关主管部门依法履行职责时，网络服务提供者应当予以配合，提供技术支持。

国家机关及其工作人员对在履行职责中知悉的公民个人电子信息应当予以保密，不得泄露、篡改、毁损，不得出售或者非法向他人提供。

十一、对有违反本决定行为的，依法给予警告、罚款、没收违法所得、吊销许可证或者取消备案、关闭网站、禁止有关责任人员从事网络服务业务等处罚，记入社会信用档案并予以公布；构成违反治安管理行为的，依法给予治安管理处罚。构成犯罪的，依法追究刑事责任。侵害他人民事权益的，依法承担民事责任。

十二、本决定自公布之日起施行。

全国人民代表大会常务委员会关于维护互联网安全的决定

(2000年12月28日第九届全国人民代表大会常务委员会第十九次会议通过)

我国的互联网，在国家大力倡导和积极推动下，在经济建设和各项事业中得到日益广泛的应用，使人们的生产、工作、学习和生活方式已经开始并将继续发生深刻的变化，对于加快我国国民经济、科学技术的发展和社会服务信息化进程具有重要作用。同时，如何保障互联网的运行安全和信息安全问题已经引起全社会的普遍关注。为了兴利除弊，促进我国互联网的健康发展，维护国家安全和社会公共利益，保护个人、法人和其他组织的合法权益，特作如下决定：

一、为了保障互联网的运行安全，对有下列行为之一，构成犯罪的，依照刑法有关规定追究刑事责任：

（一）侵入国家事务、国防建设、尖端科学技术领域的计算机信息系统；

（二）故意制作、传播计算机病毒等破坏性程序，攻击计算机系统及通信网络，致使计算机系统及通信网络遭受损害；

（三）违反国家规定，擅自中断计算机网络或者通信服务，造成计算机网络或者通信系统不能正常运行。

二、为了维护国家安全和社会稳定，对有下列行为之一，构成犯罪的，依照刑法有关规定追究刑事责任：

（一）利用互联网造谣、诽谤或者发表、传播其他有害信息，煽动颠覆国家政权、推翻社会主义制度，或者煽动分裂国家、破坏国家统一；

（二）通过互联网窃取、泄露国家秘密、情报或者军事秘密；

（三）利用互联网煽动民族仇恨、民族歧视，破坏民族团结；

（四）利用互联网组织邪教组织、联络邪教组织成员，破坏国家法律、行政法规实施。

三、为了维护社会主义市场经济秩序和社会管理秩序，对有下列行为之一，构成犯罪的，依照刑法有关规定追究刑事责任：

（一）利用互联网销售伪劣产品或者对商品、服务作虚假宣传；

（二）利用互联网损坏他人商业信誉和商品声誉；

（三）利用互联网侵犯他人知识产权；

（四）利用互联网编造并传播影响证券、期货交易或者其他扰乱金融秩序的虚假信息；

（五）在互联网上建立淫秽网站、网页，提供淫秽站点链接服务，或者传播淫秽书刊、影片、音像、图片。

四、为了保护个人、法人和其他组织的人身、财产等合法权利，对有下列行为之一，构成犯罪的，依照刑法有关规定追究刑事责任：

（一）利用互联网侮辱他人或者捏造事实诽谤他人；

（二）非法截获、篡改、删除他人电子邮件或者其他数据资料，侵犯公民通信自由和通信秘密；

（三）利用互联网进行盗窃、诈骗、敲诈勒索。

五、利用互联网实施本决定第一条、第二条、第三条、第四条所列行为以外的其他行为，构成犯罪的，依照刑法有关规定追究刑事责任。

六、利用互联网实施违法行为，违反社会治安管理，尚不构成犯罪的，由公安机关依照《治安管理处罚条例》予以处罚；违反其他法律、行政法规，尚不构成犯罪的，由有关行政管理部门依法给予行政处罚；对直接负责的主管人员和其他直接责任人员，依法给予行政处分或者纪律处分。

利用互联网侵犯他人合法权益，构成民事侵权的，依法承担民事责任。

七、各级人民政府及有关部门要采取积极措施，在促进互联网的应用和网络技术的普及过程中，重视和支持对网络安全技术的研究和开发，增强网络的安全防护能力。有关主管部门要加强对互联网的运行安全和信息安全的宣传教育，依法实施有效的监督管理，防范和制止利用互联网进行的各种违法活动，为互联网的健康发展创造良好的社会环境。从事互联网业务的单位要依法开展活动，发现互联网上出现违法犯罪行为和有害信息时，要采取措施，停止传输有害信息，并及时向有关机关报告。任何单位和个人在利用互联网时，都要遵纪守法，抵制各种违法犯罪行为和有害信息。人民法院、人民检察院、公安机关、国家安全机关要各司其职，密切配合，依法严厉打击利用互联网实施的各种犯罪活动。要动员全社会的力量，依靠全社会的共同努力，保障互联网的运行安全与信息安全，促进社会主义精神文明和物质文明建设。

互联网信息服务管理办法

（2000年9月25日中华人民共和国国务院令第292号公布　根据2011年1月8日《国务院关于废止和修改部分行政法规的决定》修订）

第一条　为了规范互联网信息服务活动，促进互联网信息服务健康有序发展，制定本办法。

第二条　在中华人民共和国境内从事互联网信息服务活动，必须遵守本办法。

本办法所称互联网信息服务，是指通过互联网向上网用户提供信息的服务活动。

第三条　互联网信息服务分为经营性和非经营性两类。

经营性互联网信息服务，是指通过互联网向上网用户有偿提供信息或者网页制作等服务活动。

非经营性互联网信息服务，是指通过互联网向上网用户无偿提供具有公开性、共享性信息的服务活动。

第四条　国家对经营性互联网信息服务实行许可制度；对非经营性互联网信息服务实行备案制度。

未取得许可或者未履行备案手续的，不得从事互联网信息服务。

第五条　从事新闻、出版、教育、医疗保健、药品和医疗器械等互联网信息服务，依照法律、行政法规以及国家有关规定须经有关主管部门审核同意的，在申请经营许可或者履行备案手续前，应当依法经有关主管部门审核同意。

第六条 从事经营性互联网信息服务，除应当符合《中华人民共和国电信条例》规定的要求外，还应当具备下列条件：

（一）有业务发展计划及相关技术方案；

（二）有健全的网络与信息安全保障措施，包括网站安全保障措施、信息安全保密管理制度、用户信息安全管理制度；

（三）服务项目属于本办法第五条规定范围的，已取得有关主管部门同意的文件。

第七条 从事经营性互联网信息服务，应当向省、自治区、直辖市电信管理机构或者国务院信息产业主管部门申请办理互联网信息服务增值电信业务经营许可证（以下简称经营许可证）。

省、自治区、直辖市电信管理机构或者国务院信息产业主管部门应当自收到申请之日起 60 日内审查完毕，作出批准或者不予批准的决定。予以批准的，颁发经营许可证；不予批准的，应当书面通知申请人并说明理由。

申请人取得经营许可证后，应当持经营许可证向企业登记机关办理登记手续。

第八条 从事非经营性互联网信息服务，应当向省、自治区、直辖市电信管理机构或者国务院信息产业主管部门办理备案手续。办理备案时，应当提交下列材料：

（一）主办单位和网站负责人的基本情况；

（二）网站网址和服务项目；

（三）服务项目属于本办法第五条规定范围的，已取得有关主管部门的同意文件。

省、自治区、直辖市电信管理机构对备案材料齐全的，应当予以备案并编号。

第九条 从事互联网信息服务，拟开办电子公告服务的，应当在申请经营性互联网信息服务许可或者办理非经营性互联网信息服务备案时，按照国家有关规定提出专项申请或者专项备案。

第十条 省、自治区、直辖市电信管理机构和国务院信息产业主管部门应当公布取得经营许可证或者已履行备案手续的互联网信息服务提供者名单。

第十一条 互联网信息服务提供者应当按照经许可或者备案的项目提供服务，不得超出经许可或者备案的项目提供服务。

非经营性互联网信息服务提供者不得从事有偿服务。

互联网信息服务提供者变更服务项目、网站网址等事项的，应当提前30日向原审核、发证或者备案机关办理变更手续。

第十二条 互联网信息服务提供者应当在其网站主页的显著位置标明其经营许可证编号或者备案编号。

第十三条 互联网信息服务提供者应当向上网用户提供良好的服务，并保证所提供的信息内容合法。

第十四条 从事新闻、出版以及电子公告等服务项目的互联网信息服务提供者，应当记录提供的信息内容及其发布时间、互联网地址或者域名；互联网接入服务提供者应当记录上网用户的上网时间、用户账号、互联网地址或者域名、主叫电话号码等信息。

互联网信息服务提供者和互联网接入服务提供者的记录备份应当保存60日，并在国家有关机关依法查询时，予以提供。

第十五条 互联网信息服务提供者不得制作、复制、发布、传播含有下列内容的信息：

（一）反对宪法所确定的基本原则的；

（二）危害国家安全，泄露国家秘密，颠覆国家政权，破坏国家统一的；

（三）损害国家荣誉和利益的；

（四）煽动民族仇恨、民族歧视，破坏民族团结的；

（五）破坏国家宗教政策，宣扬邪教和封建迷信的；

（六）散布谣言，扰乱社会秩序，破坏社会稳定的；

（七）散布淫秽、色情、赌博、暴力、凶杀、恐怖或者教唆犯罪的；

（八）侮辱或者诽谤他人，侵害他人合法权益的；

（九）含有法律、行政法规禁止的其他内容的。

第十六条 互联网信息服务提供者发现其网站传输的信息明显属于本办法第十五条所列内容之一的，应当立即停止传输，保存有关记录，并向国家有关机关报告。

第十七条 经营性互联网信息服务提供者申请在境内境外上市或者同外商合资、合作，应当事先经国务院信息产业主管部门审查同意；其中，外商投资的比例应当符合有关法律、行政法规的规定。

第十八条 国务院信息产业主管部门和省、自治区、直辖市电信管理机构，依法对互联网信息服务实施监督管理。

新闻、出版、教育、卫生、药品监督管理、工商行政管理和公安、国家安全等有关主管部门，在各自职责范围内依法对互联网信息内容实施监督管理。

第十九条 违反本办法的规定，未取得经营许可证，擅自从事经营性互联网信息服务，或者超出许可的项目提供服务的，由省、自治区、直辖市电信管理机构责令限期改正，有违法所得的，没收违法所得，处违法所得3倍以上5倍以下的罚款；没有违法所得或者违法所得不足5万元的，处10万元以上100万元以下的罚款；情节严重的，责令关闭网站。

违反本办法的规定，未履行备案手续，擅自从事非经营性互联网信息服务，或者超出备案的项目提供服务的，由省、自治区、直辖市电信管理机构责令限期改正；拒不改正的，责令关闭网站。

第二十条 制作、复制、发布、传播本办法第十五条所列内容之一的信息，构成犯罪的，依法追究刑事责任；尚不构成犯罪的，由公安机关、国家安全机关依照《中华人民共和国治安管理处罚法》、《计算机信息网络国际联网安全保护管理办法》等有关法律、行政法规的规定予以处罚;对经营性互联网信息服务提供者,并由发证机关责令停业整顿直至吊销经营许可证,通知企业登记机关;对非经营性互联网信息服务提供者,并由备案机关责令暂时关闭网站直至关闭网站。

第二十一条 未履行本办法第十四条规定的义务的,由省、自治区、直辖市电信管理机构责令改正;情节严重的,责令停业整顿或者暂时关闭网站。

第二十二条 违反本办法的规定,未在其网站主页上标明其经营许可证编号或者备案编号的,由省、自治区、直辖市电信管理机构责令改正,处5000元以上5万元以下的罚款。

第二十三条 违反本办法第十六条规定的义务的,由省、自治区、直辖市电信管理机构责令改正;情节严重的,对经营性互联网信息服务提供者,并由发证机关吊销经营许可证,对非经营性互联网信息服务提供者,并由备案机关责令关闭网站。

第二十四条 互联网信息服务提供者在其业务活动中,违反其他法律、法规的,由新闻、出版、教育、卫生、药品监督管理和工商行政管理等有关主管部门依照有关法律、法规的规定处罚。

第二十五条 电信管理机构和其他有关主管部门及其工作人员,玩忽职守、滥用职权、徇私舞弊,疏于对互联网信息服务的监督管理,造成严重后果,构成犯罪的,依法追究刑事责任;尚不构成犯罪的,对直接负责的主管人员和其他直接责任人员依法给予降级、撤职直至开除的行政处分。

第二十六条 在本办法公布前从事互联网信息服务的,应当自本办法公布之日起60日内依照本办法的有关规定补办有关手续。

第二十七条 本办法自公布之日起施行。

电信网络新型违法犯罪案件冻结资金返还若干规定

(2016年8月4日 银监发〔2016〕41号)

第一条 为维护公民、法人和其他组织的财产权益，减少电信网络新型违法犯罪案件被害人的财产损失，确保依法、及时、便捷返还冻结资金，根据《中华人民共和国刑法》、《中华人民共和国刑事诉讼法》、《中华人民共和国银行业监督管理法》、《中华人民共和国商业银行法》等法律、行政法规，制定本规定。

第二条 本规定所称电信网络新型违法犯罪案件，是指不法分子利用电信、互联网等技术，通过发送短信、拨打电话、植入木马等手段，诱骗（盗取）被害人资金汇（存）入其控制的银行账户，实施的违法犯罪案件。

本规定所称冻结资金，是指公安机关依照法律规定对特定银行账户实施冻结措施，并由银行业金融机构协助执行的资金。

本规定所称被害人，包括自然人、法人和其他组织。

第三条 公安机关应当依照法律、行政法规和本规定的职责、范围、条件和程序，坚持客观、公正、便民的原则，实施涉案冻结资金返还工作。

银行业金融机构应当依照有关法律、行政法规和本规定，协助公安机关实施涉案冻结资金返还工作。

第四条 公安机关负责查清被害人资金流向，及时通知被害人，并作出资金返还决定，实施返还。

银行业监督管理机构负责督促、检查辖区内银行业金融机构协助查询、冻结、返还工作，并就执行中的问题与公安机关进行协调。

银行业金融机构依法协助公安机关查清被害人资金流向，将所涉资金返还至公安机关指定的被害人账户。

第五条 被害人在办理被骗（盗）资金返还过程中，应当提供真实有效的信息，配合公安机关和银行业金融机构开展相应的工作。

被害人应当由本人办理冻结资金返还手续。本人不能办理的，可以委托代理人办理；公安机关应当核实委托关系的真实性。

被害人委托代理人办理冻结资金返还手续的，应当出具合法的委托手续。

第六条 对电信网络新型违法犯罪案件，公安机关冻结涉案资金后，应当主动告知被害人。

被害人向冻结公安机关或者受理案件地公安机关提出冻结涉案资金返还请求的，应当填写《电信网络新型违法犯罪涉案资金返还申请表》（附件1）。

冻结公安机关应当对被害人的申请进行审核，经查明冻结资金确属被害人的合法财产，权属明确无争议的，制作《电信网络新型违法犯罪涉案资金流向表》和《呈请返还资金报告书》（附件2），由设区的市一级以上公安机关批准并出具《电信网络新型违法犯罪冻结资金返还决定书》（附件3）。

受理案件地公安机关与冻结公安机关不是同一机关的，受理案件地公安机关应当及时向冻结公安机关移交受、立案法律手续、询问笔录、被骗盗银行卡账户证明、身份信息证明、《电信网络新型违法犯罪涉案资金返还申请表》等相关材料，冻结公安机关按照前款规定进行审核决定。

冻结资金应当返还至被害人原汇出银行账户，如原银行账户无法接受返还，也可以向被害人提供的其他银行账户返还。

第七条 冻结公安机关对依法冻结的涉案资金，应当以转账时间戳（银行电子系统记载的时间点）为标记，核查各级转账资金走向，一一对应还原资金流向，制作《电信网络新型违法犯罪案件涉案资金流向表》。

第八条 冻结资金以溯源返还为原则，由公安机关区分不同情况按以下方式返还：

（一）冻结账户内仅有单笔汇（存）款记录，可直接溯源被害人的，直接返还被害人；

（二）冻结账户内有多笔汇（存）款记录，按照时间戳记载可以直接溯源被害人的，直接返还被害人；

（三）冻结账户内有多笔汇（存）款记录，按照时间戳记载无法直接溯源被害人的，按照被害人被骗（盗）金额占冻结在案资金总额的比例返还（返还计算公式见附件4）。

按比例返还的，公安机关应当发出公告，公告期为30日，公告期间内被害人、其他利害关系人可就返还冻结提出异议，公安机关依法进行审核。

冻结账户返还后剩余资金在原冻结期内继续冻结；公安机关根据办案需要可以在冻结期满前依法办理续冻手续。如查清新的被害人，公安机关可以按照本规定启动新的返还程序。

第九条 被害人以现金通过自动柜员机或者柜台存入涉案账户内的，涉案账户交易明细账中的存款记录与被害人笔录核对相符的，可以依照本规定第八条的规定，予以返还。

第十条 公安机关办理资金返还工作时，应当制作《电信网络新型违法犯罪冻结资金协助返还通知书》（附件5），由两名以上公安机关办案人员持本人有效人民警察证和《电信网络新型违法犯罪冻结资金协助返还通知书》前往冻结银行办理返还工作。

第十一条 立案地涉及多地，对资金返还存在争议的，应当由共同上级公安机关确定一个公安机关负责返还工作。

第十二条 银行业金融机构办理返还时，应当对办案人员的人民警察证和《电信网络新型违法犯罪冻结资金协助返还通知书》进行审查。对于提供的材料不完备的，有权要求办案公安机关补正。

银行业金融机构应当及时协助公安机关办理返还。能够现场办理完毕的，应当现场办理；现场无法办理完毕的，应当在3个工作日内办理完毕。银行业金融机构应当将回执反馈公安机关。

银行业金融机构应当留存《电信网络新型违法犯罪冻结资金协助返还通知书》原件、人民警察证复印件，并妥善保管留存，不得挪作他用。

第十三条 银行业金融机构应当指定专门机构和人员，承办电信网络新型违法犯罪涉案资金返还工作。

第十四条 公安机关违法办理资金返还，造成当事人合法权益损失的，依法承担法律责任。

第十五条 中国银监会和公安部应当加强对新型电信网络违法犯罪冻结资金返还工作的指导和监督。

银行业金融机构违反协助公安机关资金返还义务的，按照《银行业金融机构协助人民检察院公安机关国家安全机关查询冻结工作规定》第二十八条的规定，追究相应机构和人员的责任。

第十六条 本规定由中国银监会和公安部共同解释。执行中遇有具体应用问题，可以向银监会法律部门和公安部刑事侦查局报告。

第十七条 本规定自发布之日起施行。

附件（略）